高中数学模式与思维创新研究

魏宝玲　顾春辉　季沈玲◎著

中国出版集团　现代出版社

图书在版编目（CIP）数据

高中数学模式与思维创新研究 / 魏宝玲，顾春辉，
季沈玲著. -- 北京 : 现代出版社，2021.8
　　ISBN 978-7-5143-9381-1

　　Ⅰ. ①高… Ⅱ. ①魏… ②顾… ③季… Ⅲ. ①中学数
学课－课堂教学－教学研究－高中 Ⅳ. ①G633.602

　　中国版本图书馆 CIP 数据核字(2021)第 161227 号

高中数学模式与思维创新研究

作　　者	魏宝玲　顾春辉　季沈玲	
责任编辑	倪艳霞	
出版发行	现代出版社	
地　　址	北京市朝阳区安外安华里504号	
邮　　编	100011	
电　　话	010-64267325　64245264(传真)	
网　　址	www.1980xd.com	
电子邮箱	xiandai@cnpitc.com.cn	
印　　刷	北京四海锦诚印刷技术有限公司	
版　　次	2022 年 8 月第 1 版 2022 年 8 月第 1 次印刷	
开　　本	185 mm×260 mm　1/16	
印　　张	12.25	
字　　数	274 千字	
书　　号	ISBN 978-7-5143-9381-1	
定　　价	48.00 元	

内容提要

　　本书对高中数学及其教学进行了综合论述，对高中数学新课程标准进行了解读，阐述了高中数学课堂教学的常用模式，探究了信息技术下高中数学教学模式的创新，论述了高中数学研究型教学模式的创新与应用，诠释了促进学生思维能力发展的高中数学教学模式创新。随着我国新课改制度的不断完善和发展，一些高中数学教师也在此基础上认识到了数学教学模式创新的重要性和必要性，同时对于新型教学模式进行不断的探索。在新课改背景下，高中数学教师应该将培养学生的创新思维作为重要的教学目标之一，不断更新教学内容，创新教学方式，增强自身创新意识，尤其应注意在高中数学教学中积极地融入创新意识，重点培养学生的创新思维，使高中生从另一个角度去看待和思考数学问题。

前　言

　　数学作为自然科学的基本学科之一，是科学的原动力，其发展关系到科技、经济、人类文化的整体发展，重要性不言而喻。此外，无论是发展人才的逻辑思维，还是培养人才分析解决问题的能力，甚至激发人的潜能，数学都是至关重要的。因此，中国自引入苏联教育制度以来，在基础教育中，一直都将数学放在极其重要的位置上。另外，高中阶 段是人才知识技能积累的重要阶段，同时也是甄别与选拔人才的关键阶段。人才潜能的挖掘，发展方向的确定也基本取决于此阶段。目前的教育大环境下，人才的选拔又不可避免地要通过应试的方式。因此高中数学教师面临着这样的难题：既要使学生获得数学知识，以适应当今的考试要求，又要培养能让他们受益终身的数学思想和方法，最为关键的是帮助他们养成积极的学习态度和良好的思维能力。综合以上两个方面，高中数学课堂对人才培养与塑造的重要性可见一斑。

　　《普通高中数学课程标准》明确指出，数学在形成人类理性思维和促进个人智力发展的过程中发挥着独特的、不可替代的作用。高中数学作为数学体系的有机组成部分，对培养思维能力起到了至关重要的作用。学习数学，最重要的是学习数学的思维方法，高中生学习数学，总会面对形形色色的问题，有时会一筹莫展，事后对问题进行揣摩，寻找症结，其缘由往往是解题思路无法从头脑中跳出来。许多有识之士已经意识到，要摆脱这种困境，不能依靠大量重复的练习，而是要把握正确的数学思维方法。

目　录

第一章　高中数学及其教学综述

第一节　数学在科学上的作用

所谓数学思想，是指现实世界的空间形式和数量关系反映到人的意识之中，经过思维活动而产生的结果，它是对数学事实与数学理论的本质认识。首先，数学思想比一般来说的数学概念具有更高的抽象和概括水平，后者比前者更具体、更丰富，而前者比后者更本质、更深刻；其次，数学思想、数学观点、数学方法三者密不可分：如果人们站在某个位置、从某个角度运用数学思维去观察和思考问题，那么数学思想也就成了一种观点。而对数学方法来说，思想是其相应的方法的精神实质和理论基础，方法则是实施有关思想的技术手段。中学数学中出现的数学观点（例如方程观点、函数观点、统计观点、向量观点、几何变换观点等）和各种数学方法，都体现着一定的数学思想。

数学方法是一种重要的理论思维方法。恩格斯提出："一个民族要想站在科学的顶峰，就一刻也不能离开理论思维。"而数学方法正是一种重要的理论思维方法，其特点为：

有高度的抽象性和概括性。从远古的数学萌芽到现代数学的各个分支，数学研究的空间形式和数量关系完全脱离了现实世界的物质内容和具体形式，以高度抽象的形式出现，因而具有高度的概括性。[①]

具有严密的逻辑性。数学方法在揭示事物量与量的关系时，不是通过直接的实验方法来实现的，而是通过一系列的逻辑推理和逻辑证明来实现的。而且数学在各个层次都有具体的运算规则和公式，这不仅使运算结果具有客观实在性，还深刻地揭示了物质结构的层次性。

具有高度的精确性。数学自身的客观性以及运算过程严密的逻辑性，使运算结果具有高度的精确性。科学发展是从定性研究上升到定量研究，从而更深刻地揭示物质世界的客观规律的。如此，数学方法必然成为现代科学研究的重要工具。

---

① 王雨清，吴立宝，郭衎. 新世纪以来信息技术与高中数学融合的进展与趋势 [J]. 天津：天津师范大学学报（基础教育版），2020，21(03)：13-18.

具有应用的广泛性。数学研究的对象决定了数学方法的应用具有普遍性。因为，任何事物都是质和量的统一。哪个地方存在量及其关系，哪个地方就可以应用数学方法。所以，一切科学研究在原则上都可以用数学方法来解决有关的问题。

数学方法在科学发展史中的推动作用。1959 年 5 月，华罗庚教授在《人民日报》上发表了《大哉数学之为用》，精彩地叙述了数学的各种应用：宇宙之大、粒子之微、火箭之速、化工之巧、地球之变、生物之谜、日用之繁等各个方面，都有数学的重要贡献，很难有文章比这篇文章写得更全面了。下面只列举 20 世纪 60 年代以后数学的若干重大应用，以见一斑。我们会看到，对于有些重要问题的解决，数学方法是唯一有效的，也就是说，除数学外，用任何其他方法、仪器、手段都不管用。

优化、控制与统筹。人们希望在一定条件下，在多种策略中选取其一以获得最大利益；数学上，这要求目标函数（代表利益）达到极大。目标函数也可代表损失，于是要求它达到极小。这类问题往往化为求目标函数的条件极值，或者化为变分问题。优选法、线性规划、非线性规划、最优控制等，都致力于研究优化问题。如果有好几件工作要做，便发生如何合理安排，以使收效最大（时间最短、劳力或成本最省等）的问题，这是统筹（或运筹学）的研究对象。20 世纪 70 年代，华罗庚教授登高一呼，并且亲自动手，率领研究小组，深入工厂、农村、矿山，大力推广优选法与统筹法，足迹遍及 23 个省市，成果遍及许多行业，解决了许多问题。例如，纺织业中提高织机效率与染色质量，减少细纱断头率；电子行业中试制新的 160V 电容器，使 100 万米废钼丝复活；农业中提高加工中的出米率、出油率、出酒率；等等。目前，张里千、陈希孺教授等正在开展的现场统计，对国家经济建设也起到了很好的作用。由于改善数学模型，运用最优控制理论和改进计算方法，生产过程和工艺参数的优化已在钢铁、冶金、电力、石油化工中取得很好的效果。[①]

武汉钢铁公司、上海石油化工总厂、南京炼油厂、燕山石化公司通过上述优化技术，提高生产率最高可达 20%，一套装置每年可增加几百万元的经济效益。攀枝花钢铁公司建立了提钒工艺流程系统优化的数学模型，进行全面调优后使钒的回收率达到国际水平，使我国从钒进口国一跃成为钒出口国。云南大学统计系运用多元回归分析研究钢的成分与性能关系，使昆明钢铁厂甲类镇静钢的合格率由原来的 40% ～ 81% 提高到 95% 以上。华东师范大学数学系与上钢五厂合作，利用自适应技术，使力学蠕变炉温度调节由 6 ～ 7 小时减少为 2 ～ 3 小时，控制精度由 ±49℃ 提高到 ±2℃，并使罩式退火的保温时间缩短 5% ～ 20%，提高了炉温控制精度，保证了退火质量。上海科技大学数学系用最优化数学，制成 "E 型电源变压器计算机优化设计系统"，可缩短设计周期，节约生产成本。现代大型工业是多线路的联合作业，是一个完整的系统，因而产生系统的控制问题，在化工联合企业，半导体集成电路、电力传输系统、电话网络、空间站等方面都有此问题。上海石化总厂采用网络优化，建立了用电子计算机编制共四级（总厂、分厂、车间、机台）设备的大型网络计划体系。

---

① 金小军 . 高中数学教学中如何培养学生的创造性思维 [J]. 科学咨询（教育科研），2020(06):258.

清华大学关于电力系统过渡过程的研究，相当巧妙地运用微分几何，取得了很好的经济效益，在国际上处于领先地位，曾荣获国家自然科学奖二等奖。曲阜师范大学自动化研究所应用数学方法，对汽车发动机调温器进行了研究，提高了调温器的质量，从而延长发动机的寿命，并节约了燃油。他们还采用随机线性模型及定积分近似算法，提高了碘镓灯晒版机的质量，使该产品进入了国际市场；此外，他们制成智能广义预测鲁棒控制器，可用于生产过程中以控制温度、压力；他们还将山东机床附件厂的车间、生产、财务、销售、人事、动力等8项业务实行计算机联网，进行优化管理。

运筹学起源于"二战"中军需供应管理，主要应用于工商经营部门和交通运输以对生产结构、管理关系、人事组合、运输线路等进行优化。[①]应用数学所运用运筹学指导全国原油合理分配和石油产品合理调运，年增效益2亿元；另外，他们所发展的下料方法可节省原材料10%～15%。上海石油化工总厂、镇海石化总厂等运用运筹方法，每年可增加利税数百万元乃至千万元。华南理工大学和甘肃外贸局合作，建立新的存贮数学模型和管理决策原则，每年可节省存贮费用近百万元。

设计与制造。工程的设计与建造、产品的设计与制造是国民经济的重要支柱，也是数学大可用武之领域。随着电子计算机技术的飞速发展，数学在制造业中的应用进入了新阶段。波音767飞机的成功设计，与应用数学家Garabedian对跨音速流和激波进行的计算密切相关，由此设计出了防激波的飞机翼型。目前以CAD和CAM技术为标志的设计革命正波及整个制造业。CAD是数学设计技术和计算机技术相结合的产物。我国在老一辈数学家苏步青教授的亲自开拓和大力倡导下，许多数学家在几何造型方面做了大量的工作，所取得的成果已成功地应用于飞机、汽车、船体、机械、模具、服装、首饰等设计上。南开大学吴大任、严志达教授等在船体放样及齿轮设计上也做了大量卓有成效的工作。

复旦大学数学系与工程人员合作，对内燃机配气机构建立新的数学模型，发展了新的数学方法，使用此方法可以省油、降低噪声和抑制排污，有很好经济效益，曾获国家科技进步奖一等奖。上海应用数学咨询开发中心等开发研制服装CAD系统，为服装行业创汇提供了基础。

质量控制。提高产品质量是国民经济中的一个关键问题。"二战"中由于对军用产品的高质量要求，特别是对复杂武器系统性能的可靠性要求，产生了可靠性、抽样检查、质量控制等新的数学方法，这些方法在美国、日本等国家取得了巨大的成功。从20世纪60年代中期开始，我国应用推广质量控制等统计方法到工业、农业等部门，收到良好的效果，以手表、电视机为代表的机电产品的质量得到明显提高。

清华大学、天津大学等研究了裂纹的扩展过程，有助于改善产品。同时，我国还制定了一系列有关质量控制的国家标准，对产品的质量提出了明确的要求。

预测与管理。自然科学的主要任务是预测、预见各种自然现象。在经济和管理中，预

---

① 夏昆飞. 数学问题的情境教学 [D]. 上海：上海师范大学, 2020.

测也非常重要，数学是预测的重要武器，而预测则是管理（资金的投放、商品的产销、人员的组织等）的依据。我国数学工作者在天气、台风、地震、病虫害、鱼群、海浪等方面进行过大量的统计预测。中科院系统所对我国粮食产量的预测，获得很好的结果，连续 11 年的预测产量与实际产量平均误差只有 1%。上海经济信息中心对上海的经济增长进行预测，连续多年预测的误差都不超过 5%。云南大学统计系运用多元分析和稳健统计技术，通过计算机进行了地质数据处理和矿床统计预测。为了配合机构改革，中科院应用数学所周子康等完成了"中国地方政府编制管理定量分析的研究"，建立了编制与相关因素分析模型等五组数学模型，构成了同级地方政府编制管理辅助决策分析体系，使编制管理科学化、现代化。

信息处理。在无线电通信中运用数学由来已久，编译码、滤波、呼唤排队等是传统的问题。近年来，长途电话网络系统中出现的数学问题更为可观，例如，需要用数目巨大得惊人的线性方程组来描述系统的操作性能；一般的数值法对它们毫无用处，人们不得不花费很大力气设计一些新算法。北京大学在信息处理方面，做了很多工作：他们研究的计算机指纹自动识别，效率远高于国际上通行的方法；成功研究新的一代图像数据压缩技术，压缩比为 1：150（而传统的 JPEG 国际标准算法只能达 1：30）；研究计算机视觉，创造了从单幅图像定量恢复三维形态的代数方法；应用模式识别和信息论，在时间序列和信号分析的研究中取得新的进展；应用代数编码，使计算机本身具有误差检测能力，以提高计算机的可靠性。

大型工程。工程设计以周密的计算、精确的数据为基础，大型工程尤其如此。中国科学院计算中心早在 20 世纪 60 年代，运用冯康教授等创立的有限元法，设计了一批工程计算专用程序，在国家重点工程建设中发挥了作用，他们先后完成 23 个工程建筑的设计，解决重大工程技术问题 58 项，并对 18 座水坝工程进行过计算，其中包括葛洲坝工程、新丰江大坝、白山电站、长湖水电站等。与此同时还进行了技术转让，造就了一批专门人才，发表了许多有价值的论文。

资源开发与环境保护。在石油开发中我国数学界进行了长期的工作，20 世纪 70 年代中期北京大学闵嗣鹤教授等出版了关于石油勘探数学技术的专著，系统地介绍了有关的数学理论和方法。人们分析大量的人工地震的数据，以推断地质的构造，为寻找石油、天然气的储藏位置提供依据；运用数理统计、Fourier 分析、时间序列分析等数学方法，成功地开发了具有先进水平的地震数据处理系统。近年来，还用波动方程解的偏移叠加、逆散射等方法处理地震数据。参加这方面工作的先后有中科院计算中心张关泉等课题组，山东大学、清华大学等。

农业经济。中国科学院武汉数学物理研究所在分析了我国传统的生态农业思想与人类开发关系等问题之后，提出了一个生态农业经济发展及整治的理论框架与行动措施，以图高产、优质、高效来增加农民收入。他们建立了 18 个数学模型，其中包括：一般水环境整治与扩建、水电能源的投入产出与经济系统的优化、林业开发、土地资源开发等优化模型。

中国科学院系统所王毓云运用数学、生物、化学与经济学交叉的研究成果，建立了黄淮海平原农业资源配置的数学模型。按照模型计算，制定了黄淮海五省二市的资源配置规划。通过 10 年实施，农业发生了巨变。此项研究获得了国家重大科技攻关奖及国际运筹学会荣誉奖。

机器证明。计算机能进行高速计算，此为人所共知。计算机也能证明几何定理吗？这是关系到人类智能大大扩展和解放的大问题。1976 年，吴文俊教授开始对此进行研究，并在很短的时间内取得重大突破。他的基本思想如下：引进坐标，将几何定理用代数方程组的形式表达；提出一套完整可行的符号解法，将此代数方程组求解。此两步中，一般第二步更为困难。周咸青利用和发展吴文俊的方法，编制出计算机软件，证明了 500 多条有相当难度的几何定理，并在美国出版了几何定理机器证明的专著。吴方法不仅可证明已有的几何定理，而且可以自动发现新的定理；可以从 Kerler 定律推导牛顿定律；解决一些非线性规划问题；给出 Puma 型机器人的逆运动方程的解。吴文俊教授还将其方法推广到微分几何定理的机器证明上。

第二节 数学对人类思维的影响

数学是人类文明进步的阶梯，它促进了人类的发展，可以说数学的所有结论都是思维的结果。本文拟从数学与各种思维方式，数学对思维各因素的影响，数学家的思想对思维的影响以及数学家的思路对思维的影响四个方面来阐明数学对人思维的影响。

人类生活在丰富多彩、变化万千的现实世界里，无时无刻不在运用自己的思维活动并结合数学方法去认识、利用、改造这个世界，从而不断地创造出日新月异、五彩缤纷的物质文明和精神文明。可以说，数学是一切科学技术的基础，一切的科学都是通过数学计算来发现并解决问题的。

目前，广大的数学工作者和数学教育工作者正在深入地思考着：什么是数学？数学对国家、社会和个人的进步发展有什么用？数学对人的发展、对人格的完善究竟有着怎样的影响？为人的一生可持续发展奠定基础需要什么样的数学修养？如何培养数学人才？如何提高整个民族的数学素养？

众多的数学家、科学家及名人对此发表了自己的真知灼见。这些见解对于我们深入地思考、认识与理解数学及其价值，对于我们树立全面正确的数学观、数学学习观具有重要的启示作用和指导意义。

哲学家培根说："数学是科学的大门钥匙，忽视数学必将伤害所有的知识，因为忽视数学的人是无法了解任何其他科学乃至世界上任何其他事物的。更为严重的是，忽视数学的人不能理解他自己这一疏忽，最终将导致无法寻求任何补救的措施。"拿破仑曾说过："国家的兴盛与数学的进步和完善有着紧密的联系。"

国际著名数学家,菲尔兹奖获得者丘成桐教授说:"如果基础科学水平上不去,国家的核心竞争力也不会强起来。"比如,IT产业的发展,几乎全部依靠数学。如果数学水平上不去,IT产业就难以形成竞争力。数学是科学之母,是科学的基础,数学的落后,基础研究的落后,将影响整个国家的长远竞争力,尤其是在这个知识当道,科技争锋的时代。[①]

数学家吴文俊指出,数学的生命力在于它是以一种最基本的常理来处理数的关系和空间形状。归根到底,数与形状反映了现实世界中事物最本质的特征。

数学家田刚院士指出,从某种意义上说,数学的发展水平代表了一个国家的科学发展水平。数学与所有科学有着千丝万缕的联系,一个人可能并不专门从事数学研究,但一个人数学素养如何,对他的方方面面有着极大的影响,如逻辑思维能力、科学思维能力甚至人生态度等。

因此,毫不奇怪,数学的抽象理论和方法几乎涉及科学技术的所有领域。数学是人类认识自然界的中介。数学早在2400年前就开始作为一门课程进入学校了。柏拉图规定,不懂几何学不得进入他的哲学学校。这说明,在那时就已经把数学学习与教育和做人联系起来了。在中国,数学拥有悠久的历史,也曾达到过很高的水平。

数学作为一门古老而又年轻的学科,提供了观察世界的一般观念和方法,千百年来,它促进了人的智能的发展,品德的完善,人格的健全,它在人类改造自然,改造社会,认识自我的实践活动中,占有举足轻重的地位,使得数学成为人类文明进步的阶梯。

古代数学与人类社会的关系。早在公元前4000年左右,古埃及人生活在尼罗河中下游的河谷地带,自然地理环境比较优越,适合农业生产,但由于尼罗河每年6月至9月定期泛滥,淹没原来的土地田亩界线,需要重新测量,几何学应运而生,古老的埃及数学正是在此基础上萌芽和发展起来的。

《九章算术》作为中国古代数学的典范,表现出鲜明的社会性和实用性的特点,以及显著的算法倾向与构造性的传统。如"粟米"一章中对各种不同品种或质量的谷物交换规定了统一的比率,反映了国家对粮食交易的管理和控制;"商功"一章中有关春夏秋冬每个劳动日工程量的规定,反映了当时行政部门实行定额管理的要求。《九章算术》以算法的实际应用范围分为"方田""粟米"等学科,犹如现今的所谓"经济数学""生物数学"之类,表现出中国古代传统数学具有极其浓厚的"应用数学"的色彩。

公元前6世纪,希腊人就认为,自然界是被合理安排好了的,一切现象都是按一个精密的不可变的计划进行的,这个计划就是数学计划,世界是建立在数学原理之上的。这期间占统治地位的毕达哥拉斯学派认为,数是描述大自然的第一原理,是一种物质,"万物皆数"是当时深入人心的一种观点。虽然这种观点很快就被找出谬误,但它的影响一直延续到近代,这是因为它"终究提出了宇宙的本性问题,提出了人可以通过对数的研究达到

---

① 刘丽丽.信息技术支持下的高中解析几何探究式教学模式研究[D].大连:辽宁师范大学,2020.

对宇宙本质的认识。"

近代数学与宇宙自然的关系。数学真正的"现代化",还是成就于近二三百年的发展。17世纪,欧洲爆发"科学革命"期间,数学起了重要作用。分析当时及之后相当长一段时间的哲学家的思想,可以对数学与自然的关系有更深入的认识。首先是笛卡儿和伽利略把自然科学与数学有机地结合起来;其后是牛顿和莱布尼兹等科学家的进一步拓展。牛顿以其不朽的著作《自然科学的数学原理》向人类显示出一个新的世界秩序——宇宙的运动可用几条数学定律描述,使古希腊的理念得到确切的证实;莱布尼兹认为现实世界与数学世界是协调的,这也奠定了他的宇宙基础的数学原理说。[①]

随着数学的推演与人类观测宇宙、探索自然所得到的成果的不断吻合,人们逐渐从信仰宗教转到信仰自然,坚信自然规律就是数学规律。数学家魏尔认为"在自然界中存在着其内部固有的隐藏着的协调,它反映在我头脑中的形式为简单的数学定律",明确指出了自然与数学的密切关系。巴雷特甚至断言:"整个数学的历史证明数学理性与自然之间存在着相互联系。"因此,数学仿佛成为一种人与自然、人的内在世界与周围外部世界之间的媒介。

当代数学与科学技术的关系。对近、当代科学的重大成就稍做分析就会发现,它们大多是数学的成就,有的甚至完全依赖数学。首先,电磁场理论在理论物理中的重要地位众所周知,然而它几乎是纯数学理论。近代物理的精神支柱就是数学理论。爱因斯坦认为这种变化是"牛顿时代以来物理所经受的最深刻、最富有成效的变化"。其次,原子结构模型对于物理学具有非常重要的意义,对化学和生物的研究也有极大的促进作用。然而,原子模型本身就是数学模型。正是数学,给充满混乱的世界展示和建立了秩序。最后,微电子技术、信息网络技术更是数学编织而成。以最近几年来的诺贝尔奖获得者为例,很多的经济学奖获得者都是数学家出身。

总之,从古至今,人们一直在探索数学与自然的关系,科学史的大量资料也显示数学的巨大力量和源泉,在人类的创造中最强大的力量就是数学。

数学这种兼具理性和技术的二重性是其独有的。技术的进步是高速的,而理性的进展犹如进化一样,是相对缓慢的。作为技术的数学,变化是巨大的,它必须跟随甚至超前于飞速发展的科技步伐。而理性一旦获得突破,将给数学与科技带来巨大的飞跃。没有非欧几何,自然也就没有相对论,没有全部现代的物理以及以之为基础的全部现代技术。那样也不会有全部关于数学基础的研究,不会有形式系统这样的思想,不会有哥德尔定理,同样也不会有计算机。

因此,我们可以在最广泛的意义上说,数学是一种精神,一种理性精神。正是这种精神,促进人类智能的传递,使人类的思维得以运用到最完美的程度。也正是这种精神,试图决定性地影响人类的物质、道德和社会生活;试图回答有关人类自身存在提出的问题;努力

---

① 艾金枝. 移动学习环境下有效反馈教学模式设计与实施 [D]. 济南:山东师范大学,2020.

去理解和控制自然，尽力去探求和确立已经获得知识的最深刻和最完美的内涵。

数学与各种思维方式。培根说过，哲理使人深刻，诗歌使人聪慧，演算使人精密。其实数学不单使人精密，数学同样也使人深刻，使人聪慧！人类的思维是后天形成的，且受到各种因素的影响，并表现出多面性，符合逻辑的、精密的、深刻的、聪慧的思维是每个人希望达到的最高境界之一。

人们常把数学形容为思维的体操，从数学诞生的那天起，它就与思维结下了不解之缘。创造数学，构造数学，学习数学，研究数学，都是思维的过程，所以说数学与思维有着千丝万缕的关系。

人类的思维方式分为逻辑思维、形象思维、直觉思维。如果要讨论数学与思维的关系，这三个方面是必不可少的，它们相互依存、密不可分。对数学思维的深刻理解，必须经历一番深沉的思索。当然，这种思索不应该是枯燥无味的，它应该充满机智、幽默和创造的活力。"深沉"的含义在于不能浅尝辄止，而应该有一种深入事物内部穷追不舍的精神。

数学与逻辑思维。逻辑思维，又称抽象思维，它是舍弃认识对象及具体形象，通过语言表达反映客观事物本质和内部规律性的思维。它是人们在认识过程中借助概念、判断、推理等思维反映现实的过程，具有抽象概括、间接反映、借助语言等特征。

在数学活动的过程中，逻辑思维常常成为其主线。数学与逻辑思维的关系至少可以追溯到数学还是一门经验性科学的时代。在残留的古埃及、古巴比伦、古印度和我国古代数学史料中，就已经有了简单的归纳、演绎、分析、综合的迹象。经过古希腊数学家们，特别是亚里士多德和欧几里得的工作，数学同比较完善的形式逻辑体系结合起来，真正变成了一门演绎科学。从此，数学与逻辑总是密不可分地一起发展，数学在整个科学知识体系中成为逻辑性最强的一门科学。

当然，数学与逻辑的结合程度并不总是一样的，有时十分紧密，有时却相对地松散一些。

从思维科学角度看，数学思维与逻辑思维的共同特征主要有以下几点：数学思维与逻辑思维都具有极强的符号化和形式化特征，并且在现代数理逻辑中实现了高度的统一。

数学的形式结构和逻辑的形式结构都是从人这个认识主体对于客体所加的作用和动作的最普遍的协调作用中抽象出来的。

数学结构和逻辑结构都是具有一定相对独立性的客观的思想事物，它们的规律在科学的各分支领域都是普遍适用的。

逻辑思维在数学中有着很重要的作用，它是数学证明的工具，是检验数学真理的时间标准。我们知道，在数学中逻辑证明起着判断数学命题真伪的作用。特别是在现代数学中，由于高度的抽象化、形式化和公理化，逻辑相容性时常成为检验数学真理的唯一标准。

逻辑思维还是数学知识理论化系统化的手段，起到"浓缩"数学知识的作用。从数学认识的过程来看，逻辑思维在各个阶段所起的作用是不同的。最初的数学探索往往从一些经验性问题开始，积累有关数学概念及其关系的原始线索，从中追寻规律性的东西。等到经验性材料积累到一定程度，理论化系统化的工作才得以进行。最后，整个数学理论被加工成一个高度抽象、简洁、优美的形式系统，数学与逻辑至此也就达到了相互包容，难分难离的程度。

数学与形象思维。人们常说数学是高度抽象的科学，抽象性被看作是数学的本质特征。仔细考察数学认识活动的具体过程，会发现形象思维激励着人们的想象力和创造性，常常导致重要的数学发现。

数学中的形象思维可以分为几个不同层次。第一个层次是几何思维，这是最直接的形象思维。几何学以各种平面和空间图形为研究对象。这些图形虽然已经过抽象思维的初步加工，具有一定程度的理想化性质，但其具体和直观的特点仍很鲜明。人们看到几何图形，就可以直接联想到现实事物的各种，并从几何思维中体会到具体和抽象的基本关系，了解数学抽象化形式化的特点，积累初步的数学经验。第二个层次是类几何思维。可以借助几何空间关系进行想象的较为间接的形象思维。它们不具备几何思维那样具体和直观的明显效果，但可以形成和几何思维类似的比较朦胧的形象。类几何思维是直观的几何思维的变形。它需要一定程度的抽象性，需要适当摆脱感性直观的局限性。有些时候，为了准确把握抽象几何空间的特性，甚至需要采取一些看来很极端的做法，以防止感性直观的干扰。数学中形象思维的第三个层次，即对各种数量关系的形象化的感觉。这种感觉更为抽象，更为朦胧，在很多时候已进入了有神秘色彩的直觉领域。但它可以使人们有效地把握各种数学量之间的有机联系，辨认出其中的重要性质，把数学方法从一个领域过渡到另一个领域。数学中形象思维的第四个层次，是数学观念的直觉。这是对各种数学观念的性质、相互联系以及重新组合过程的形象化感觉，它完全是数学的直觉，虽然很难用逻辑语言完全叙述清楚，但在数学的创造性思维活动中明显存在并发挥着作用。[①]

数学想象的各种基本类型在数学发展中都有着十分重要的作用。想象是数学猜测的一个重要来源，而数学猜测是导致数学发现的思想动力的基础。所以说，数学想象是数学认识活动中不可缺少的环节，是数学思维中的基本要素。爱因斯坦曾经说过："想象力比知识更重要，因为知识是有限的，而想象力概括着世界上的一切，推动着进步，并且是知识进化的源泉。严格地说，想象力是科学研究中的实在因素。"由此可见数学想象在数学和自然科学发展中何等重要！

数学与直觉思维。"直觉"在这里指的是对事物本质的直接领悟或洞察。数学直觉就是对于数学对象事物的某种直接领悟或洞察。这是一种不包含普通逻辑推理过程的直接悟性，属于非形式逻辑的思维活动范畴。

数学直觉的产生是不能用普通形式逻辑的推演解释清楚的。庞卡莱说："搞算术，就如搞几何，或搞任何别的科学，需要某种与纯逻辑不同的东西。为了表述这个某种东西，我们没有更好的字眼，只能用'直觉'一词。"在探索未知世界规律的过程中，人们的主观认识同客观规律之间需要经过多次带有很大偶然性的相互作用才能彼此相符，这终将有

---

① 王丽君. 问题探究活跃课堂——论高中数学探究式教学模式 [J]. 科技资讯，2020，18(12)：125-126.

机遇，有潜在的经验和技巧，有来自书本上或和别人谈话中的启示，有思维过程中"观念原子"千变万化的分离与组合。所有这些都不是用严格的形式逻辑推演能表达清楚的。能够用逻辑语言描述的数学思维活动，只是整个数学思维活动中很小的一部分。在逻辑语言无能为力的地方，只能以"直觉"一言以蔽之。直觉看来很神秘，其实它不过是人们创造性思维活动的一个真实方面。

数学直觉的产生往往是下意识的。它有时在朦胧中逐渐涌现，有时如闪电一般突然诞生。无论取渐悟还是顿悟的形式，都是事先未曾料到，不知不觉中即已获得。其实，灵感是需要经过充分酝酿的，是要经过下意识的紧张活动积累起思想基础的，否则就不会有什么灵气。为什么人们长期钻研而求之不得，一旦思想放松进入下意识状态，反而以直觉形式取得突破呢？因为过度的形式逻辑推演往往是限制人们思路的，使人们在旧理论的框架里兜圈子，找不到新思路。适当的放松使思路可以轻松自由地舒展。虽然是在下意识状态，却容易接近正确的途径，取得重大突破。如果事先没有通过逻辑思维接近关键性观念的边缘，使人们有可能利用下意识取得突破，那么灵感或顿悟是永远不会出现的。

在数学猜测与数学想象中，或多或少也有情感的作用。但在直觉思维过程中，情感作用得到了充分发挥，达到登峰造极的地步。一般说来，直觉的产生前后大体上有这样一些情感变化。直觉产生之前，情绪躁动不安，对某个问题长时间思索而得不到解决，欲罢不能，欲进无路，就很容易产生这种情绪。等到直觉出现时，令人十分欣喜，甚至感到有些神情恍惚，仿佛"山重水复疑无路，柳暗花明又一村"，有种明显的解脱感。然后，就是情绪极度高涨，对所获得的直觉认识执着地相信，并以此为基础连续工作很长时间毫无倦意。

数学思维的深刻性是学生对实际事物中的数学关系进行抽象概括而获得的数学问题，对具体的数学材料、数学问题进行分析概括而得出数学模型，选择恰当的数学方法、用合适的数学计算求出此模型的解或近似解，以及对解的实践检验、对模型的修正等过程中，思考的广度、深度和严谨性水平的集中反映。也即在数学知识的学习与应用过程中，在对事物的观察、比较、分析、综合、抽象和概括的过程中，在归纳、演绎、类比等推理过程中，在对自己的数学思想方法的阐述过程中，都会体现出思维深刻性的差异来。"刨根问底""打破砂锅问到底"是深刻性的写照。"去粗取精，去伪存真，由此及彼，由表及里"也会是深刻性的体现。

思维的灵活性。思维灵活主要是指能够根据客观事物的发展与变化，及时调整自己的思路，改变已有的思维过程，寻找新的解决问题的方法。所以，数学思维的灵活性主要是学生在数学思维的活动中，思考的方向多、过程活，思维技巧能够适时转换，即思维的应变能力强。康泰尔说过："数学的本质在于自由。"因此数学最能激发人的自由创新意识，它使人敢于突破常规，不迷信书本、权威，有创新的胆略和勇气。数学学习中思维灵活性往往表现在随着具体条件而确定解题方向，并能随着条件的变化而有的放矢地转化解题方法；表现在从新的高度、新的角度看待已知的知识；还表现在从已知的数学关系中看出新的数学关系。思维的灵活性与思维的发散性有一致的地方。发散思维的特点是多开端、灵活、精致和新颖。例如，能够给出一个数学问题的多种不同的解答，就是思维具有发散性的表现，所以思维的灵活来自求异思维，而求异思维又来自迁移。

"举一反三"是高水平的发散，正是因为有了知识的迁移。成语有"触类旁通"，"旁通"是灵活迁移，而"旁通"的得来需要"触类"，这个"类"又需要通过概括才能获得。

思维的独创性。创造性思维，智力创造性、独创性和创造力可看作同义语，实质都表现在"创新"和"创造"上，即一种现象的多种表现形态。如果强调创新的过程，则为创造性思维；如果强调个体间的创新差异，则为创造性或独创性；如果强调人的创新能力的大小，则叫创造力。思维的独创性是人类思维的高级形态，它是在新颖的问题情境中，在一定的目标指引下，调动一切已知信息，独特、新颖且有价值地解决问题的过程中表现出来的智力品质；思维的独创性品质也可以在用新颖的、独特的方法解决熟悉问题的过程中表现出来。在人类社会生活的一切领域和活动中，从幼儿游戏、学生学习到成人工作、科研等，都需要智力的创造性，任何创造、发明、发展、革新都与智力的创造性紧密相连。

思维的间接性是指人们借助一定的媒介和知识经验对客观事物进行间接的认识。

思维的概括性是指在大量感性材料的基础上，把一类事物共同的特征和规律抽取出来，加以概括。表现在两个方面：第一，思维反映的是一类事物共同的、本质的属性。第二，思维还可以反映事物的内部联系和规律。

思维是什么？之前人们将思维定义为人脑对客观现实概括的和间接的反映，它反映的是事物的本质和事物间规律性的联系。思维同感知觉一样是人脑对客观现实的反映。感知觉所反映的是事物的个别属性、个别事物及其外部的特征和联系，属于感性认识；而思维所反映的是事物共同的、本质的属性和事物间内在的、必然的联系，属于理性认识。

然而，上述关于思维的定义存在着很大的缺陷：

该定义说思维是人脑对客观现实概括的和间接的反映，也就是说，思维是一种反映，但这里的反映强调的是结果，而不是过程，然而实际上思维是一个过程。

该定义没有指出人脑是怎样对客观现实产生概括的和间接的反映的，即该定义没有指出思维是怎样进行的。

在现实生活中，人脑对客观现实的反映并不都是正确的，而且往往是错误的。依据该定义，产生错误反映的认识就不属于思维，那它属于什么？另外，人脑对客观现实的反映是否正确，实际上根本就没有一个判断的标准。现在被认为正确的东西可能会随着科学的发展而认为它是错的。历史上就有一些理论或观点，最初人们认为它是错的，可后来发现它是对的。

思维惯性造成思维机械。思维的惯性常伴着思维的惰性而存在。在平时做作业或测试，解题出现错误，究其原因，大部分学生归于审题不清。

学生在解答数学题时，常尚未看清题意，见术语，便罗列公式，生搬硬套；见数据，便代入演算，拼凑解答等。

思维线性造成思维中断。在一份问卷调查中，回答"经常出现思维的方向性错误"的学生几乎占了一半，他们思维单一，呈线性状态，导致思维过程常常中断而受阻。

数学思维是对数学对象（空间形式、数量关系、结构关系等）的本质属性和内部规律的间接反映，并按照一般思维规律认识数学内容的理性活动。

我国数学教学大纲中明确指出，思维能力主要是指：会观察、实验、比较、猜想、分析、综合、抽象和概括；会用归纳、演绎和类比进行推理；会合乎逻辑地、准确地阐述自己的思想和观点；能运用数学概念、思想和方法，辨明数学关系，形成良好的思维品质。我认为，大纲中对思维能力的这一阐述是准确的、科学的，反映了心理学对思维能力研究的最新成果，对当前的数学教学具有重要的指导意义。

首先，数学思维较之其他思维具有更强的间接性和概括性，由于数学高度抽象的特点，使得数学思维较之其他思维更为间接，亦即是间接的间接；其次，数学思维具有独特的形式化的符号语言，这一特性如克莱因（M.Klein）所言："数学的另一个重要特征是它的符号语言。如同音乐利用符号来代表和传播声音一样，数学也用符号表示数量关系和空间形式。"

提高学生数学思维能力的方法。那么，在数学课堂教学中应当如何贯彻教学大纲的思想，更加有效地培养学生的数学思维能力呢？我认为可以从以下几个方面着手：

让学生学会质疑，激发学生思维动机。动机是人们"因需要而产生的一种心理反应"，它是人们行为活动的内动力。[①]因此，激发学生思维的动机，是培养其思维能力的关键因素。教师如何才能激发学生思维动机呢？这就要求在教学中充分发挥主导作用，根据学生心理特点，教师有意识地挖掘教材中的知识因素，从学生自身生活需要出发，使其明确知识的价值，从而产生思维的动机。

重视问题设计，培养学生思维能力。著名科学家亚里士多德曾经指出：思维从问题和惊讶开始。课堂教学中的数学问题一方面来自教材，另一方面来源于学生，但大部分需要教师的再加工"问题"的设计。课堂上教师提出问题的角度、层次和要求直接影响着对学生思维能力的培养的程度。因此，数学教学，必须根据学生的认知水平、教材内容、课型要求等设计不同问题，从多方面培养学生的思维能力。

1.设计比较型问题，培养学生求同思维能力

人类认识事物是从区分事物开始的，而要区分事物，首先要进行比较，有比较才能有鉴别。求同思维就是将已知的各种材料进行比较、归纳、总结，得出规律性的知识，寻求问题的同一答案。从求同思维能力的形成过程及其规律来看，比较型问题对于培养学生的求同思维能力很有帮助。这是因为解比较型问题的过程正是要求学生从彼此相关的大量具体材料中抽象出规律性结论的过程，从各种材料中寻求共同特点的过程。因此，设计一些比较型的问题，能够培养学生的求同思维能力。

---

① 祁玲娟.合作学习模式在高中数学教学中的应用［J］.科技资讯，2020,18(11):106+108.

2.设计开放型问题，培养学生求异思维能力

徐利治教授曾指出："详细说来，任何一位科学家的创造力，可用如下公式来估计：创造能力＝知识量×求异思维能力。"由此可见，在培养学生求同思维能力的同时，不要忽视培养学生的求异思维能力。求异思维，就是不墨守成规，寻求变化与创新的一种思维活动。在数学教学过程中，教师应鼓励学生敢于设想，追求创新，并且注意引导学生变换思维角度，这样既能激发学生的思考热情，又能使他们思路开阔，处于一种主动探索的状态。教学过程中，教师除有计划有目的地设计一些一题多解、一题多变、一题多用型问题进行全方位多层次探索外，还应注意收集信息，积累资料，以便设计一些开放型问题，通过寻求问题的结论或条件或某种规律，来开放学生的求异思维，培养学生的创新精神。开放题有利于激发学生学习数学的兴趣，培养他们的求异思维和创新能力。[1]

3.设计互逆型问题，培养学生逆向思维能力

在讲解每一节内容时，教师除了让学生进行一定程度的正向思维训练外，还应不失时机地设计逆向型问题，培养学生逆向思维能力，教会学生从一个问题的相反思路去思考，或者从一般思路的相反方向去探求解决问题的方法和途径，使学生的正向思维和逆向思维相互促进，协调发展。

4.设计迷惑型问题，培养学生批判思维能力

学生应疑而不惑，不满足于成法，善于思考正反两个方面的论据，找出自己与他人的解题错误，寻找更合理、更正确的解答。教学中，运用辨异、分析、对比的方法，从而提高学生辨别是非的能力；鼓励学生质疑问难，发表自己的见解，用批判性的态度去分析解题过程；引导学生严密地、全面地利用已知条件，在解题关键之处能学会调控思维，及时、迅速地进行自我反馈，减少盲目性。这些都有利于培养学生思维的批判性。

为了使他们的"批判"思维趋于成熟、全面、正确，教师应机警地适时设计一些迷惑型问题，迷惑学生"认认真真地出错"，诱使学生"上当受骗"，展开争论。迷惑型问题是活跃学生思维的"催化剂"，其设计素材常常来源于教材中学生易疑、易漏、易错的内容，也可直接取自学生作业中出现的错误。

心理学家认为，培养学生的数学思维品质是发展数学能力的突破口。思维品质包括思维的深刻性、敏捷性、灵活性、批判性和创造性，它们反映了思维的不同方面的特征，因此在教学过程中应该有不同的培养手段。

思维品质的深刻性。数学的性质决定了数学教学既要以学生思维的深刻性为基础，又要培养学生的思维深刻性。数学思维的深刻性品质的差异集中体现了学生数学能力的差异，教学中培养学生数学思维的深刻性，实际上就是培养学生的数学能力。数学教学中应当教育学生学会透过现象看本质，学会全面地思考问题，养成追根究底的习惯。在教学中从以下几个方面强化学生数学思维的深刻性：

① 胡紧根.高中数学课堂中创新思维的培养[J].科学咨询（教育科研），2020(04)：193.

（1）经常要求学生进行解题回顾。解题后不应为题目的表面现象所迷惑，而应做进一步的思考，抓住问题的本质和规律深入细致再研究，这种层层深入式的解题回顾，对思维深刻性的培养有着重要的指导意义。

（2）编拟归类型题组。让学生通过观察、分析事物的本质属性做到解—题—知—类，触类旁通，使之对概念的理解更深刻，对方法的掌握更灵活，培养思维的深刻性。

（3）通过变式教学，加深理解解题方法的本质。一种解题方法确实有必要有一定数量的练习加以巩固，但不掌握方法的本质，题做得再多也无济于事，在教学中，采用变式教学的手段，揭示方法的本质与核心因素，能使学生得到深刻的印象。

思维品质的敏捷性。数学思维的敏捷性，主要反映了正确前提下的速度问题。因此，数学教学中，一方面可以考虑训练学生的运算速度，另一方面要尽量使学生掌握数学概念、原理的本质，提高所掌握的数学知识的抽象程度。因为所掌握的知识越本质、抽象程度越高，其适应的范围就越广泛，检索的速度也就越快。另外，运算速度不仅是对数学知识理解程度的差异，还有运算习惯以及思维概括能力的差异。因此，数学教学中，应当时刻向学生提出速度方面的要求，另外还要使学生掌握速算的要领。

思维品质的灵活性。数学思维功能僵化现象在学生中是大量存在的，这可能与学生平时所受的思维训练有很大关系。我们的教师在教学过程中过分强调程式化和模式化；例题教学中给学生归纳了各种类型，并要求学生按部就班地解题，不许越雷池一步；要求学生解答大量重复性练习题，减少学生自己思考和探索的机会，导致学生只会模仿、套用模式解题。灌输式的教学使学生的思维缺乏应变能力。因此，为了培养学生的思维灵活性，应当增强数学教学的变化性，为学生提供思维的广泛联想空间，使学生在面临问题时能够从多种角度进行考虑，并迅速地建立起自己的思路，真正做到"举一反三"。

思维品质的批判性。批判性思维品质的培养，可以把重点放在引导学生检查和调节自己的思维活动过程上。要引导学生剖析自己发现和解决问题的过程；学习中运用了哪些基本的思考方法、技能和技巧，它们的合理性如何，效果如何，有没有更好的方法；学习中走过哪些弯路，犯过哪些错误，原因何在。批判性思维的培养，有赖于教师在教学中创造各种条件营造质疑的机会，使学生能够随时发现问题，并提出不同的数学问题，培养学生善于提问、敢于提问的能力。教学中可采用如下一些措施：

（1）课堂教学可采用尝误原理。即教学中进行解题教学时，教师可以采用故意解错或演示自己思考中的失败后如何转变和获得成功的过程，引导学生思考。这样一方面可集中学生的精力，增强学习的兴趣；另一方面可提高学生的"免疫力"。

（2）作业、试卷兼用自评或互评方式。充分调动学生的积极性，让学生自评或互评作业、试卷，教师对普遍存在的问题进行集体讲解，对个别问题单独解答，并及时总结评价结果反馈给学生。

（3）成立课外学习小组。课后可以通过黑板报、墙报及时反馈教学和作业中学生的问题，让学生参与评价，成立课外学习小组共同研讨。

（4）鼓励学生的求异和创造性思维。对学生中的求异思维、不同解法、不同观点应加以鼓励并及时引导，以免陷入钻"牛角尖"的境地；要指导学生批判地对待教材和参考答案，要有从教材中发现问题的胆量和决心。

数学各类考试都强调对学生思维批判性的考核，如选择题、判断题就是考核批判性思维的题。还有些要求采用最简便方法来解的题亦是。这类题近几年高考更有加强之势，从题量、题型上都大有创新，极力地避免了纯粹解题中只讲"动手"，不讲"效益"的做法。

第三节　高中数学具有基础性的特点

高中数学课程应具有基础性。它包括两方面的含义：第一，在义务教育阶段之后，为学生适应现代生活和未来发展提供更高水平的数学基础，使他们获得更高的数学素养。第二，为学生进一步学习提供必要的数学准备。高中数学课程由必修系列课程和选修系列课程组成，必修系列课程是为了满足所有学生的共同数学需求；选修系列课程是为了满足学生的不同数学需求，它仍然是学生发展所需要的基础性数学课程。

数学教育作为教育的组成部分，在发展和完善人的教育活动中，在形成人们认识世界的态度和思想方法方面，在推动社会进步和发展的进程中起着重要的作用。在现代社会中，数学教育又是终身教育的重要方面，它是公民进一步深造的基础，是终身发展的需要。数学教育在学校教育中占有特殊的地位，它使学生掌握数学的基础知识、基本技能、基本思想，使学生表达清晰、思考有条理，使学生具有实事求是的态度、锲而不舍的精神，使学生学会用数学的思考方式解决问题、认识世界。[1]

高中数学课程标准。数学的应用越来越广泛，正在不断渗透到社会生活的方方面面，它与计算机技术的结合在许多方面直接为社会创造价值，推动着社会生产力的发展。数学在形成人类理性思维和促进个人智力发展的过程中发挥着独特的、不可替代的作用。数学是人类文化的重要组成部分，数学素质是公民所必须具备的一种基本素质。

高中数学课程是义务教育后普通高级中学的一门主要课程，它包含了数学中最基本的

---

① 贾晓雪. 高中数学"一本三有"实验下课堂教学模式的研究 [D]. 济南：山东师范大学,2020.

内容，是培养公民素质的基础课程。

高中数学课程对于认识数学与自然界、数学与人类社会的关系，认识数学的科学价值、文化价值，提高提出问题、分析和解决问题的能力，形成理性思维，发展智力和创新意识具有基础性的作用。

高中数学课程有助于学生认识数学的应用价值，增强应用意识，形成解决简单实际问题的能力。

高中数学课程是学习高中物理、化学、技术等课程和进一步学习的基础。同时，它为学生的终身发展，形成科学的世界观、价值观奠定基础，对提高全民族素质具有重要意义。

高中数学课程应具有多样性与选择性，使不同的学生在数学上得到不同的发展。

高中数学课程应为学生提供选择和发展的空间，为学生提供多层次、多种类的选择，以促进学生的个性发展和对未来人生规划的思考。学生可以在教师的指导下进行自主选择，必要时还可以进行适当的转换、调整。同时，高中数学课程也应给学校和教师留有一定的选择空间，让他们可以根据学生的基本需求和自身的条件，制订课程发展计划，不断地丰富和完善供学生选择的课程。

倡导积极主动、勇于探索的学习方式。学生的数学学习活动不应只限于接受、记忆、模仿和练习，高中数学课程还应倡导自主探索、动手实践、合作交流、阅读自学等学习数学的方式。这些方式有助于发挥学生学习的主动性，使学生的学习过程成为在教师引导下的"再创造"过程。同时，高中数学课程设立"数学探究""数学建模"等学习活动，为学生形成积极主动的、多样的学习方式进一步创造有利的条件，以激发学生的数学学习兴趣，鼓励学生在学习过程中，养成独立思考、积极探索的习惯。高中数学课程应力求通过各种不同形式的自主学习、探究活动，让学生体验数学发现和创造的历程，发展他们的创新意识。

注重提高学生的数学思维能力。高中数学课程应注重提高学生的数学思维能力，这是数学教育的基本目标之一。人们在学习数学和运用数学解决问题时，不断地经历直观感知、观察发现、归纳类比、空间想象、抽象概括、符号表示、运算求解、数据处理、演绎证明、反思与建构等思维过程。这些过程是数学思维能力的具体体现，有助于学生对客观事物中蕴含 的数学模式进行思考和做出判断。

数学思维能力在形成理性思维中发挥着独特的作用。

发展学生的数学应用意识。20 世纪下半叶以来，数学应用的巨大发展是数学发展的显著特征之一。当今是知识经济时代，数学正在从幕后走向台前，数学和计算机技术的结合使得数学能够在许多方面直接为社会创造价值，同时，也为数学发展开拓了广阔的前景。我国的数学教育在很长一段时间内对于数学与实际、数学与其他学科的联系未能给予充分的重视，因此，高中数学在数学应用和联系实际方面需要大力加强。近几年来，我国大学、中学数学建模的实践表明，开展数学应用的教学活动符合社会需要，有利于激发学生学习数学的兴趣，有利于增强学生的应用意识，有利于扩展学生的视野。[1]

高中数学课程应提供基本内容的实际背景，反映数学的应用价值，开展"数学建模"的学习活动，设立体现数学某些重要应用的专题课程。高中数学课程应力求使学生体验数学在解决实际问题中的作用、数学与日常生活及其他学科的联系，促进学生逐步形成和发展数学应用意识，提高实践能力。

与时俱进地认识"双基"。我国的数学教学具有重视基础知识教学、基本技能训练和能力培养的传统，新世纪的高中数学课程应发扬这种传统。与此同时，随着时代的发展，特别是数学的广泛应用、计算机技术和现代信息技术的发展，数学课程设置和实施应重新审视基础知识、基本技能和能力的内涵，形成符合时代要求的新的"双基"。例如，为了适应信息时代发展的需要，高中数学课程应增加算法的内容，把最基本的数据处理、统计知识等作为新的数学基础知识和基本技能；同时，应删减烦琐的计算、人为技巧化的难题和过分强调细枝末节的内容，克服"双基异化"的倾向。

强调本质，注意适度形式化。形式化是数学的基本特征之一。在数学教学中，学习形式化的表达是一项基本要求，但是不能只限于形式化的表达，要强调对数学本质的认识，否则会将生动活泼的数学思维活动淹没在形式化的海洋里。数学的现代发展也表明，全盘形式化是不可能的。因此，高中数学课程应该返璞归真，努力揭示数学概念、法则、结论的发展过程和本质。数学课程要讲逻辑推理，更要讲道理，通过典型例子的分析和学生自主探索活动，使学生理解数学概念、结论逐步形成的过程，体会蕴含在其中的思想方法，追寻数学发展的历史足迹，把数学的学术形态转化为学生易于接受的教育形态。

体现数学的文化价值。数学是人类文化的重要组成部分。数学课程应适当反映数学的历史、应用和发展趋势，数学对推动社会发展的作用，数学的社会需求、社会发展对数学发展的推动作用，数学科学的思想体系，数学的美学价值，数学家的创新精神。数学课程应帮助学生了解数学在人类文明发展中的作用，逐步形成正确的数学观。为此，高中数学课程提倡体现数学的文化价值，并在适当的内容中提出对"数学文化"的学习要求，设立"数学史选讲"等专题。

注重信息技术与数学课程的整合。现代信息技术的广泛应用正在对数学课程内容、数学教学、数学学习等方面产生深刻的影响。高中数学课程应提倡实现信息技术与课程内容的有机整合（如把算法融入数学课程的各个相关部分），整合的基本原则是有利于学生认识数学的本质。高中数学课程应提倡利用信息技术来呈现以往教学中难以呈现的课程内容，在保证笔算训练的前提下，尽可能使用科学型计算器、各种数学教育技术平台，加强数学教学与信息技术的结合，鼓励学生运用计算机、计算器等进行探索和发现。

建立合理、科学的评价体系。现代社会对人的发展的要求引起评价体系的深刻变化，

---

[1] 田杨惠子. 高中数学课堂自主学习的教学研究 [D]. 大连：辽宁师范大学, 2020.

高中数学课程应建立合理、科学的评价体系，包括评价理念、评价内容、评价形式和评价体制等方面。评价既要关注学生数学学习的结果，也要关注他们数学学习的过程；既要关注学生数学学习的水平，也要关注他们在数学活动中所表现出来的情感态度的变化。在数学教育中，评价应建立多元化的目标，关注学生个性与潜能的发展。例如，过程性评价应关注对学生理解数学概念、数学思想等过程的评价，关注对学生数学的提出、分析、解决问题等过程的评价，以及在过程中表现出来的与人合作的态度、表达与交流的意识和探索的精神。对于数学探究、数学建模等学习活动，要建立相应的过程评价内容和方法。高中数学课程力求将教育改革的基本理念与课程的框架设计、内容确定以及课程实施有机地结合起来。

高中数学课程的总目标是：使学生在九年义务教育数学课程的基础上，进一步提高作为未来公民所必需的数学素养，以满足个人发展与社会进步的需要。具体目标如下：

1. 获得必要的数学基础知识和基本技能，理解基本的数学概念、数学结论的本质，了解概念、结论等产生的背景、应用，体会其中所蕴含的数学思想和方法，以及它们在后续学习中的作用。通过不同形式的自主学习、探究活动，体验数学发现和创造的历程。

2. 提高空间想象、抽象概括、推理论证、运算求解、数据处理等基本能力。

3. 提高数学的提出、分析和解决问题（包括简单的实际问题）的能力，数学表达和交流的能力，发展独立获取数学知识的能力。

4. 发展数学应用意识和创新意识，力求对现实世界中蕴含的一些数学模式进行思考和做出判断。

5. 提高学习数学的兴趣，树立学好数学的信心，形成锲而不舍的钻研精神和科学态度。

6. 具有一定的数学视野，逐步认识数学的科学价值、应用价值和文化价值，形成批判性的思维习惯，崇尚数学的理性精神，体会数学的美学意义，从而进一步树立辩证唯物主义和历史唯物主义世界观。

新一轮数学课程改革从理念、内容到实施，都有较大变化，要实现数学课程改革的目标，教师是关键。教师应首先转变观念，充分认识数学课程改革的理念和目标，以及自己在课程改革中的角色和作用。教师不仅是课程的实施者，也是课程的研究、建设和资源开发的重要力量。教师不仅是知识的传授者，也是学生学习的引导者、组织者和合作者。为了更好地实施新课程，教师应积极地探索和研究，提高自身的数学专业素质和教育科学素质。数学教学要体现课程改革的基本理念，在教学设计中充分考虑数学的学科特点，高中生的心理特点，不同水平、不同兴趣学生的学习需要，运用多种教学方法和手段，引导学生积极主动地学习，掌握数学的基础知识和基本技能以及它们所体现的数学思想方法，发展应用意识和创新意识，对数学有较为全面的认识，提高数学素养，形成积极的情感态度，为未来发展和进一步学习打好基础。在教学中应该把握好以下几个方面：

1. 以学生发展为本，指导学生合理选择课程、制订学习计划。为了体现时代性、基础性、选择性、多样性的基本理念，使不同学生学习不同的数学，在数学上获得不同的发展，高中数学课程设置了必修系列和四个选修系列的课程。教学中，要鼓励学生根据国家规定的课程方案和要求，以及各自的潜能和兴趣爱好，制订数学学习计划，自主选择数学课程，在学生选择课程的过程中，教师要根据学生的不同基础、不同水平、不同志趣和发展方向给予具体指导。

2. 帮助学生打好基础，发展能力。教师应帮助学生理解和掌握数学基础知识、基本技能，发展能力。

第四节　影响高中数学教学有效性的因素分析

高中是学生学习的重要阶段，高中数学教学过程主要是集中在课堂上，所以这就需要对高中数学课堂的有效性教学充分重视。数学是古老的学科，产生于原始社会，在当前的发展中，数学知识无处不在，对社会发展起到了重要促进作用，所以加强对高中数学的课堂教学有效性就比较重要。

1. 高中数学课堂教学有效性特征及影响因素分析

（1）高中数学课堂教学有效性特征

高中的数学课堂有效性教学有着鲜明的特征，所谓有效性主要是针对无效和低效提出的，对有效性教学的特征有着多样的体现。有效教学能为学生提供更多的有效知识，教学能切入和丰富学生的经验系统。还有的认为高中数学课堂教学有效性主要包括教学目标的正确性以及组织科学和讲解清晰等。具体而言，高中数学课堂教学有效性的特征就是要有精心准备和计划的教学，有效教学对教师素养要求相对较高，并强调课堂气氛轻松活跃以及师生公平等。

（2）高中数学课堂有效性教学的影响因素分析

对高中数学课堂有效性教学产生影响的因素是多方面的，主要体现在教师自身的知识结构对教学的有效性能够产生影响。教师的知识结构是教师从事教育教学工作的基础条件，合理的知识结构要包含对数学知识的系统把握，以及具备广博的基础知识等。但这些方面在实际的教学过程中还没有得到充分的体现，从而就会对高中数学课堂教学有效性造成影响。另外就是高中数学教师自身的职业道德水平也会对教学的有效性产生影响。实际的教学过程中，无论是从目标的确立还是从教学的评价，都对教师的职业道德魅力有着展现，这些方面对教学有效性也有着很大的影响。不仅如此，在教师自身的能力结构方面对数学课堂教学有效性也会产生影响，这一方面主要体现在教师在讲解的过程中比较有激情，但是学生在听的过程中却昏昏欲睡，教学的能力结构不够就会对教学的有效性造成影响。

2.高中数学课堂有效性教学策略探究

（1）高中数学课堂有效性教学标准

要想使高中的数学课堂有效、高效，就要注重其标准，学生的进步与否是衡量教学有效性的唯一标准。实际课堂教学有效性的指标所包含的内容比较广泛，其中有能否做到钻研究教材，准确地把握教学内容，并做到难易适中，再者是能否掌握教学目标并灵活运用，还有能否有效完成因材施教方面等。只有按照这些标准实施，才能够使高中数学课堂有效性教学目标得以实现。

（2）高中数学课堂有效性教学策略

第一，高中数学课堂有效性目标的实现要从多方面实施。首先要加强高中数学教师自身的教学能力，这是使数学课堂教学有效性得以提高的基础。具体的措施主要就是对教师的师德修养进行强化，并使数学课堂教学有效性得以提升。这需要倾注情感，树立以学生为主体的教学理念。对教师自身的知识结构进一步地优化，开阔视野，坚持有目标的专业知识积累和强化专业知识整体效应，对新的学习方法进行掌握等。

第二，对高中数学课堂教学有效性目标的实现，要完善准备措施。首先在教材的准备上要对教材实际的思想内容加以钻研，要熟练弄清各类知识，要明确教材的重点以及难点等。同时还要深挖每个例题以及习题，并在实际的训练过程中引导学生自己提出拓展性的问题，要充分重视知识背景。不仅如此，学生自身也要有所准备，针对基础相对较差的学生还要差别化对待，让其树立学习的信心，这才有利于接下来的学习。

第三，在新课程标准的实施背景下，对高中数学课堂教学的有效性策略实施，要在教学的理念上及时更新，并探究适合学生学习的教学设计，并从多方面进行分析，如在教学目标、教学方法和情境创设的有效教学设计方面都要详细地分析规划。除此之外，还要探究适合学生心智发展的有效教学策略，重视非智力因素促进学生的全面发展，数学课堂教学中要动态化地对学生实施指导评价。

第四，对高中数学的有效课堂教授策略的实施过程中，可采用比较广泛的有针对性教学方法。在信息技术迅速发展的今天，针对高中的数学教学可以通过新技术的应用来丰富教学的内容，让学生学习的过程能充满趣味性。有效教学要突出科学合理性。需要教师运用教学智慧对教学资源充分利用以实现有效的讲解。数学知识来源于生活，所以应将其和生活结合起来，让学生能从具体问题当中抽象出数学的概念以及数学定理。

总而言之，在当前素质教育进一步推行的背景下，有效提升高中数学的教学有效性是提高我国整体数学教学质量的重要保障，要详细分析高中数学课堂教学有效性的影响因素，并结合实际来探寻针对性的优化策略，如此才能实现对数学课堂教学的有效性。由于本文篇幅限制，不能进一步深化探究，希望此次理论研究能起到抛砖引玉的作用，为后来者提供有益借鉴。

第二章　高中数学新课程标准解读

第一节　我国高中数学课程标准中课程目标的价值演变

数学课程标准指引着一个时期数学教学的方向，长期以来我国中小学课程从编制到实施都由中央统一制定。回顾我国课程发展的历史，探讨其发展规律，对研究普通高中数学标准有着很大的启示作用，同时可以推进数学课程改革的发展。高中数学课程的核心是课程目标、课程设置、课程内容和要求，课程目标是国家教育目的和教育目标在教学中的直观体现，是课程编制、课程实施、课程评价的准则和指南。课程目标在历史的发展中呈现出不同的价值取向，有的侧重于社会需求，有的侧重于学生发展，有的侧重于学科知识，这三种取向分别体现了以社会为本、以人为本、以知识为本的三种不同的教育观。本章将从这三个价值取向分析我国百年来课程目标的演变。

一、社会需求要素的演变

长期以来，教育通过社会的再生产来促进个人的社会化，教育的功能分为教育的社会功能和个体功能，教育作为社会的一个子系统，与经济、文化、政治并列，它们之间互相影响，同时又共同作用于社会。数学作为一门基础学科，满足社会的需求贯穿了整个数学课程史的始终。

（一）中华人民共和国成立前：社会价值逐渐觉醒

中华人民共和国成立前，我国数学学科教育从刚刚起步的探索阶段到逐步形成数学体系阶段，在此期间，课程标准中有关社会需求的部分从无到有，并且渐渐占据主导地位。

1.学制探索时期

1904 年处于日俄战争爆发之始，中国急切需要发展实业来提升综合实力，当时的数学课程主要是为了满足社会需求。1904 年的《奏定中学堂章程》中在立学总章第一节提出设置普通中学堂，在中学堂课程设置中充分体现了为国家的实业发展服务。在总章中鲜明地提出了"从事与各项实业"，说明当时的数学学科主要是为社会的实业需求做准备的，在《学科程度章第二》中提出数学学习要通习记账与制表之法，说明了当时的数学主要还是作算术、记账之用，当时戊戌变法虽然已经失败，但是发展实业这项措施却没有被完全废除。①

1909 年正处于辛亥革命前期，各种规模的革命活动已经在全国展开，社会不只需要治国安邦的人才，还需要在实业上有造诣的人才，发展中国的生产力。当时的课堂除了专业课，也为学生提供符合个人志趣的课程。那时数学课程实行文理分科既是时代的需要，也是历史发展的必然结果。

在学制探索时期我国的课程发展逐渐起步，数学课程受到当时社会的背景影响较大，数学课程标准的理念波动起伏，但其中关于社会需求的内容大部分延续了下来。

2.课程纲要时期

1923 年，当时西方的文化与中国的传统文化产生剧烈的碰撞与融合，文化的冲突导致了生活方式的变化，因此数学学科满足人们生活的需求就成了重中之重。当时的课程目标应时应景地提出了要适应社会上生活的需求，即培养社会需要的人才。1923 年的《新学制课程标准纲要》中，《算学课程纲要》明确提出数学课程要适应人们在社会生活中的基本需求。当时的社会，中西方文化产生冲突与融合，潜移默化地改变着人们的生活方式，同时文化的改变带来了教育上的变革。

1923 年的《新学制课程标准纲要》不仅在总章提出要满足社会生活的需要，还根据当时的社会背景，提出了一些不同的要求。在课程的评价方面提出了"毕业最低限度的标准"，即通过学习可以正确地把数学计算运用到日常生活中去，说明当时培养人才的标准是把数学方面的算术演法能力用于日常的经济生活。在课程标准中还出现了名为《航海术》的教材，这与当时的社会背景有关，当时各大洲之间的人员往来主要通过航海来实现，所以中国需要许多的航海人才，这才在高级中学的教材列表里特别加上了"航海术"这门课程。在《高中代数课程纲要》中提出课程要条理得当，无用的部分像计数法等知识要从课程内容中删去。这里的无用部分，就是指那些不能满足社会需求的知识。以是否迎合社会需求作为知识的有用与无用的唯一评判标准，这固然是当时社会发展的无奈选择，但同时也给数学学科知识的整体性带来了破坏，知识的选择完全取决于社会，忽视了学科本身的特点。

---

① 陈京华.高中数学高效课堂教学模式构建策略研究 [J].中国农村教育,2020(03):88+90.

课程纲要时期的课程目标是以培养当时社会背景下所急需的人才为重点，具有很强的针对性。但是又只把知识的实用性作为知识选择的唯一标准，没有考虑到数学学科的长期发展，具有一定的局限性，对后来数学学科的发展形成了一定的阻碍。

3. 课程标准时期

1941 年进入抗日战争的中期，秉持教育必须为当时的社会所服务的理念，让学生"油然而生不断努力之志向"，《修正高级中学数学课程标准》于是年公布，其中提出了数学教育要为抗战做准备，数学课程的教学时长缩短，教学内容中增加了关于军事方面的特殊内容。

1941 年出台的《六年制中学数学课程标准草案》中数学学科增加了一些特殊教材，即：

（1）普通与军事上之测量；

（2）弹道；

（3）几何画与投影画；

（4）各项调查统计之方法。

明显可以看出，这些特殊教材是为了开展军事活动准备的，这与当时正处于抗日战争中期有很大关系，此时教育活动向社会需求的偏向越发明显。在此草案中，课程目标提出了严格筛选学生生源，所有的课程均实行统一化的设置与编排。对于招生对象的严格筛选一方面说明当时中国的国力因战争而衰弱，只能为更优秀的学生提供教育资源；另一方面说明战争对于劳动力的急剧需求导致很多人没有机会接受教育。教学课程的统一编制更是当时战争对教育的一个影响，对数学课程实行军事化的统一管理，有利于国家对教育的掌控。

1948 年的《修订高级中学数学课程标准》与之前的课程标准相比较，总体没有什么特别的改变，只是删掉了与战争相关的内容，即特殊课程的内容。因为当时正处于中华人民共和国成立前夕，亟须恢复我国正常的基础教育，因此在高中课程内容中筛选掉与战争有关的内容。

（二）中华人民共和国成立后至 20 世纪 80 年代：社会价值的工具本位浓厚

1. 全面学习苏联时期

中华人民共和国成立初期，国家基础设施破坏严重，社会生产力不能满足社会的需求。在这样的大背景下亟须提高社会生产力，这时的课程目标还是首先为经济建设服务的。1950 年的《数学精简纲要（草案）》应运而生，当时国内百废俱兴，一切都要从头开始。数学课程尽量与社会实践相关联，为经济建设提供必要的基础知识。

1951 年的《中学数学科课程标准草案》中提出"数学学科的主要任务是通过训练来熟

练地掌握各种计算工具，有能力用数学中数形结合的思想解决生活中、经济建设中以及自然环境中遇到的实际问题"。数学学习的课程目标仍是为了解决日常生活中涉及形数的实际问题，此处明确提出了数学学习要满足社会的需求。

1952年，国家需要鼓舞青年人的爱国主义精神与民族自尊心，从而为建设国家而努力奋斗。当时的课程目标提出要贯彻新民主主义思想，培养学生的爱国热情，锻炼学生建设社会主义的吃苦耐劳的意志。数学课程的内容既为学生进入高等学校进行学习奠定基础，又可以满足学生参加社会主义建设的基本要求。

草案中提到在教学中要融入数学文化，这里的数学文化是特指中国与苏联的数学文化，即中国与苏联在数学学科中的贡献。比如在学习欧几里得几何知识时，还应当给学生指出还有非欧几里得几何，其中有一种是由著名的俄罗斯科学家洛巴尺夫斯基创造，并以他的名字命名为洛巴尺夫斯基几何学。在高中三年级学习"数的概念的发展"时，应当了解俄罗斯数学家切比雪夫关于数的理论方面的著作。

在全面学习苏联时期的末期，数学课程目标中的技能倾向较为明显，提倡培养学生的技能技巧。1954年的数学课程标准中课程目标满足社会需求的倾向更加明显。数学教学的目的是传授学生数学知识，通过利用数学知识来解决实际生活中所遇到的问题，数学学科与数学知识成了解决实际问题的一个工具。因此，在此草案的开头就明确表明了数学学习主要是为了满足社会的需要去解决实际的问题。

1956年，社会主义改造基本完成，社会主义制度建立，数学课程目标中培养学生技能的倾向越发明显，数学课程成为一门培养"手艺人"的学科。1956年的课程标准中提出，"为了实施基本生产技术教育，提高教育质量……高级中学制图教学的目的是授予学生技术制图的基本知识，使具备阅读和绘制简单技术图样所需要的技能和熟练技巧，并协同其他学科，以社会主义思想教育学生，为国家培养全面发展的成员。为进行基本生产技术教育，教师应尽可能结合讲授内容和作业内容选择一些简单的技术零件、简单金木工工具"。

这种纯粹的制图教学大纲以前从未出现，说明此时的教育更注重技术的教育，把数学教学演变为技术的教学，单纯为了满足社会的需要。而将数学教学与职业绘图教学混合到一起说明了教育中社会需求要素所占比重正在不断扩大。渐渐地，数学课程目标中的社会需求倾向异化，数学课程成了一门学习技术的学科，说明当时数学课程目标的社会需求中工具本位占据主导。

2. 探索中国教育体系的时期

探索中国教育体系的初期，我国急需具备数学学科知识的劳动者来进行经济建设，所以我国当时的课程目标取向就是满足当时社会主义建设的要求，培养出能够胜任工业与农业发展的劳动者。1960 年的课程标准指出，在社会主义建设的关键时期，国家的工农业需要大批具有数学基础的人才，数学学科培养的人才要有利于国家实现工业化、机械化。数学是客观世界与文化知识联系的工具，是高中教学中的重点课程，因此急需提升数学的教学质量来满足日益发展的社会需求。此时的数学教育的课程目标就是满足社会主义建设的要求，培养出胜任工业与农业发展的社会主义建设者，可以使用数学知识来解决生活中的计算、绘图等问题。

1963 年的课程标准认为数学是其他学科的基础，打好数学的学习基础对于其他学科的学习有着至关重要的作用。高中学习的数学知识既可以为生产劳动提供理论支持，也为研究更加高深的数学知识提供保障。1963 年的课程标准认为数学是一种工具，可以为工业、农业、国防服务，数学教育的社会本位占据更重要的地位。

3. 1978 年后教育恢复时期

1978 年对于中华人民共和国而言是具有重大意义的一年，中国在这一年展开了十一届三中全会，对于教育中不合理的地方进行了拨乱反正。1978 年的课程标准中提出数学是一门应用性很强的学科，数学的发展对于国家的建设有着至关重要的作用，高中阶段是学生学习发展的重要时期。从 1978 年的数学课程标准可以看出，课标紧贴当时的社会需求，希望通过高中的数学学习来为四个现代化打下学科基础。因此，必须提高中小学的数学教学质量，使学生切实学好必需的数学基础知识，在贯彻百花齐放、百家争鸣的方针下对数学教材进行了进一步的改革。1980 年属于改革开放初期，对于国家来说，需要更多的建设社会主义的人才，因此数学教育要为建设社会主义强国服务，为实现四个现代化服务。1980 年的课程标准中提出数学课程要以马列主义、毛泽东思想为指导，教学的内容要符合社会主义的思想，激励学生以革命的热情投入数学学习中去。

这一时期，在全面进行经济建设、实现四个现代化的大背景下，数学学科的课程目标的社会价值主要体现为经济价值，即为发展国家生产力服务。

（三）20 世纪 90 年代至今：社会价值从一元向多元化发展

20 世纪 90 年代之后属于教育的发展时期，数学课程社会价值从一元到多元，虽然还是以经济建设为主，不过人们逐渐意识到了社会价值的其他需求，数学学科不再作为一门工具性的学科只单纯满足经济的发展，而是二者互相影响，数学学科的发展带动了社会的发展，社会的进步又推动了数学的进步。

教育发展初期，高中数学教学的目标是使学生满足社会建设的需求，形成基本的数学技能。1996 年高中数学课程目标指出，数学的应用性促使数学成为高中学科教学的重要一部分，数学教学决定了学生日后是否适应社会生活。因此提高学生的数学文化素养，对于高中数学教学来说是十分重要的。高中数学教学的内容具有很强的实用性。从 1996 年的教学大纲来看，数学教育的社会本位依旧单一，不过已开始注意到数学的学科基础性继而重视培养数学素养，说明数学的本身价值逐渐体现。

首先，数学是其他学科进一步发展的基石；其次，数学学科的应用性在社会实践方面起着很大的作用；最后，数学内容也要满足社会生活、生产和科学技术的需求。

2000 年的数学课程标准指出，数学对于社会的进步有着积极的推动作用，而社会的进步又可以推动数学学科的发展。虽然数学依旧是满足日常生活实践的一门重要的学科，但是数学学科的实用性不再单一，数学学科的实践性从单一的计算制图拓展为数据分析、模型建立等，数学学科应用层面从一元变为多元。从 2000 年的数学教学大纲来看，数学的社会需求属性占据首位，但社会价值不再单一。因此数学学科最主要的要素还是满足社会的需求，为社会创造生产力，去推动社会的发展与进步。2003 年的数学课程标准中的课程目标同样体现了数学学科应用性的多样化，而数学学科与其他学科相结合，也为社会的生产实践提供学科上的支撑。

2017 年版《普通高中数学课程标准》指出，基础教育课程反映了一个国家的教育理念，规定了教育目标和教育内容，是国家意志在教育领域的直接体现。课程目标要求数学学科反映时代要求，反映先进的教育思想和理念，关注信息化环境下的教育改革，根据经济社会发展新变化、科学技术进步新成果，及时更新教学内容。2017 年版《普通高中数学课程标准》进一步明确了普通高中教育的定位，就是我国的普通高中教育是为学生适应社会生活、高等教育和职业发展做准备。2017 年版《普通高中数学课程标准》不再单独把数学认为是一个工具，一个人们认识世界的工具，而是把数学学科对满足社会需求、学生发展和学科发展进行并列，说明数学学科的社会属性依旧占据主导地位，但是学科属性与学生发展属性不断得到重视。

20 世纪 90 年代至今，数学教育不断发展，数学的社会需求本位占据主导地位，但社会价值从一元的经济价值发展到多元性价值。随着学科意识的觉醒与个人发展的需要，人们逐渐在满足数学学科社会需求的同时也促进了数学学科的发展与个人的提高。

二、学科发展要素的演变

数学学科是教育的一部分，不可避免地会被当时的社会背景所影响，但是数学学科有其独特的学科特性。随着数学课程的不断发展，数学的学科要素也在这100多年间表现出了它不同时期的重要性，经历着曲折的学科发展历程。

（一）中华人民共和国成立前：学科价值偏重实践价值

中华人民共和国成立前，数学学科的发展从一开始的只关注数学学科的知识内容、教学时长，渐渐发展到关注学科之间的相互联系，数学学科与其他学科的融合与发展，最后关注到数学学科的价值，但其中对数学学科的价值研究停留在应用价值的层面，数学学科的内在核心价值并未得到彰显。

1. 学制探索时期

学制探索时期，数学学科的自身价值还未觉醒，对于数学学科的讨论还仅仅停留在其中零散的知识点和教学时长上，数学学科的重要性并没有得到重视。

《钦定中学堂章程》中把数学学科知识统称为算学，算学课程又分为几何与代数。这时的数学学科知识已经有了代数几何之分，但是作为中学堂的课程，内容设置还是过于简单，中学堂学制为4年，每星期数学的教授时间是6个小时，但到了1904年的《奏定中学堂章程》中，学制扩为5年，每星期的教授时间反而缩短为4个小时，虽然学制变成5年，但是数学学科总的学习时间却变短了，说明当时数学的学科重要性稍微有些下降。

2. 课程纲要时期

数学知识具有独特的系统性。数学课程内容的设置不应混乱无序，而要根据数学学科的特性科学合理地进行学科设置。1923年的课程标准中《三角课程纲要》提出，数学中的代数知识应该与其他学科互相联系，互相促进，共同发展。说明此时的课程纲要已经注意到数学不是一门单独的学科，而是一门基础学科，与其他学科有着千丝万缕的联系。

课程纲要时期，数学的学科意识逐渐觉醒，但是当时数学学科知识体系主要参考欧美国家，中国自身的数学学科知识体系还处于萌芽阶段，数学学科体系驳杂。

3. 课程标准时期

课程标准时期，数学学科的自身价值逐渐体现，数学学科不仅关注内部知识之间的联系，而且注重与其他学科的融合。但是数学学科的内在价值仍然没有得到重视，仍然只体现在数学学科本身的应用价值上，数学学科的其他价值并没有被发掘。

数学学科要与自然、社会相结合，不能单纯只活在数学的象牙塔里，与实际相结合才能更好促进数学学科的发展。1929年的课程标准认为，文理分科会影响高深的学术问题研究，因此不再进行文理分科。这说明数学学科要素渐渐觉醒。同时课程标准中提出提升课程内容的难度，具体涉及了高次平面曲线及超越曲线等知识，这些都是之前课程标准中没有的内容，同时，课程内容方面更加翔实。

1936 年的课程标准延续之前的课程标准，在课程目标中提出要为其他的学科作数理储备，并且希望学生为数学学科的发展不断努力，以提高数学学科研究的深度与广度。1936 年的课程标准认为，数学知识的学科性与应用性应该共同发展，使学生在数学学习中感受数学学科的伟大，并在日后的数学学习生涯中为数学的不断进步而努力。

数与形的关系是数学这门基础学科中最重要的一种关系，而明了形数关系可为学习数学其他分支打下基础。1941 年的课程标准认为数与形是数学学科中的精髓所在，务必使学生明白两者的关系，并把数形关系看作数学学科的教育基础。同时提出不再分初高中，追求各学科平均发展，为进一步的高等教育奠定了良好的基础。此时数学学科测试的标准与频率也上升了，让学生了解了考试的意义与价值且乐于接受。

1948 年的课程标准中数学课程的内容量有了大幅的缩减，但是数学学科的地位较之前有了提高，认为数学学科的内容难度设置应该满足各类学生的需要，数学学科的教育应该把精英教育与平民教育相结合，在达成基本的数学学习要求的同时，提供较难的内容使学有余力的学生发挥其数学才能。这里着重提到了关于数学加深难度的内容，但是同时也注意各门学科之间的平衡。

中华人民共和国成立前数学的学科价值逐渐觉醒，但是只停留在用数学去解决实际问题，数学学科的价值体现在应用价值上。在中华人民共和国成立前数学学科更多的是为社会需求服务，培养的数学人才也是为了满足社会的需求，此时的数学学科所选择的课程内容偏向于技能方面，对于中国数学学科的进一步发展帮助不大。

（二）中华人民共和国成立后至八十年代：学科价值以知识为本位

中华人民共和国成立后至 20 世纪 80 年代，我国数学学科发展逐渐受到重视，但还是只关注其应用价值，并且由于当时社会大环境的影响，数学学科发展受到了很大的阻碍甚至出现停滞的状况，学科发展波动性较大，数学学科作用并未得到完全的发掘。

1.全面学习苏联时期

高中数学学科不仅要关注知识本身的系统性，而且要考虑与初中数学知识的衔接问题。1950 年的《数学精简纲要（草案）》提出，数学课程仍划分为几何与代数部分，但为了降低难度，高中初始的课程内容与初中的衔接较多。而较深的数学知识，侧重于了解，应用要求降低。可以看出当时的数学学科在高中内容的设置上偏难，故而做了删减，而课程的总体内容并无特别的改变。

1951 年的课程标准中的课程目标关于数学学科的内容及要求并无大的改变，仍然是关注数学中的形数关系。形数知识是高中数学知识体系中最主要的一个部分，不管是函数还是代数与几何模块都离不开对形数知识的研究。

数学学科不是纯粹的理论性学科，它来源于生活，并指导着生活实践。数学的学习与生活实际相互结合，一方面，有助于解决生活中的实际问题；另一方面，实践活动也可以推动数学学科的发展。1952 年的课程标准中"注意培养学生用数学的眼光去解决实际问题"，比如"在高中一年级，学习几何和锐角三角函数的课程中，在测量不能接近的距离和高度时，应当指出这种测量和军事的联系；在测量地段面积和测绘平面图时，应当指出这一工作和农业的联系。在高中二、三年级，数学和实际问题联系的方法应当是靠着解直角三角形和一般三角形测定距离和高度，利用测角仪测算距离，在求物体的面积和体积时做好各种测量"。

在课程目标中第一次提到了数学文化融入数学学习中，数学在文化史上有着重要的价值，在科学体系中有着特殊的地位，在数学学习的过程中，要着重培养数学文化素养。

数学这门学科具有独特的知识系统性，什么时间应该教什么类型的知识，知识之间又应该如何联结起来，这些都是有一定的规则的。1954 年的课程标准中的课程目标提出理论与实践相结合。其方法是首先做好练习，为解决实际问题做好准备；其次是应用数学知识去完成实际工作，教学中的原则是不能破坏数学知识的系统性。草案中不仅提出要理论联系实际地发展数学学科，而且要考虑该学科的特殊性，尽量保持其学科固有的体系。

数学学科不仅要注重理论的发展，而且要关注实践方面的应用。1956 年的《高级中学制图教学大纲（草案）》中对制图进行了阐述："由于图本身是一种技术语言，因此制图是在中学进行基本生产教育技术的一个基本学科。"此草案把制图单独列出来纳入高中数学教学，丰富了数学教学的实践性环节。但是这样做显得过于重视实践，反而忽视了对数学知识、数学思想的传授。

在全面学习苏联时期，对于数学学科要素的重视依旧停留在知识的层面，辅以实践教学，对于数学知识的内在并没有重视，但重视数学知识教学与实践能力的培养，就是为了发挥数学学科的应用价值。

2.探索中国教育体系时期

探索中国教育体系时期，学科需求与实用需求发生了激烈的冲突。1960 年的课程标准中对于高中数学课程的内容做了一定的添加。增添了实用性较强的学习内容，为学生参加生产劳动奠定了基础。此外，不切实际的繁难习题不列入教材。数学知识被筛选为对实际生活有用的与没用的，并把那些没用的知识移除，这是学科要素向社会需求要素的一次妥协。

1960 年的课程标准提出数学是研究形数的学科，在数学教学中反映形数的同时，需要针对数学课程的内容进行适当的区分。研究数的过程中要遵循从具体到抽象、从常量到变量的原则；研究形的关系时，要遵循从简单到复杂的原则。课程总的编排是按照这些原则来完成的，在 10 年制学校数学分设为算术、代数、几何三科，这些把算术与代数做了区分，一方面突出代数与几何之间的联系；另一方面展现高中课程中代数与算术的不同取向。在解三角形的课程内容中渗透几何知识，实现几何与代数在数学教学中的融合。但是 1960 年的课程标准中的课程目标只关注与实际生产结合，而违背了数学教学规律。例如在几何教学中提出了理论与实践相结合的原则，认为空间作图等对于实际生产没有帮助的内容需要删去，同时认为数学中的论证过程烦琐多余，可以直接引用。以有用与无用为标准对知识做了一个区分，但根据这些知识是否有实际意义的崇尚知识的社会本位论，却阻碍了数学的发展。同时，这些理论观点还忽视了数学中的论证过程，不利于学生形成严密的逻辑推理能力。

高中阶段数学分为代数、三角、立体几何和平面几何等几个模块，如何把高中数学知识在内部进行衔接，一直是高中课程设置中的重点问题。1963 年的课程标准提出高中课程内容的选择需要在实际生活中体现出应用性，注意与高等教育中数学内容的衔接，并在学习中融入我国的数学历史文化。1963 年课标的数学分科中，几何的分科比以前的大纲分科更为细致，平面解析几何多介绍在科学研究和生产劳动中应用比较多的经验方程。从知识编排的角度来看，高中数学知识还是实用的居多。

探索中国教育体系时期，正值大力发展社会主义经济阶段，数学学科进入了以知识为本位、实践为导向的发展中，数学学科的价值只体现在它的应用价值层面。

3.1978 年后教育恢复时期

1978 年的《全日制 10 年制学校中学数学教学大纲》中对于数学学科的教学内容做了部分添加与删减。如增加了微积分的初步知识，有利于与高等数学知识体系衔接，同时添加了与计算机相关的数学知识，使数学这门古老的学科与时俱进。教材内容精简了课程门类，使教学内容迎合现代化发展，有利于学生学好基础知识和掌握基本技能，增强数学知识的综合运用。课程内容的设置符合学生接受能力，促进学生的认知过程的发展，加强了教材的整体性。

1979 年的《部分省、市、自治区中小学数学教材改革座谈会纪要》中对于不同阶段的高中毕业生提出了不同的要求。"对于 1980 年的毕业生，统计初步、集合和对应、线性方程、二项式定理、概率、极限以及后面的部分作为选修内容，对于 1981 年的高中毕业生，以上内容作为选学内容；对于 1982 年的毕业生，统计初步、概率、不定积分和定积分及其应用作为选学内容。"出现教学内容的分层是因为 1977 年刚刚恢复高考，所以对于不同年代的高中毕业生，对数学知识的掌握就有了不同的要求。

1980 年的课程标准在高一年级介绍集合知识的基础上，用集合、对应的观点阐述函数概念，接着安排关于空间图形的知识，最后安排利用坐标方法研究二次曲线。高二年级安排关于不等式的性质和证明等初步知识，以集合为基础介绍函数，通过坐标的方法来研究方程，是高中数学教学中最重要的两个部分，也是贯穿集合与代数的主线。此时的数学课程内容设置体现了几何内容的由点到面，代数内容的由具体到抽象，形数结合的数学学科特色。

1986 年的课程标准对教学内容进行了精选，精简传统的中学数学内容，增加了应用性强的部分内容，删减次要和应用性不强的内容。在高中课程中增加极限与概率的知识，加强了数学知识之间的联系。同时因为数学课程内容奠定了物理化学的基础，为了适应物理化学学习的需要，在高中先开设代数与立体几何课堂，后并设代数和平面解析集合。通过系统化、科学化地设置课程来让学生更好地学好基础知识、掌握基本能力，从而理解数学的原理与方法。

中华人民共和国成立后至 20 世纪 80 年代，人们逐渐意识到数学学科发展的重要性，特别是在 1966—1976 年，数学的学科发展有了停滞甚至后退的迹象，改革开放之后，才得到进一步的重视，对于数学学科的研究也日益焦点化。

（三）20 世纪 90 年代至今：知识本位与实践本位多元发展

在 20 世纪 90 年代至今的教育发展时期，数学学科价值得到了长足的发展，数学学科价值超越了应用价值，注重数学学科素养的培养，把数学文化融入数学学习，提升数学教学中的文化要素，培养学生的文化素养。

首先是数学课程内容的设置更加细致化。1990 年的《全日制中学数学教学大纲》将常用对数调整到高中代数的对数函数之前学习，原本是从一般到特殊的学习，如今是在对数知识有了一定的积累之后，再学习对数函数，从特殊到一般，体现了数学学科知识体系的整体性。对于毕业后参加工作的学生而言，可在高三的数学必修课之后学习或者复习"统计初步""视图""概率"等实用性较强的内容。

其次课程内容要求降低，数学学科的知识本位有所改变。1994 年的《关于印发中小学语文等 23 个学科教学大纲调整意见的通知》中对高中数学的教学内容进行了调整，"常用对数"部分的对数的首数与尾数、对数表、反对数表、利用对数进行运算等内容由必学改为选学。对于数学学科而言，高中数学学习难度的降低与内容的减少意味着高中阶段的学习压力减少，数学学科的发展要素有所降低。

1996 年的大纲中提出高中数学注意培养学生的数学素养，对学生今后数学学科的学习起到了很大的推动作用，同时有利于学生对数学学科的深入钻研。1996 年的《全日制普通高级中学数学教学大纲》第一次对高中数学的教学目标进行了分级，分为了解、理解、掌握、灵活运用四个层次，这也是借鉴了布鲁姆教育目标分类学中对认知过程进行的分类。对教学进行分级，更加清晰明确地让学生和教师对数学知识的重要程度有了清楚的认知。

1998 年的大纲中对于数学教学的内容进行了调整，对简单的三角方程、球冠的表面积、球缺的体积、圆的渐开线、三种圆锥曲线的统一的极坐标方程、等速螺线不再作考试要求。有关不等式的教学要求中算数平均数的性质不扩展到四个即四个以上正数的情况。同时，减少了数学学科的部分内容，使学生与教师有更加富裕的时间去解决高中数学的重点和难点问题，提高学生学习的积极性，优化数学学科学习的过程。[①]

2000 年的《全日制普通高级中学数学教学大纲》提出要重视创新意识和实践能力的培养，以推进数学学科的发展，因为每一个重大的数学发现都建立在数学家独到的数学素养基础之上。大纲提出数学教学中要提高现代教育技术的使用比例，促进数学学科的教学内容、方法和目标的改变，加强数学与其他学科之间的融合，使数学学科教学走向现代化。

2003 年的《普通高中数学课程标准（实验）》提出要培养学生解决问题的能力、表达与交流的能力以及自学的能力，这些能力是促进数学学科向前发展的关键。数学学科的发展离不开数学家们锲而不舍的钻研和他们严谨的科学态度，因此，在高中的数学教学中注意培养学生的钻研能力和科学精神，有利于他们以后在数学的道路上愈行愈远，为数学学科的建设添砖加瓦。

2017 年版《普通高中数学课程标准》提出数学学科核心素养与"四基四能"都是学生在高中学习阶段所要培养出的数学素养。通过数学课程目标与内容的合理设置，在课程实施过程中重视学生的数学思维与数学能力的养成，在课程评价层面对学生的数学思维进行具体的划分与要求，可以说 2017 版《普通高中数学课程标准》中学生要素获得了高度的重视。

20 世纪 90 年代至今，人们对数学学科的研究愈加细致，随着人们对数学学科研究的不断深入，数学的思想与方法也在细致化、系统化。这一时期的数学学科发展转化为数学学科素养的发展，将学科发展与学生发展相结合，促进学科发展的同时也加强了学生在数学上的发展。

---

① 卢海英. 高中数学合作探究式学习模式教学探讨 [J]. 才智，2019(32)：159.

三、学生需要要素的演变

对于教学活动来说，虽然社会与学科是影响课程目标的两大重要因素，但是学生才是教育活动的主体，所以在课程变革中关注个人的发展尤为重要，而关注学生的发展实质上就是关注人的发展。在教育系统中，学生才是诸多因素的根本，是教育教学的核心。

而学生这一要素的重要性在课程的变革史中一直起伏不定。

（一）中华人民共和国成立前：人本主义精神占据主导地位

我国很早就注重对人的发展的研究，针对人的发展提出了许多的理论，中华人民共和国成立前我国的数学课程标准就很注重学生的个人发展，注重学生个体的不同，利用因材施教的方法去分别引导不同类型的学生。

1. 探索学制时期

在探索学制时期，数学课程就注意到了学生的性别差异性，并且根据学生的素质和自我意愿，去选择文科或者实科的学习道路。在课程时间与内容的设置方面，女生无论在授课时长还是授课内容上明显比男生要少，虽然这是考虑到男女生的性别差异，但是也透露出当时男女地位的不平等，当时的数学课程认为男生应该更多地承担学业任务。

1912 年的《中学校令施行规则》提出针对男女性别的差异，对课程内容设置进行区分。此时就有了专门关于女子中学的论述，且在所学科目、教材等方面与男子中学有着不同。

2. 课程纲要时期

课程纲要时期，数学课程应该根据学生的认知发展程度来设置课程内容。因此 1923 年的《新学制课程标准纲要》中提出，针对几何内容设置，因初中生年纪尚小，思维不够严谨，高中时注重培养学生严谨的数学学习能力，让学生用数学的视角去看待事物，认识世界，应根据学生认知发展的阶段来设置几何课程，考虑到了学生的现实状况。

3. 课程标准时期

良好的数学学习习惯与数学素养有利于学生日后的数学学习，并为其日后的发展铺平道路。1932 年的《高级中学算学课程标准》中提出，要注重学生学习习惯的养成，包括富有研究事理之精神与分析之能力；思想正确，见解透彻；注意力集中；有爱好条理明洁之习惯。

数学的思想是准确而严密的，通过高级中学的学习来培养学生的数学思维，对学生整个学习过程都有着至关重要的作用。严谨的科学价值是数学学科所表现出的一个重要价值。1941 年的《6 年制中学数学课程标准草案》中提出，在培养学生作图能力时，遵循严谨认真的原则，在作图的过程中形成数学中函数概念的雏形。此草案提出培养学生的数学技能与数学的科学精神，让学生通过 6 年制中学数学的学习来掌握数学技能，从而获得科学精神，这里侧重了技能的学习，相对来说，课程目标对学生需求的倾斜变少。

1948 年的课程标准中删减了许多高中数学课本中较难的部分，提出数学内容的选择要迎合学生认知水平的发展。着重关注学生在高中阶段的知识接受与理解能力，并且设置了数学复习的内容，符合学生的记忆规律，提高了学习的效率。此时期课程目标的设置越来越重视学生需求。

从中华人民共和国成立前课程目标的演变可以看出，学生要素慢慢被人们所重视，从一开始的关注性别差异，到后面的关注启发学生的思考、培养学生的科学精神，人本主义精神渐渐崛起，但受到社会需求的影响依然存在。

（二）中华人民共和国成立后至 80 年代：科学精神逐渐占据主导地位

中华人民共和国成立后，急需发展社会生产力，因此数学学科的应用性更受到重视，对于学生而言，最重要的是接受和学习知识，教学中的知识本位占据主导地位，虽然关注学生的发展，人本精神已出现在大纲之中，但实质上科学精神已充斥着教学的每一个角落。

1. 全面学习苏联时期

学生学习负担过重一直是数学教学的一个难题，主要原因有课程内容过多、授课时间过长或者课程评价标准过高。1950 年的《数学精简纲要（草案）》提出数学课程内容过多，造成学生的学习负担过重，不利于学生的个性发展。作为我国中等教育的指导性教学大纲，关注了学生的发展问题，这个时期人们对教育的关注点有一部分落到了学生身上。因此草案提出删除高中数学课程内容中过于抽象的部分，参考学生的认知水平，通过改变课程内容的难度，来减轻学生的学业负担。同时针对学生学习的优劣，进行分层教学，根据学生素质的不同，通过设置不同的课程标准来消弭这种差异。

1951 年的《中学数学科课程标准草案》在课程目标中提出，培养学生的科学精神与辩证思想，注重对学生的启发教学。科学习惯与辩证思想对于学生日后的学习和生活起到了很大的作用，而科学习惯中的观察、分析、归纳等实质上是数学思想的一种体现，所以最终是对学生思维能力的培养。

1952 年的《中学数学教学大纲》中提出，在高中授课可以采用演绎的方式，但是初中教学应当从教学的直观性和内容的具体性出发。无论何时，应当尽力把基本的教学法则放到第一位，并避免识记大量的数学公式和法则，加重学生记忆上的负担，使他们反而不能理解其中的相互关系和用途。同样不应当让学生进行机械的反复证明和反复誊写等，锻炼学生在达成既定的目的方面和合理地自动完成工作方面的韧性。在学生的复习与课外作业方面，课程目标同样有着明确的规定，提出注意组织学生课内和课外的数学"自学作业"。

全面学习苏联时期的后期，数学课程的教学中注重给学生灌输集体主义思想。1954年的《中学数学教学大纲（修订草案）》中课程目标更注重学生的思想教育。提出教育要先成人再成才，增强爱国精神与民族自尊心的培养，并且锻炼学生的坚强意志和品格。1954年的《中学数学教学大纲（修订草案）》中希望通过数学学科的教学培养社会主义的建设人才。

1956年的《高级中学制图教学大纲（草案）》提出"发展学生的空间观念和想象能力"。高中数学注重发展学生的空间与想象能力，有利于日后的数学抽象内容的学习，而且《高级中学制图教学大纲（草案）》着重强调了要发挥学生的实践能力与自主作业的能力，如作图是非常严谨的一门功课，在练习方面分为课后练习和作业，且要求都十分严格，在锻炼学生制图技能的同时也培养了学生严谨细致的学习态度和学习自觉性。这也说明当时的数学教育更重视对学生技能的培养，数学课程的工具导向更为明显。[1]

2. 探索中国教育体系时期

1960年的《送呈〈关于修订中、小学数学教学大纲和编写中小学数学通用教材的请示报告〉》中针对当时中学数学教学中的问题，提出了注重培养学生的数学素养，这是因为当时的中学教学片面强调理论知识，不重视技巧、技能的培养。说明当时的数学教学对于学生的需求重视不够，单纯照本宣科把课本上的内容传授给学生。

1963年的《10年制学校数学教材的编辑方案（草稿）》中提出重点关注学生数学思维的养成，培养学生的辩证唯物主义思想。注重培养学生的逻辑能力、空间想象能力，特别是计算能力，而计算能力具有很强的实用性，说明这时期个人本位是向社会本位让步的。

3. "文革"后教育恢复时期

1978年的《全日制10年制学校中学数学教学大纲》中对于如何使学生更好地掌握数学基础知识提出了新的见解，在概念教学中，采用对比的方法来区分容易混淆的概念，同时在理解概念的基础上，对概念进行运用。在教学中更加关注学生需求，把学生置于数学教学中的核心地位。由于数学不仅仅是一门理论的学科，更多是应用到实际中去，因此练习在数学教学中必不可少。

1980年的课程标准中课程目标提出，由于学生的个人志趣和能力的不同，数学课程内容设置的难度应该有所区分，对于日后从事理工科的学生要提出较高的数学要求，如果是选择文科的学生或者从事对数学要求不高的工作，则可以酌情减少课程内容，降低课程难度。

---

[1] 王奋志. 高中数学教学中学生创造性思维能力的培养 [J]. 西部素质教育, 2019, 5(20): 69.

1982 年的《全日制 6 年制重点中学数学教学大纲》中渗透了分层教学的理论。由于我国幅员辽阔，各地的教育水平不同，因此需要针对各地的教育现状制定不同的课程内容。同时根据学生志趣的差异，进行分层教学，满足不同阶段学生的需求。此时主要根据学生的潜力倾向与未来志愿对学生进行分组。

1986 年的《全日制中学数学教学大纲》在课程目标中提出了学生如何学习数学课程。其中必学内容是所有学生都需要掌握的，而掌握不到位的同学要特别关注，而学有余地的同学可以通过课外活动与增加选修课的方式进一步学习，做到既面向全体学生又因材施教。1986 年的大纲提出要注意培养学生的数学能力，特别是独立思考与自学的能力，并系统而有效地提出了学生应该如何学，怎样学。说明当时学生本位的理念融入了数学教育中。

中华人民共和国成立后至 20 世纪 80 年代，学生自身的发展逐渐受到重视，从刚开始注重培养学生数学技能，到 20 世纪 70 年代用启发式的方式引导学生，不再是一味灌输式的教育，再到 20 世纪 80 年代关注学生学业负担过重的问题，对学生进行减负。可以看出，人本价值在高中数学教学中逐渐彰显。

（三）20 世纪 90 年代至今：人本价值与科学价值互相融合

随着经济的不断发展，人本主义精神重新回归人们的视线，数学教育开始重视人本主义精神，与此同时对科学主义精神的关注也并未减少，人本主义精神与科学主义精神互相交融，推动了学生的健康发展。

1990 年的《全日制中学数学教学大纲》中提出，当时的数学课程内容偏多，教学要求偏高，因此删减过多的内容，降低过高的要求。大纲还提出发展学生的能力，提升教师的自身素养。大纲中还针对解题与练习提出要求，认为培养数学解题能力要有系统性的练习，并对练习部分做了详细的规定与要求，并且注意到了学生之间的差异性。

1996 年的《全日制普通高级中学数学教学大纲》中提出，在数学教育中培养学生解决实际问题的能力与形成良好的个性品质。有能力用数学的方法解决生活中的实际问题，用数学语言去表达身边的事物，同时提出通过数学学习培养学生良好的学习习惯。大纲中提出通过高中数学的学习来培养学生的个人能力，关注学生的学习情况，说明数学学科的个人本位不断受到重视。

1998 年的《关于调整现行普通高中数学、物理学科教学内容和教学要求的意见》中，指出要减轻高中学业负担。为学生减负一直是我国中学教育特别是高中数学教育的热点话题，但是由于高中学习的最后目标，即高考这一模式的存在，减负无法得到有效落实，必须从优化高考制度入手，而不仅仅是删减教学内容和教学要求。

2003 年的《普通高中数学课程标准（实验）》认为数学的学习不再是死记硬背，而是去了解数学的发现与产生，在数学思想的熏陶下，完成数学学科的学习。这种改变丰富了学生的学习体验，增强了学生的学习效率。2003 年的数学课程标准从改变教学模式、改善师生之间的关系、减轻学生的课业负担入手，体现出学生本位逐步受到研究与重视。

2017 年版的《普通高中数学课程标准》中指出，高中数学课程需要培养学生的各种能力，在了解数学价值的同时，提高数学学科对学生的影响力。对于学生而言，数学学科培养了他们很多基本的能力与优良的品质，为学生日后发展打下坚实的基础。2017 版的《普通高中数学课程标准》重视学生自身的发展，把数学学科的特性与学生的发展联系起来，力求为学生的发展铺平道路。学生本位与数学学科相结合，既促进了数学学科的发展，也提高了个人在数学学科中的地位。

20 世纪 90 年代至今，学生自身的发展越来越得到重视。数学学科用它独特的学科属性去培养学生的各种能力，培养学生的数学思维，提升学生解决问题的能力。同时把数学学科的发展与学生个人的发展相结合，既推动了数学学科的发展，也照顾到了个人的发展。

第二节　高中数学课程标准中课程目标的价值诉求

在课程发展史上，课程目标经常会有不同的价值偏向，有的侧重学生，有的侧重社会需要，有的侧重学科知识。杜威认为影响教学的三个因素分别是学生、社会、教材，本章就从实用价值、科学价值、人本价值等三方面对普通高中数学课程标准中体现的价值诉求做诠释。

一、实用价值：社会需求始终居于首位

2017 版《普通高中数学课程标准》中提出"我国普通高中教育的任务是为学生适应社会生活、高等教育和职业发展做准备"。高中是基础教育的最后一个阶段，高中之后学生进行了分流，有的去高校继续学习，有的去社会上工作，等等。那么高中的课程标准中的课程目标就是要为学生的未来发展做准备，让学生去适应社会，满足社会的需求。

（一）教育的社会功能

教育作为社会的一个子系统，主要体现育人的功能，教育可以通过育人功能实现自己

的社会功能，从而对社会产生影响。教育是社会再生产的一个重要途径，与经济、文化、政治并列，教育、经济、政治、文化之间相互包含而又相互影响，同时又共同作用于社会。一个良好的教育、经济、政治、文化环境可以推动社会的发展，社会的稳健发展反过来也可以推动教育、经济、政治、文化的进步。总体而言，教育推动了社会的再生产，社会有序的再生产可以维持社会的稳健发展。教育的社会功能主要分为促进社会的变迁功能和推动社会的流动功能。

社会变迁功能是指教育可以促进人的发展，加快人的社会化进程，同时教育也可以推动社会的变革。教育的社会变迁功能主要体现在经济、政治、生态、文化方面。教育在经济方面的功能是提高生产力，众所周知，科学是第一生产力，马克思明确指出工业社会的发展离不开自然科学。机器生产的发展与进步需要知识的支撑，而知识的传播与进步需要通过教育来完成，即教育通过发展科学技术来推动经济的发展。教育是通过把知识形态的生产力变为现实形态的生产力，从而推动经济的发展，最终促进社会的进步。

国家通过教育来传播一定的政治理念，宣传主流的意识形态，进而积极地引导人们，培养人们的政治思想与品德，从而巩固和推动社会制度的稳健发展。古代教育依靠着政治而发展，因此以前的政治功能就是教育的主要功能。随着人们自我意识的不断觉醒，人们开始关注自身的发展，教育的政治功能稍微降低，但教育的政治功能依旧存在。国家一方面可以通过教育培养优秀的执政人才，推动国家政治的发展，从而完善政治体系。另一方面教育可以通过推动经济的发展，再由经济的发展推动政治的发展。教育的生态功能是通过教育树立个人保护生态环境的理念，我国正处在社会主义建设的道路上，在建设初期，对于环境的保护不够重视使生态环境受到了一定的影响。虽然人们的生活水平得到了提高，但是生态环境的破坏降低了人们生活的幸福感。因此需要教育来发挥它的生态功能，通过普及生态文明的知识使人们意识到环境的重要性，从而树立起保护生态环境的理念。

教育的文化功能是指通过对文化进行继承、选择与发展，使人类社会从愚昧走向文明开放。教育一直承载着文化的传承功能，使文化能够不断地继承与发展，同时教育对文化有着去其糟粕、取其精华的作用，教育可以通过它特有的方式对文化进行选择，把文化中的精华部分发扬光大，同时剔除文化中的糟粕。同时教育也可以积极地吸收外来文化，对本国的文化进行补充，增强本国文化的多样性。教育通过发展文化，保持文化中的活力，进行文化创新与发展，从而推动社会的发展。

教育的社会流动功能是指教育可以通过培养社会成员，使社会成员可以在社会结构中实现横向与纵向的流动，教育的横向流动是指社会成员在其同一阶层中的流动，横向流动有利于社会的稳定发展。而纵向流动是指社会成员跨越阶层的流动，从高层次到低层次，或从低层次到高层次，都算是社会的纵向流动。对于个人而言，社会的纵向流动有利于提高社会成员的积极性，对于社会而言，纵向流动有利于保持社会结构的自我更新与变化，从而使个人、社会都得到进步与发展。

总的来说，教育的功能分为两个层面，一个是教育的个体功能，另一个是教育的社会功能。个体功能是指教育能够提升个人的能力与品质，而教育的社会功能就是促使个人的社会化。一直以来，教育就是促进个人社会化的一个重要途径，个人社会化是指大众传播通常能够潜移默化地使个人接受或者认同社会公认的价值观念和行为规范，从而使个人与社会取得协调一致。学校教育就是通过显性课程与隐性课程促使个人社会化。

人是教育的主体，而作为主体的人是社会中的人，社会由人组成，社会与人是不可分割的，人的素质的提高有助于推动、促进社会的发展，而社会的发展也有利于社会中的人的良性发展。教育不能单纯围守于自己的象牙塔中，要与社会接轨，满足社会的需要，社会需要人来推动才能稳健发展，人也需要融入社会才能健康成长。教育作为个体社会化的一个途径，需要针对社会的需要，进行课程的设置。将课程的设置与社会的需要结合起来，将课程的目的与社会所需要培养的人才类型接轨。

教育的社会功能是占据首位的，因此数学教育的课程目标会受社会需求目标的影响，但社会的需求并不是一成不变的，我们需要结合实际情况制定教育目标。我国现在正走在社会主义现代化建设的道路上，需要多样化、多层次的人才，而我国地域广大，幅员辽阔，各地的经济、政治、文化发展有着很大的不同，这就导致了教育发展的不平衡。因此，数学课程目标不仅要适应现代社会的需要，还要考虑各个地域教育发展不均衡的现状，针对不同地区的社会需求，分别做出不同的规定，提出不同的培养目标。

（二）数学学科的应用性

2017版《普通高中数学课程标准》在课程目标中提出，培养学生的实践能力，提升创新意识，认识数学的应用价值。数学是研究现实社会中数量与空间关系的一门科学，其来源于对现实世界的抽象。学习数学可以基于抽象结构，通过符号运算、形式推理、模型建构等方法来理解和表达现实世界中事物的本质，从而提高人们对世界的认知。从数学学科的价值角度来看，数学的应用价值是数学的基本价值。因此数学的应用价值在数学教育的目标表现中占据主体地位。

纵观数学的发展史，数学是基于人们生活实践的需要，从而研究发展出的一门自然科学。古代由于计数的需要，人们发明了算术与数字，之后随着商业活动的不断发展，人们对数学的研究也愈加深刻，数学在清朝的时候还被称为算学，算学顾名思义就是一门计算的学科，因此当时数学的发展主要是因为数学的应用价值，人们通过数学的应用价值来满足实际生活与生产劳动的需要。因此我们要提高数学的实践能力，提高自身的创新意识，来实现数学的应用价值。

数学学科是属于学科分类中的基础学科，所谓基础学科就是指研究社会中最一般、最普遍的规律的学科。数学通过图形与数字来解析世界，从数学的角度看待这个世界，数学可以说是这个世界组成的基础，生活中的许多问题都可以通过数学的建构，把它们转化成数学问题来解决，这就是数学中的数学建模思想。通过把一个实际问题简化、转化为数学问题，从而用数学的思想与方法来解决。

同时数学是一门基础学科，物理、化学、生物等学科都要用数学的方法来帮助解决问题。即使是人文学科，如果从数学的角度来研究，也会得到一些不同的见解。历史上许多著名的数学家，同时也是物理学家、生物学家、哲学家。这就是所谓的一法通万法通，当在数学学科上有一定造诣时，其他学科也容易获得成就。无论是什么学科，数学中的数学思维、解题方法、研究途径都可以为其他学科的研究提供理性的研究基础。哲学与数学，是抽象与具体，一般与特殊的关系，哲学就是用数学的逻辑去研究这个世界的本原问题。物理学科则是用数学语言去研究物质运动的最基础最一般的规律。大部分的学科都离不开数学学科的支撑，数学学科是其他学科的基础。

数学教育可以满足社会的需求，主要是因为数学有着它的应用价值，随着数学的不断发展，数学的应用价值也在不断提高。如今数学在各行各业都有着它独特的地位，小到日常生活，大到航空航天，都会应用到数学的内容。数学教育的应用价值是数学最基本的几个价值之一。数学因为它的应用价值而得到发展与进步，而数学的发展与进步又会提高数学的应用价值。因此数学教育的课程目标应关注数学的实用价值，通过数学的实用价值来满足社会的需求。

二、科学价值：数学学科价值日益明晰

由于数学与实践生活有着直接的联系，因此数学学科的应用价值往往是人们学习数学、研究数学的动力所在，而对数学本身的学科价值并没有太多的重视。但是数学的学科价值不仅体现在它的应用方面，还有着数学独有的自身的育人价值与普世价值。以前，对于数学的育人价值与普世价值的理解是数学可以使人思维清晰，能够逻辑清晰地表达自己，在日常生活与生产中拥有数学思维的人会占据优势，从而更具有竞争力。抑或学习数学的人比较严谨，做事有条理，效率高。但是人们对于数学价值只是有着一个模糊的认知。从科学价值的角度，课程标准要在数学教学的过程中继承与发展数学文化，培养学生的数学学

科核心素养。

（一）数学学科素养的精细化

数学学科核心素养是数学学科价值的重要体现，是学生通过高中数学的学习所必须培养的关键能力与基本素质。数学学科核心素养是数学基本特征的一个很重要的表现形式，主要体现学生的数学思维、数学能力以及情感态度价值观等。数学学科核心素养是学生在数学的学习过程中慢慢地形成与发展的。在数学学习的过程中培养学生的数学核心素养，从而达成数学的课程目标。《普通高中数学课程标准》提出了培养学生的数学学科核心素养，主张通过在数学学习过程中，重视培养学生的数学学科核心素养，从而明确数学的教育目标，提高数学的教育质量。

数学学科核心素养主要包括逻辑推理、直观想象、数学建模、数学抽象、数学运算和数据分析。

1.数学抽象

数学抽象是数学核心素养的一个重要的能力。数学抽象是从现实生活中的数量关系与空间形式中从数学的角度进行抽象化的表达。数学抽象一般是用数学的语言去表述数量之间、图形之间和数量与图形之间的关系。数学抽象一般是把复杂的社会事件或者案例表述为最简洁的、一般的结构与规律。数学抽象是数学学习中的一个基本素养，是数学思维形成的关键，反映了数学表现社会生活的能力。在数学的发展过程中，数学抽象使得数学这个系统概括性强、结构有序、表达简洁。

数学抽象能力是学生通过实践生活的总结，归纳出数学的概念与法则的能力。学生通过对实践的研究，提出数学问题，并建立模型来解决实际问题的过程实质上就是在培养学生数学抽象的能力。数学抽象的能力有益于数学学科的发展，因为如今的数学大厦已高耸入云，接下来的数学研究都会是十分抽象的，数学的真相是模糊的，这时，数学抽象的能力就极为重要，为数学学科的进一步研究提供了可靠的基础。

2.逻辑推理

逻辑推理能力是学生从一个数学命题出发，根据一定的数学规则，推导另一个数学命题的能力。逻辑推理一般有两种形式：一种是从一般命题到特殊命题，具体的表现形式是类比与归纳；另一种形式是从特殊到一般，具体的推理表现形式是演绎。无论是归纳、类比还是演绎推理都是从数学研究中得到数学结论，推动数学发展的一个重要形式。由于推理是在一定的数学规则下进行的，因此逻辑推理还可以培养数学研究者严谨的数学思维。

逻辑推理是让学生在掌握数学研究规则的前提下，通过对实际生活的观察，发现问题，并且给出命题，通过一定程度的探讨与论证，来获得另一个命题。高中数学课程的学习，需要学生培养逻辑推理的能力，如果说教学过程中的概念教学是授人以鱼，那么培养逻辑推理能力就是授人以渔。因此高中生的逻辑推理能力需要培养。数学的逻辑推理素养培养学生逻辑思考的能力，让学生在复杂的事物中把握事物之间的联系，找出事物之间最清晰的脉络，从而推断出事物的本质。

3. 数学建模

数学建模是从数学的角度用数学方法来解决现实中的复杂问题。首先使用数学抽象的能力，把生活中的实际问题转化为数学问题，接着建立数学模型来解决问题的素养。数学建模的过程一般分为发现并提出问题、建立数学模型、分析数学模型、选取合适的解决方法、计算数学模型、检验模型结果、解决实际问题这几个步骤。数学建模是数学与实际生活沟通的一个重要的桥梁与纽带，是数学的应用性的一个重要的表达途径。数学建模是满足社会需求，解决生活中的实际问题的一个常见的能力与手段，也是推动数学发展的动力。[①]

培养学生发展数学建模能力，有利于加强现实社会与数学世界的关联，学生通过数学建模能力的培养，可以有准备、有能力地从数学的视角去看待世界，用数学的思想方法解决现实生活中的难题。数学建模能力在生活中有着广泛的应用，对于学生步入社会，提高实践能力有着至关重要的作用。

4. 直观想象

直观想象能力是指对数学中图形的观察能力，通过借助于数学图像的直观性来感知事物的运动与变化，利用图像来解决数学问题的一种素养。直观想象能力主要通过图形来直观地认识事物之间的运动与静止状态。利用图形来研究数学问题，通过直观的观察，构建数学模型，进行数学的推理，解决数学问题。

直观想象能力是数形结合中的形的能力，利用几何的思想去解决数学问题，通过提升学生的空间想象的素养，来发展学生运用数形结合的能力。学生的直观想象能力的养成，让学生在具体的图形中感悟事物的内在，增强学生几何直观与空间想象的能力。直观想象的能力是数学中一个基本的能力素养，实际上，在日常生活中，直观想象的能力运用得已经十分广泛，人们正是通过直观想象的能力，直观地在脑海中构建这个世界的基本框架，进而用数学的思想来研究这个世界。

5. 数学运算

在数学的学习中，数学运算素养是数学的一个基本素养，甚至可以说，数学大厦就是在数学运算的基础上构建出来的。数学运算是指在按照数学运算规则的基础上，对数学对象进行基本的计算，从而达到解决数学问题的目的。数学运算虽然很基础，但是并不简单，合理的数学运算是需要在掌握数学运算法则的前提之下，选取最简便的运算方法进行数学计算。数学运算属于演绎推理的范畴，现在的计算机编程技术实质上就是数学运算的一种

---

① 张明. 新课标下关于提高高中数学教学有效性的探索 [J]. 中外企业家, 2019(24):181.

表现形式。

数学运算有利于形成规范化的思维方式，通过程序性的方法来解决实际问题。数学运算的知识属于程序性知识，通过选择合理的程序，按照程序一丝不苟地解决数学问题。高中的学习通过数学运算能力的培养来形成学生严谨的、一丝不苟的科学探究精神。

6.数据分析

当今社会是个"大数据"时代，数据分析能力对步入社会的年轻人来说十分重要。数据分析能力的培养分为几个步骤：首先需要收集精确、及时的数据，在数据更新十分快的今天，数据的精确性与及时性就显得很重要；其次需要整理数据的能力，当收集的数据是杂乱无章的时候，学会把收集的数据进行规范化的整理就十分迫切；再次需要对数据进行提取，从数据中提取到有效的信息，把这些信息形成问题，通过构建数学模型来表述这些问题；最后需要按照数学的方法解决实际问题，得出结论。

数据分析能力是大数据时代数学运用中的一个最重要的能力，也是数学与"互联网+"联系的桥梁，数据分析能力增强学生的数字化学习的能力，培养学生用数据理性地表达实际生活，彰显事物本质的能力。

（二）数学文化素养的延续与发展

《普通高中数学课程标准》提出了要在数学教学中重视数学文化。数学文化包括了数学的思想、精神、语言、方法和观点，以及数学形成与发展的过程；还包括数学在人类生活、科学技术、社会发展中的贡献与意义，以及与数学相关的人文活动。

数学文化可以改善数学教学，使数学不再那么枯燥，改变人们对数学刻板的印象。数学不只是一门研究数与逻辑的科学，还蕴含着数学文化，而数学文化中特有的美可以提高学生的审美价值，使学生意识到、感受到数学中的美。数学不仅是一种语言、一门学科，还是一门审美的艺术。在教授学生数学知识的同时，可以带着学生领略数学文化的浑厚，比如在研究勾股定理时，可以渗透数学文化，让学生在数学史中学习勾股定理，这样既改变了数学教学中枯燥的状态，又能提高数学文化对学生的吸引力。

知识教学分为权威教学与真理性知识、使用教学和工具知识、技术教学和知识占有三类不同的知识认知，但是这三种知识的价值取向都只关注了知识的外在价值，忽视了知识本身所具有的精神与意义。在人们追求数学知识的时候，不仅需要对知识进行学习与认知，还要理解知识中所包含的精神，让人们可以通过知识中的这种精神进行自我发展与升华。在数学教育中就表现为可以在学习数学知识的同时进行数学文化的学习。数学文化正是代表了人探寻知识、了解知识的一个过程。数学文化代表了数学知识的内在价值，体现了数学知识不是空穴来风的，它有着自身独特的思想、精神、语言，以及形成与发展的过程。重视数学教学中的数学文化实质上就是知识的价值主义教育观，价值主义教育观重视知识的内在价值，也就是重视数学文化，把数学文化融入数学教学中去，使数学知识的教学更有意义与价值。

数学文化中融入了社会文化的信息，数学文化不仅研究了数学的内在科学结构，而且体现了数学社会化和社会数学化的思想。数学社会化是指在数学文化中蕴含着社会文化，数学是一门基于人的实践活动而发展出来的自然科学，在数学文化中穿插社会文化是数学文化的题中之义，数学文化既是对社会文化的一个补充，同时也受到了社会文化的影响。数学文化中蕴含着数学史，即数学的形成与发展的过程，而数学史则是人类社会史的一部分。延续与发展数学文化，也是对社会文化的一种发展与延续。

数学文化可以帮助人们理解和欣赏数学。数学文化是数学思想、语言等精髓的一个集中体现，它不是一个碎片化的知识，而是贯穿了数学的始终，体现了数学的系统性与整体性。人们通过培养数学文化素养，从数学的文化角度来理解数学，感受数学中的美。数学不再是一堆枯燥的数字，而变成了一个个活生生的案例，一篇篇数学大家在研究数学道路上挥洒青春的故事。数学中的许多怪谈奇说吸引着人们去认识数学的宏大、感受数学的真谛、欣赏数学的美妙。

在现在的教育情境中，数学文化对于数学教育、人的培养有着不可或缺的作用。通过数学文化素质的培养，提高了学生学习数学的积极性，让学生与人类的总体文化产生联结，推动了数学学科的健康发展。

三、人本价值：逐渐归位

《普通高中数学课程标准》提出应该在教育教学中重视人本价值。随着课程改革的进行，对于学生的发展愈加重视，在课标中，除了关注学生的数学知识水平的发展，同时也关注学生三观的培养。对于人本价值的重视，一方面体现在教学过程中，注重学生的个体发展；另一方面则是数学知识中渗透人本价值的思想。

（一）学生个人发展得到重视

联合国教科文组织曾经提出过一个观点，人们要"学会生存"，之后教科文组织又提出了"学会关心"，这正是从重视科学主义到重视人文主义的一个演变。所以我国的数学教育的价值取向不仅要培养具有科学精神的人，还要培养具有人文精神的人。学生作为教育教学的主体，关注人的人文精神的发展就是关注学生的发展。

对于现代社会，人本价值具有重要的意义。作为一个现代化的人，我们不仅需要现实意义上的科学精神，同时也需要现实意义上的人文精神。人文精神对我们现代社会中的人来说至关重要，特别是现代社会是一个提倡科学的社会，倡导物质高于一切，当人们走在追求物质的道路上时，由于物质是无穷尽的，人们在这条物欲横流道路上很容易迷失自我，成为物质的奴隶，变成了物质的附属。这个时候就需要人文精神来拯救迷失的人们，在人生的道路上，物质并不是唯一的追求，还要理解作为人的价值，也就是人文价值。人文价值可以使人从迷失的状态中解脱出来，使人脱离蒙昧。

数学可以使人更加人性化。人的价值可以分成四个维度，分别是自我提升、自我超越、开放性改变和保护。要在数学教学中突出人的价值，就要在知识的传授中体现对"人的关照"。通过对人的关照，从而完成精神的生成，而精神的生成就是人本价值的最终追求。改革开放之后，中国受到西方思想的影响，越来越重视关注人们的人文价值。可是这种重视仅仅停留在表面上。高中教育的学科门类越来越多，教材越编越细致，学生的分数也越来越高，可是培养出的人才往往不尽如人意。究其原因，还是人们在教育中过于关注学生的成绩，从而忽视了学生身心的健康发展。我们在崇尚科学精神的同时，也是以牺牲学生的人文精神为代价的。现代社会说到底比拼的是人才，当人才更胜一筹的时候，那么就会稳操胜券。而我们需要的人才，不是只有专业技能的人，我们需要的是有自己的思想、优秀的品质，追求实现自身价值的人，因此在课程改革中注重人本价值势在必行。

对学生而言，发展并不是单纯发展他们自身的技能，而是在学生的主观能动性的驱使下，使学生的潜能得到最大限度的释放，个性得到最充分的发展，为学生日后的进一步工作与学习提供一个坚实的基础。

（二）知识的人本价值得到彰显

德德国哲学家谢勒把知识分为了三种，分别是控制的知识、解脱的知识和教养的知识，其中教养的知识就是唤起人本价值的知识，通过教养的知识，人们解析事物的本质，发展个人的潜能。在知识的学习中，教养的知识必不可少，它可以唤醒人们精神中最神秘的人格力量。

知识的价值分为科学价值与人本价值两种，科学价值是指知识的本身最原始的应用性的价值，把知识当作解决问题的目的或者手段。如果对知识价值的认知只关注到科学价值，那么这样的知识观是片面的。在理性主义思潮泛滥的今天，教学中教师本位与学生本位的分歧、知识本位和学生本位的分歧就是这种片面的知识观所导致的。只有重视知识的人本价值，把知识的科学价值与人本价值相互融合，教育实践才不会出现偏差，既满足了社会实践对知识的应用价值的需求，同时又体现了知识的人文价值。

但是由于经济发展的需要，知识的科学本位一直占据主导地位，由于知识的科学价值对经济发展的推动是巨大的，因此人们更注重知识的应用性，却忽略了知识的人本价值，在生产生活当中，知识更多的是作为一个日常实践的应用工具，把知识当作解决问题的媒介，没有发掘出知识对人们内在价值的指引。在普通高中数学课程标准中，知识的人本价值得到了重视，把数学文化融入数学知识中，在数学知识中体现数学发展的人文历史，知识的人本价值得到彰显。

数学知识在人们的印象中一直是刻板的、枯燥的，这种刻板枯燥的印象是数学知识的应用价值导致的。但是把数学文化融入数学知识中去，数学知识就有了自己的灵魂，数学文化意味着数学知识的发展与人的发展的交织。数学知识中蕴含数学文化，使数学知识不再枯燥乏味，反而经过了历史的积淀，充满着趣味性。学生在学习数学知识的同时，可以学习数学文化，从而在浩如烟海的数学文化中提升自己，彰显自我的价值。

第三节　课程目标的价值理念在课程编制中的践行

课程目标确定着课程的内容，影响着课程的实施，同时对课程的评价有着指导作用，因此课程目标在整个课程编制的过程中处于中心位置。在课程编制的整个过程中，贯彻课程目标中的价值理念，我们需要对课程编制中的课程内容、课程实施与课程评价都提出要求。笔者将课程目标的价值取向分为社会取向、学科取向与个人取向，在课程编制的过程中贯彻落实好这三种取向，使社会、学科与个人可以相互促进、共同发展，就需要在课程内容的设置方面注重元认知知识的学习，在课程的实施方面提高学生的主观能动性，在课程的评价方面注重多元评价。

一、数学课程内容设置体现社会需求

"在有限的学校和课堂教学时间内，什么值得学生学习？"这个问题是教学中的学习问题，是一个最常见并且存在已久的问题。什么样的知识最有价值，在如此多的数学知识中，我们如何寻找到高中生所需要的数学知识，如何使高中生完成高中数学学科水平测试后达到社会对高中生数学能力的基本要求。有选择性的知识才是我们所需要的数学知识，只有通过筛选，把数学知识形成独特的体系，数学课程才能满足社会与个人的需要。数学课程内容的设置毫无疑问是要以社会价值作为主导的。

（一）数学课程内容表现形式彰显应用价值

随着历史的发展，数学学科知识体系渐渐建构完成，数学大厦也愈加宏大，对高中生来说，学习完所有的数学知识是不可能完成的事情，那么如何从浩如烟海的数学知识中挑选出合适的高中数学知识？在如此多的数学知识中，哪些知识是有意义的，哪些知识是值得学习的？我们需要对数学知识的内容、形式进行多样化的分类，高中数学课程内容可以分为必修课程、选择性必修课程和选修课程。三类不同的课程形式是根据学生日后步入社会不同的发展道路而设置的不同的课程内容，体现了数学课程中的社会价值。

必修课程，顾名思义，是学生经过高中数学的学习所必须掌握的数学知识，这类数学知识有一个特征，就是它们往往具有基础性，不仅是学习其他数学知识的必需，同时也是其他学科学习中所需要的基础的数学知识。高中数学必修知识可以分为 5 个主题，预备知识是为了数学知识体系之间的完整性和连贯性所设置的课程内容，高一学生处于初中与高中的衔接阶段，刚刚进入高中的学生不一定适应高中数学内容的学习，因此在课程内容的设置上需要预备知识来解决初高中知识的衔接问题。其余 4 个主题是高中数学知识的条主线，高中数学课程的设置就是按照这 4 条主线开展的。必修课程为学生日后发展提供一个基础，是数学学科水平考试的内容的必要要求。实质上，数学必修课程就是社会需求对学生经历了高中数学学习的最低要求。

选择性必修课程是可以让学生自主选择的课程，虽然选修性必修课程是选修的形式，但是实质上，选择性必修课程同样是高考内容的要求。选择性必修课程与必修课程的不同点在于是否要在学业上进行进一步深造，如果学生是在高中毕业后直接步入社会，那么学生只需要学习必修课程完成数学学科水平考试即可，但是如果学生要进入高等学校进行学习，就需要通过高考的形式来进入大学学习中，因此需要学习选择性必修课程。选择性必修课程与必修课程是高中数学知识的一个区分，区分的尺度是学生直接进入社会工作还是进一步学习深造。

作为数学课程中的选修课程，它的内容因为学生日后发展道路的不同，同样进行了不同的分类。根据学生日后学习生活中数学知识的重要程度不同，选修课程可以分为 5 类：

A 类课程是为了学习数理类的学生所准备的，这类学生由于日后要进行数理类的研究，因此对于数学的要求会比较高。学生需要在必修课程、选择性必修课程完成的同时，对于数学中的微积分等模块进行进一步的学习。A 类课程主要是为了数学学科的进一步发展服务的，在数学课程内容设置中重视数学学科的科学价值的发展。

B 类课程是为了社会、经济类和部分理工类学生准备的，B 类课程在研究数学知识的基础上，注重与实践相结合，因此 B 类课程会更多地注意到数学模型的建立、数学在应用方面的发展，因此 B 类课程注重数学课程的应用价值。

C 类课程是为了人文类学生所设置的，C 类课程注重培养学生用数学的思维看待社会的发展，用数学方法来解析社会的结构。D 类课程是为了体育、艺术类学生设置的，主要体现为数学与体育、艺术相结合，注重理科课程与文科课程的融合，数学不单有枯燥的数字与公式，数学中也渗透着美，而在体育与艺术中也会在某方面与数学相融合。E 类课程是为了学生拓宽视野的课程，包括一部分具有地方特色的课程、高中课程中大学选修课程等，是为了学生进入大学生活，适应大学数学课程做准备的。总体而言，C、D、E 类课程不再仅仅局限于数学的层次，而是跳出了它本来的学科领域，与其他学科、与社会相互结合，从数学的角度出发，重视人与社会的发展。这三类课程体现了数学中的科学价值、应用价值与人本价值的结合。

高中数学根据学生日后发展道路的不同将课程内容划分为必修课程、选择性必修课程与选修课程三类，每一类课程在高中数学教学中都起到了不同的作用，当学生接受高中数学课程的教育时，每一种课程都不可或缺，都对学生日后步入社会有着巨大的作用。

（二）数学课程内容来源于社会生活

在数学学习中，我们需要的数学知识毕竟是孤立的、记忆类的知识，还需要我们通过同化、建构组成一个概念体系。显而易见，孤立的、记忆类的知识已经不能满足个人、学科与社会发展的需要。因此，数学课程的内容都应该构成一个完整的体系。同时数学教学的内容不仅应该只有代表数学学科的知识，还需要有我们的社会经验与社会知识，数学不是一个孤立的学科，数学来源于社会、依托着人们的实践而不断发展。因此数学课程内容包含着数学本身的学科知识、与其他学科融合的数学知识以及带有社会性的数学知识。

随着人们对数学研究的不断深入，人们对数学的了解愈加仔细，开辟了许多的数学学科领域。作为高中数学课程的内容，在几何方面，主要是在欧式几何的领域研究平面几何与立体几何，在代数方面主要是研究有理数域与复数域的知识。因为这类知识最接近我们的日常生活，在我们日常的生活中有着许多重要的应用。数学本身学科知识的选取需要考虑到数学知识之间的连贯性与数学知识的历史发展，从根源上来讲，数学知识的历史发展与数学学科的知识认知是存在着关联的，因此，数学学科知识的学习也是遵循历史的轨迹进行数学学习的。数学学科内部知识之间的互相融合，高中数学课程内容主要分为4条主线，分别是函数、统计与概率、几何与代数以及数学建模与数学探究活动。这4条主线在高中数学课程的内容中不是孤立存在的，数学学科重视数与形的结合，而函数就是数与形结合的一个典范，数学问题可以通过代数的角度来解决，用方程的思想来客观地解决数学问题，同时也可以从几何的角度来解决，用几何图形的直观性来解决问题，培养了学生几何直观的数学核心素养。数学学科各个知识点之间的互相交融，才使数学变成一个完整的个体，而非众多碎片化的知识。数学知识之间不仅有着互相交融的趋势，同时各个知识之间还有着特定的关联，数学课程中的某一知识会为另一个知识点做铺垫。同一个问题，在不同的知识点的角度会有不同的解法，这恰恰就是数学的魅力所在。

数学作为一门基础学科，一直离不开与其他学科的交集，虽然数学是其他学科的基础，但是其他学科的发展同时也推动了数学的发展，数学与其他学科融合在高中数学课程中越发明显。在数学课程的选修部分当中，在学习简谐运动的时候，可以通过声波来学习，通过数学与音乐的相互结合，可以使学生从理性的角度去看待音乐，提高从事音乐学习的学生的数学素养。数学与文体类的学科结合，把数学从一门枯燥的学科慢慢地转化为富有生命力的学科。在其他的数理类的学科中，数学学科内容与其他学科内容的融合就更加明显了，数学与物理、化学、计算机的学科融合不仅促进了物理、化学以及计算机学科的发展，同时也推动了数学的发展，物理是一门从宏观角度研究物质世界的基本结构与基本运动的学科，数学的课程内容与物理相结合，加强了数学与客观世界的联系，体现了数学学科内容的实践性。化学则是从微观角度即分子、原子、离子的层次研究物质的性质、结构与变化规律的学科，物理与化学分别从宏观与微观研究物质世界，数学学科在其中起到了基础性的作用，而物理、化学学科又从它们独特的学科角度来剖析物质世界，弥补了数学学科在研究客观世界方面的不足之处。在数学课程内容的设置中，加强与其他学科的融合，不仅可以促进数学学科要素的发展，同时有利于学生从多重角度来了解社会生活与物质世界。

数学知识来源于社会实践，无论数学发展到什么程度，数学知识与社会实践都是密不可分的，在高中数学课程内容中需要添加关于社会性的数学知识，比如在学习统计与概率一章时，可以在例题中引入 GDP 的知识，让学生在学习数学知识的同时对社会生产也有一定的了解。数学不是孤立存在的学科，它是基于社会的一门自然学科，在数学课程内容中穿插社会性的知识，可以增加数学学科知识的趣味性，使数学与生活实践结合得更加紧密。

"如何计划和进行教学才能使大部分学生在高层次上进行学习"，这是一个教学问题。课程目标指出预期的学生学习成果，"明确指出教育过程使学生发生的预期变化"，"数学课程的实施者是教师，但实施的对象是学生，在课程的实施过程中一方面我们需要注意教师的教学艺术的养成，另一方面要关注学生核心素养的培养"。教师与学生在本质上都是"人"，因此我们在数学课程的实施中要注重人本价值的凸显。①

（三）数学课程实施中突出教师的主导性

在教育史的发展过程中，教学法星罗棋布，但是在这林林总总的教学法中，教师的主导地位一直不容撼动。只有在数学课程的实施中注重教师的主导地位，教学活动才能平稳地进行下去。教师在课程的实施过程中不仅需要有着过硬的个人素养，同时需要在考虑到学生的认知情况下进行教学。

教师作为教学的主导者，首先需要的就是过硬的文化素质，只有教师有着扎实的文化功底，在学术方面从更高的层次出发来引导学生，学生才能够从教师的教学中以更高的效率来收获知识。同时教师需要有着良好的个人素质，即端正的世界观与成熟的方法论，在学生的成长过程中，特别是高中学习阶段，这是学生世界观形成的关键时期，数学学科的学习不仅要传授给学生以数学学科的知识，同时还要教给学生普世的价值，让学生在日后步入社会的工作学习中取得更大的进步。

在教学过程中，需要提高教师教授的知识与学生学习到知识的一致性。从认知发展的角度来看，教师与学生处于不同的认知发展阶段，如果知识是从教师的角度传授给学生，那么由于认知阶段的不同，学生不能接受或者不能完全接受教师传授的知识，因此教师需要站在学生的认知角度重新对数学课程内容进行解析，之后再传授给学生。教师在教学的过程中可以根据学生当前的学业水平，灵活地安排数学课程的内容。如果学生的学业水平较高，可以稍微提高课程内容的难度，根据维果斯基的"最近发展区"理论，在教学中提供给学生稍微有难度的课程内容，可以调动学生的积极性，挖掘学生的潜能，从而提高学生的学习效率。如果学生的学科水平低于正常水平，需要降低课程内容的难度，使学生重拾学习数学的信心，提高学生的学习积极性。

教师在教学中占据主导地位，可以更加全面地掌控教学节奏。数学学科作为一门基础学科，需要数学教师在提高自身素养的同时，理解数学学科的内在价值，加强数学学科与其他学科的关联，从学生的认知水平出发，提高教师的教学水平与学生的学科核心素养，

① 陈高峰. 浅谈高中数学教学中培养学生的核心素养［J］. 中国包装, 2019, 39（08）: 84-86.

达成"教学相长"的目的。

（四）数学课程实施中注重学生的主体性

学生作为教学的主体，在课程实施的过程中占据很重要的地位，布卢姆在《教学目标分类学》中将知识分为了4个维度，分别是事实性知识、概念性知识、程序性知识和元认知知识，"在这4个维度中，事实性知识与元认知知识是具体与抽象的关系，程序性知识和概念性知识则是具体与抽象兼而有之"。

在学生学习事实性知识的教学过程中，事实性知识属于对记忆要求比较高的知识，在认知过程的维度中，事实性知识一般是记忆与回忆的层面，针对事实性知识的学习，学生应该与客观实际相结合，尝试把事实性知识与日常生活实际联系起来，从而提高学习效率。

在学生学习概念性知识的过程中，类别和分类是概念性知识形成的基础，对学生而言，概念性知识具有一定的抽象性，由于高中生对于抽象性知识的学习能力不如具体性知识的学习能力，因此在学生学习概念性知识的时候，选择合适的例子有助于学生形成类别与分类的概念。教学过程中针对概念性知识类型的目标时，我们首先需要让学生理解类别与分类，使用正反例子来帮助学生形成类别的概念，同时帮助学生从一个更大的分类系统中看到类别概念的具体差别，最后在更大的系统背景下强调与类别相关的重要差异。

在学生学习程序性知识的过程中，注重培养学生的程序性思维，在程序性知识的教学中，鼓励学生自主探究，形成适合自己的解法，培养学生自主探究的能力，程序性知识是如何做某事的知识，在程序性知识的学习内容中，有可能是一次程式化的练习、解决一个新问题，但无论是怎么样的内容，程序性知识都需要学生遵循一定的步骤去解决，在数学学科中，程序性知识可能是数学学科的技能与算法的知识，也可能是数学学科的技术和方法的知识，程序性知识虽然是很简单的一些程序，不过学生需要在学习程序性知识的同时了解到程序性知识具体的应用条件。

在课程的实施中需要着重突出学生的主体地位、彰显人本价值，在我们重视学生学习事实类知识、概念性知识和程序性知识的同时关注学生元认知知识的学习。学习元认知知识不是"填鸭式"地灌输学习的知识，而是教会学生如何去学习的知识。知识的海洋穷尽一生都无法探索到终点，那么就需要在这众多的知识中寻找到适合学生的知识，在教学过程中注重元认知知识的传授，可以提高学生学习的独立性与自主性，让学生逐渐成为学习的主体，掌握自身学习的节奏。元认知知识主要包括策略性知识与自我认知的知识，策略性知识在数学学习中的重要性不言而喻，学生通过良好的策略性知识可以提高自身的学习效率，而自我认知的知识对于学生形成自己的世界观有着至关重要的作用。

在课程实施的过程中需要对事实性知识、概念性知识、程序性知识、元认知知识做合理的区分，学生在学习这4类知识的时候充分地发挥自己的主观能动性，在学习事实性知识、概念性知识和程序性知识的时候，学生不是通过灌输的方式学习，而是理解知识的具体含义甚至外延到知识背后的数学文化来接受知识。而元认知知识则是抽象的，是需要学生在课程的实施过程中慢慢学习的知识，元认知知识是内化的，学生在学习元认知知识的过程中可以自我意识、自我反省、自我调节，充分发挥学生自己的主体性。

二、课程评价上注重三种价值需求的多元性融合

"如何选择或者设计测评工具和程序才能提供学生学习情况的准确信息"，这是一个测评问题。课程设置的评价主要是为了检验学生学习情况与教师教学情况，然后为课程的修改提供一定的建议。课程的评价中需要对课程目标、课程的整个设置以及实施过程进行评价。课程评价的重点是一致性问题，即目标、教学与测评的一致性。课程评价主要从个人评价和课程内容评价出发。课程的评价需要从两个方面考虑，即评价工具与评价内容，而课程评价的标准是如何在进行正常的教学活动中满足个人需求、学科需求与社会需求。

（一）课程评价注重主体的多元性评价

个人的发展在课程评价中占据很重要的地位，在我们呼唤人本精神的今天，课程评价中关于人的评价受到了很大的重视，个人素养的多元性评价是指评价主体的多元性，即教师与学生。对于学生的评价要以课程目标的达成为依据，评价学生的学科核心素养、学习态度、学习方法等。对于教师的评价则要基于对学生的评价，教师的评价主要是对于教师在教学过程中的评价，教师通过教学评价来反思自己的教学活动，从而提高自己的教学能力。

学生作为学习的主体，在设置评价工具时我们要注重学生的自身特点，关注学生的需求。对于学生的评价，最普遍的就是试卷测评，通过学生对答卷中的问题的解决程度来判断学生的好坏。但对于学生的评价仅仅靠试卷是远远不够的。试卷是针对学生的学习成果进行评价，还需要对学生的学习过程进行评价，也就是重视过程性评价。只有重视过程性评价，我们才能从评价结果中找出学生在教学活动中的不足，并进行反思。重视学生的过程性评价可以及时反馈到学生与教师，过程性评价与结果性评价不同的就是过程性评价有及时性，关注学生在学习过程中的行为，并且教师可以通过过程性评价及时调整自己的教学活动。

对学生而言，数学核心素养是学生经历高中数学的学习之后所要培养出来的学科素养，设置评价内容则要考虑到课程的整个设置过程是否能够反映学生的核心素养。数学核心素养的养成是渐进的，学生形成数学核心素养有着过程性与阶段性特点，6个数学核心素养还有着整体性的特点，它们互相交织又互相影响，因此对数学核心素养的评价要注重整体性评价。

教师作为课程教学中的主导者，对教师设置的评价工具主要是学生的学习评价与教师的自我反思。首先是学生的学习评价，因为教学的主体是学生，学生的评价结果直接决定了教学过程的好坏，因此教师可以通过对学生的评价反馈得到对自己教学过程的评

价，教师的教学过程与学生的学习过程是紧密相连不可分割的，教师的教学过程决定了学生的学习成果，而学生的学习成果又可以反映教学过程。其次是教师的自我反思。教师的自我反思在教师评价中占据很重要的一部分，教师通过教学反思来自我评价教学过程的好坏，教师作为教学活动的直接参与者，教师的自我评价更具有直观性。

教师评价的内容自然是教学过程，教学过程一开始的情境设置环节是否可以吸引学生的学习兴趣，教学情境是否可以帮助学生培养数学学科核心素养，教学中问题的引出是否自然，关于问题的引出尽量与实际生活相结合，数学是一门基础的自然学科，通过与实践相结合，可以彰显数学的应用价值。解决数学问题的过程中注重引导学生自主解决问题，培养学生的独立自主能力，在整个教学过程是否符合学生的认知发展规律。

课程评价中，关注学生与教师的评价，彰显了课程中的人本价值，对于学生与教师的评价内容需要关注学科与应用方面，评价的工具则需要合理设置，反映出学生与教师最真实的现状，从而通过对评价结果的呈现，使教师与学生改进教学过程。

（二）课程评价重视评价形式的多元性

课程评价形式的多元化是指课程评价应该不单纯是书面测验的评价，还需要其他维度的评价。比如在课堂教学中注重过程性评价，在开放的课程中，例如数学建模与数学探究活动中，注重学生的形成性评价。通过评价形式的多元化，可以挖掘每一个学生身上的闪光点，激发每一个学生的学习热情与学习兴趣。

书面测验在评价的体系中必不可少。从评价的方法与效率来看，书面测验的评价无疑是最准确的、最适合大面积推广的评价。高中的学业水平测试就是采取书面测验的评价方式。书面测验的评价方式有较大的公平性，评价的方式可复制性强，评价结果比较客观。在课程评价中，书面评价占据课程评价的主要成分。书面评价有利于客观评价学科知识的学习情况。但是书面评价侧重于学生的学习结果的评价，对于学生的学习过程的评价涉及不多。

过程性评价弥补了书面测验评价只评价学习成果的缺陷，它重视学生在学习过程中的发展与成长。在学生养成数学学科核心素养的过程中，及时对学生的学习状况与学习过程进行测评，得到评价结果后，学生可以根据评价结果改进自己的学习方法，教师也可以通过学生的评价结果，改进教学的方式。由于数学学科核心素养是学习过程中慢慢形成的素养，因此过程性评价更能反映出学生数学核心素养的达成情况。

书面测验评价与过程性评价都是评价学生对知识技能的掌握。在数学教学中，知识的传授固然重要，但是数学思维的培养同样不能忽视，因此，我们需要采用形成性评价的方式。形成性评价关注学生的内在思维的养成，学生是否从数学的视角去看待周围的实际问题，是否有能力用数学的语言去演绎世界。形成性评价比书面测验评价和过程性评价更加难以把控，但是在实际教学中，形成性评价不可忽视。

课程的评价实质上就是关于课程目标与课程设置的其他环节的一致性问题。在课程评价的过程中，不能从单方面的视角进行评价，需要从多元化的层面进行评价。并且注重在课程设置的整个评价过程中，对于人本价值、科学价值以及应用价值的彰显。

第四节　高中数学新旧课程标准对教学的要求比较

2018 年 1 月，2017 年版《普通高中数学课程标准》（以下简称《课标（2017 年版）》）正式颁布，该标准是对《普通高中数学课程标准（实验）》（以下简称《课标（实验版）》）的修订。它既是高中数学新教材编写的依据，也是基于数学学科核心素养的数学学业水平考试和高考的依据，更是一线教师课堂教学的依据。为了更好地领会和落实《课标（2017 年版）》，本文对《课标（2017 年版）》和《课标（实验版）》进行了对比分析和简要解读。

一、编排结构的对比

从《课标（2017 年版）》和《课标（实验版）》目录的对比发现：《课标（2017 年版）》将"课程设计思路"调整为"课程结构"，正文部分新增了"学科核心素养"和"学业质量"，删掉了原"课程设计思路"里的"本标准中使用的行为动词"；附录部分新增了"数学学科核心素养的水平划分"和"教学与评价案例"，删掉了"标准中引用的外国数学家人名中外文对照表"。

新增的"学科核心素养"和"学业质量"是《课标（2017 年版）》的重点和亮点。数学学科核心素养的提出，明确了数学学科的育人目标，即今后的数学教学要以发展学生的数学学科核心素养为导向。

新增的"学业质量"包括"学业质量内涵""学业质量水平"以及"学业质量水平与考试评价的关系"三部分内容。《课标（2017 年版）》明确了数学学科学业质量的内涵，并以学业质量水平来描述学业质量标准。依据学生不同的学业成就表现，从情境与问题、知识与技能、思维与表达以及交流与反思 4 个维度分别描述学生学业质量，并把学生数学学业质量分为三个水平。水平一是高中毕业应达到的要求，是数学学业水平考试的命题依据；水平二是高考的要求，也是数学高考的命题依据；水平三是基于必修课程、选择性必修课程和选修课程的某些内容对数学学科核心素养的达成提出的要求，可以作为大学自主招生的依据。"学业质量"的提出，明确了新的教学质量观，改变了过去单纯看知识、技能掌握程度的评价方式，这意味着今后的评价要聚焦学生数学学科核心素养的形成和发展，促进学生在不同学习阶段数学学科核心素养的达成。"学业质量"的提出也为今后高中的阶段性评价、学业水平考试和升学考试命题提供了重要依据，能够促进教、学、考的有机衔接，形成育人合力。

《课标（实验版）》中"本标准中使用的行为动词"，是目前教师制定教学目标时确定目标达成水平的一个重要参考依据。虽然《课标（2017年版）》中删掉了这部分内容，但在各主题知识的内容要求和学业要求中，依然沿用了原有的行为动词。

二、课程性质与理念的对比

1. 课程性质

在课程性质部分，《课标（2017年版）》明确了什么是数学，数学的价值和作用，以及高中数学课程的性质——基础性、选择性和发展性。

《课标（2017年版）》提出了"提升学生的数学素养，引导学生会用数学眼光观察世界，会用数学思维思考世界，会用数学语言表达世界"，比《课标（实验版）》进一步强调了"数学承载着落实立德树人根本任务、发展素质教育"的功能，进一步明确了普通高中数学教育的定位。

2. 课程理念

在课程理念部分，《课标（实验版）》提出了10条基本理念：构建共同基础，提供发展平台；提供多样课程，适应个性选择；倡导积极主动、勇于探索的学习方式；注重提高学生的数学思维能力；发展学生的数学应用意识；与时俱进地认识"双基"；强调本质，注意适度形式化；体现数学的文化价值；注重信息技术与数学课程的整合；建立合理、科学的评价体系。《课标（2017年版）》更加精练，提出了4条基本理念，即学生发展为本，立德树人，提升素养；优化课程结构，突出主线，精选内容；把握数学本质，启发思考，改进教学；重视过程评价，聚焦素养，提高质量。这4条理念分别从课程宗旨、课程内容、课堂教学、学习评价四方面进行了阐述。第一条理念是后面三条理念的统领，后面三条理念则是落实第一条理念的具体操作途径。

三、学科核心素养与课程目标的对比

1. 学科核心素养

与《课标（实验版）》相比，《课标（2017年版）》首次提出了数学学科核心素养，给出了数学学科核心素养的概念，并凝练了数学学科的6个核心素养，即数学抽象、逻辑推理、数学建模、直观想象、数学运算与数据分析，并从概念内涵、学科价值、具体内容以及学生表现4个维度来分别阐述。学科核心素养的提出，是《课标（2017年版）》的一个重大变化，也是教育部对各学科课标修订组提出的统一要求，其主要目的就是要把以人为本的教育理念落到实处，要把教育目标落实到人。数学学科的6个核心素养并不是完全陌生的新鲜事物，而是在《课标（实验版）》"五大能力"，即空间想象、抽象概括、推理论证、运算求解、数据处理能力基础上的拓展，涵盖了"五大能力"，增加了数学建模，并对能力内涵进行了拓展。

可见，它是数学教育在继承优良传统基础上的不断创新，是数学课程从知识立意到能力立意，再从能力立意到素养立意的发展，从数学特征视角对六大数学学科核心素养进行了分析。同时高中阶段的 6 个数学学科核心素养也是《义务教育数学课程标准（2011 年版）》提出的 10 个核心概念（数感、符号意识、空间观念、几何直观、数据分析观念、运算能力、推理能力、模型思想、应用意识和创新意识）的承接和深化，体现了数学学科核心素养在不同阶段的不同要求。《课标（2017 年版）》对 6 个数学学科核心素养进行了水平划分，每个素养都分为三个水平，和学业质量水平一样，从情境与问题、知识与技能、思维与表达以及交流与反思 4 个维度对各水平的表现分别进行了描述。

2．课程目标

（1）变"双基"为"四基"，变"三能"为"四能"。《课标（2017 年版）》的课程目标相较《课标（实验版）》，变"双基"为"四基"，即在要求学生"获得必要的数学基础知识和基本技能"的基础上增加了"基本思想"和"基本活动经验"。把"提高数学分析和解决问题的能力"调整为"提高从数学角度发现和提出问题的能力、分析和解决问题的能力"（简称"四能"）。"四基"和"四能"在《义务教育数学课程标准（2011 年版）》首次提出，本次修订的高中课标，延续了"四基四能"的提法，体现了不同阶段数学课程目标的统一性和延续性。"四基"是培育数学学科核心素养的知识基础，比"双基"更为科学、合理。

数学基础知识、基本技能主要体现为结果性的知识和客观性的事实，而数学基本思想和基本活动经验则是学生主体在学习过程中获得的主观性体验和感悟；前者是静态、外在的要求，而后者则是动态、内在的要求。"四基"的结构，能够使数学学习中的结果与过程、客观与主观、静态与动态、外在与内化有机地结合起来，无疑为学生数学学科核心素养的发展奠定了良好的数学学习基础。"四能"比"三能"增加了"发现问题的能力"，强调了发现问题的重要性。数学教学要促进学生创新意识的发展，而创新往往始于问题，发现问题和提出问题是创新的基础，所以《课标（2017 年版）》中增加了发现问题的能力。"四能"的提出使得"数学问题"在课程中处于更加核心的地位，促使教师不仅要关注问题的分析、解决，也要关注问题的源头，即它的发现和提出。

问题解决通过"四能"在能力培养的层次上做了"全程化"的要求，这是高中数学课程目标以数学学科核心素养为导向所提出的更高要求，"四能"的提出为培养学生的数学学科核心素养提供了有效的支撑。

（2）由提高"五大能力"转变为发展"六大素养"。《课标（实验版）》的课程目标中在能力要求上提出要"提高空间想象、抽象概括、推理论证、运算求解、数据处理等基本能力"，也就是我们常说的"五大能力"。《课标（2017 年版）》则在课程目标中阐述了"在学习数学和应用数学的过程中，学生能发展数学抽象、逻辑推理、数学建模、直观想象、数学运算、数据分析等数学学科核心素养"。

数学学科核心素养是数学课程目标的凝练，数学学科的六大核心素养既相对独立又相互交融，是一个有机整体。在认识和把握数学学科核心素养目标体系时，我们既要深刻领会6个核心素养的具体内涵、表现特征以及各自在不同环节发挥的不同作用，又要结合数学教学的具体内容和问题情境，揭示6个数学学科核心素养之间的联系，通过交融、互补，产生核心素养培养上的整体效应。

四、课程结构的对比

1.取消了模块设置，统一了文理课程。《课标（实验版）》把高中数学课程分为必修和选修，其中必修由5个模块组成，选修又分为选修1系列（针对文科学生，为文科限选）、选修2系列（针对理科学生，为理科限选）和选修3、4系列。

《课标（2017年版）》的课程则不再分文史类和理工类，为所有高中生统一提供必修课程、选择性必修课程和选修课程三类课程。其中必修课程面向全体学生，是高中毕业的数学学业水平考试的内容要求，也是高考的内容要求；选修性必修课程面向准备参加高考的学生，是高考的内容要求；选修课程分为A、B、C、D、E5类，分别面向不同类型的学生，为学生的个性化发展提供选择，为大学自主招生提供参考。

修订后的课程标准为学生在共同基础上的个性化选择提供了更丰富的课程，体现了课程的基础性、选择性和发展性。

2.突出了主题引领，优化了课程结构。《课标（实验版）》的课程框架是按照必修、选修以及对应的若干模块给出的课程结构图。《课标（2017年版）》则取消了原有的"模块"和"系列"，不再按照以往"螺旋式上升"的思路来安排课程，而是将同一体系中的数学知识从以往的模块中抽离出来，按照学生认知发展的规律进行整合与统一，采用"主线—主题—核心内容"的方式来安排。

关注了数学逻辑体系、内容主线以及知识之间的关联，突出了"函数、几何与代数、统计与概率、数学建模活动与数学探究活动"四条主线，以主题为引领安排课程内容，贯穿必修、选择性必修和选修课程，并将数学文化融入课程内容。这样的调整和安排更加突出数学的内在逻辑和数学思想，使高中数学课程更完整、更系统。

3.调整了学分安排，凸显了个性选择。按照《普通高中课程方案（2017年版）》的要求，《课标（2017年版）》调整了必修课程和选择性必修课程的相应学分，必修课程由10学分减少到8学分，选择性必修课程统一为6学分，总学分为14学分，相当于《课标（实验版）》中文科学生必须修习的总学分。

选修课程则针对不同的学生群体，设置了A、B、C、D、E5类课程，分别为数理类课程，经济、社会、部分理工类课程，人文类课程，体育艺术类课程和拓展、生活、地方、大学选修课程，其中体育艺术类课程安排了4学分，其他类课程则安排了6学分供学生选择修习。

从总体上看，《课标（2017 年版）》减少了必修课程的学分，增加了选修课程的学分，在数学课程类别和学分配置上凸显了选择性，为学校、学生自主选择提供了更大的空间。[①]

五、课程内容的对比

1. 增加了预备知识，解决了知识衔接。《课标（2017 年版）》在必修课程中设置了 5 个主题，除去前面提到的 4 个主题外，还增加了主题——预备知识，内容包括"集合、常用逻辑用语、相等关系与不等关系和从函数观点看一元二次方程和一元二次不等式"4 个单元。

和《课标（实验版）》相比，把选修 1-1 和 2-1 中的"常用逻辑用语"和必修 5 中的"不等式"的内容提前，安排在了高中学习的初始阶段，较好地解决了以往初高中知识衔接出现的问题，避免了教学时需要调整教材的使用顺序或者另外编写初高中衔接教材等问题。

2. 调整了知识顺序，强调了知识系统《课标（2017 年版）》按主题进行知识的安排，对《课标（实验版）》中的内容进行了增删和调整，使课程内容更具有系统性。如将原课标数学 1 中的"函数概念与基本初等函数 I（指数函数、对数函数）"与模块 4 中的"基本初等函数 II（三角函数）"和"三角恒等变换"整合在一起，并入必修 1 中的主题二函数，设置了"函数概念与性质，幂函数、指数函数、对数函数，三角函数，函数应用"4 个单元，同时调整了基本初等函数学习的顺序，把幂函数放在最前面，使得函数的结构更合理，思想更丰富和严谨，也使函数的教学能够循序渐进、一气呵成，有利于学生对函数知识的理解与掌握。

再比如把原数学 2 中的"解析几何初步"和选修 1-1 和 2-1 中的"圆锥曲线与方程"整合在一起，放到了选择性必修主题二几何与代数的"平面解析几何"单元；将原数学 3 统计里的"变量的相关性"调整到选择性必修的主题三统计中；将原必修解析几何中的"空间直角坐标系"调整到选择性必修主题二几何与代数的"空间向量与立体几何"单元中等，这些调整都使相应的知识内容更系统、更富有逻辑性，也更有利于教师的教学。

3. 增删了课程内容，反映了时代要求。《课标（2017 年版）》遵循"突出主线，精选内容"的课程理念，在必修和选择性必修部分，对高中数学课程内容进行了适当的增删和调整。从增加的内容看，在《课标（2017 年版）》必修和选择性必修中最为突出的是"数学建模活动与数学探究活动"，必修建议 6 课时，选择性必修建议 4 课时。

这些内容是培养学生数学建模素养的具体知识载体，也是时代发展的需要，在今后的教学中应给予足够的重视。随着大数据的发展，统计的知识越来越受到重视，本次修订的新课标适当增加了有限样本空间和百分位数，使统计的知识体系更加完善，也更加符合现实生活的需要。除去上述主要内容要求的调整外，《课标（2017 年版）》在课程内容部分将旧课标中的"说明与建议"调整为"教学提示"，同时增加了"学业要求"栏目。

"教学提示"主要是对教学中的重难点以及容易出现的问题进行答疑解惑和方法指导；

---

① 骆素丽. 高中数学教学中培养学生创新思维分析 [J]. 新时代教育,2019,1(1).

"学业要求"则从学业质量的角度对每个主题的教学提出了标准和要求。《课标（2017 年版）》和《课标（实验版）》的对比有很多方面，本文仅从课标的编排结构、课程性质与基本理念、学科核心素养和课程目标、课程结构以及课程内容 5 方面进行了简要对比，对实施建议的对比未能说明。

通过比较发现，《课标（2017 年版）》在课程目标中聚焦了数学学科核心素养，在课程结构上强调了数学逻辑体系，在课程设置上精选了数学课程内容，在教学评价上研制了学业质量标准，是对《课标（实验版）》的继承和发展、更新和完善。数学教育工作者，在今后的教育教学工作中，应该认真研究新课标、把握新课标、落实新课标，聚焦核心素养，优化课堂教学，促进学生发展，最终落实立德树人的根本任务。

第五节　高中数学新课程标准下教学的变化

世界万物都在变化，教育界的课程也是日新月异。新一轮课程改革的一个基本取向就是要改革学校教育与社会、生产、生活实际严重脱节的问题，从而提高学生的综合素质，新课程理念的核心是"为了每一位学生的发展"，我想这就是评价新课程课堂教学的标准。高中数学教学变化是巨大的，它与传统的高中数学无论在教学目标、教学内容、教学方式以及教学手段等诸多方面都有了重大的变革和调整，它顺应了时代发展的潮流，构建了以学生发展为本、体现时代性、基础性和选择性的课程结构和内容，下面笔者就高中数学新课程实施过程中的转变谈谈自己的一些观点：

1. 高中数学教学内容的转变。以前的高中数学教材虽然经过多次修订，但是教学的内容仍然有许多不适应学生发展和社会进步的要求，例如：从前的高中数学教材无论学生今后发展方向如何，不论学生继续学习或就业，不加区别使用同一套教材，学习相同的内容（指一个地区或一所学校或一个班级）；现在新课程高中数学教材分为选修和必修，有不同的版本，其中又分为不同的模块，不同的学生可以根据自己的发展和需要选学不同的模块和内容，满足个性化的发展，又如：从前高中数学教材中所没有的概率统计知识、算法等与社会进步、发展，生产生活实际紧密相关的知识都加进来，以适应社会需求的多样化和学生全面而有个性的发展。目前，本地区使用的高中数学新课程的教材特点是：突出学生是主体，教师为主导；突出"双基"，删除了过时的内容并且补充了适合学生发展和社会进步的新内容，注重对数学思维能力的提高；强调发展学生的数学应用意识；体现数学的文化价值；注重现代信息技术与课程的整合，较好地把握新的课程标准对高中数学内容的要求。

2. 高中数学教学目标的转变，即功能定位的转变。以往的高中数学教育就是应试教育，精英的教育，学生高中毕业后，不能升入高等学校的学生就业，发现高中数学与实践相去甚远，往往看不到它的用处，或者根本用不上，新的高中数学课程定位于面向大众的基础课程，让学生在义务教育的基础上，进一步提高作为未来公民所必要的数学素养，为学生的终身发展奠定基础，以满足个人发展与社会进步的需要，实现了从精英教育向大众教育、应试教育向素质教育的功能转变，这样的定位适合面向全体高中生，可以满足不同层次高中生发展对数学的需求，更好地发挥高中数学知识对所有高中学生的作用。

3. 高中数学教学结构的转变。传统的封闭式教学，所有问题皆在课堂内解决（尤其高中数学课），学生时时处在被动接受的地位。在新的课程理念要求下，高中数学课由封闭式转变为开放式，给学生广阔的学习时空：教师开放组织形式，如教学统计知识时，教师可以组织学生调查单位、厂矿里各种生产情况、人口年龄分布情况等，把课堂延伸到课外。开放教学内容，新课程教材在一定程度上与生产生活实践相结合，如个人所得税的计算等，为此，教师应引导学生走向家庭、社会寻找鲜活的数学内容，开放教学形式，允许学生根据学习需要，课前自学、尝试练习、提出疑问、小组合作等不受限制。开放教学过程。教师应给学生充分的探究机会，时刻关注并捕捉教学过程中师生互动产生的新情况和新问题，及时调整教学进程。

4. 高中数学教学方式的转变。在传统的高中数学教学中，大多数教师教学观念陈旧，把教科书当成学生学习的唯一对象，照本宣科，不加分析地满堂灌，学生则听得很乏味，感觉有点像看电影。改变教与学的方式，是高中新课程标准的基本理念，在高中数学教学中，教师应把学生当成学习的主人，充分挖掘学生的潜能，处处激发学生学习数学的兴趣。教师不要大包大揽，把结论或推理直接展现给学生，要让学生独立思考，在此基础上，让师生、生生进行充分的合作与交流，努力实现多边互动。积极倡导"自主、合作、探究"的教学模式。同时由于学生认知方式、水平、思维策略和学习能力的不同，一定会有个体差异，所以教师要实施"差异教学"使人人参与，人人获得必需的数学，这样也体现了教学中的民主、平等关系，采用这样的教学方式，学生的学习热情自然高涨，个性思维积极活跃，人格发展自然和谐。

5. 高中数学教学手段的转变。传统的课堂教学只凭"一张嘴、一支粉笔、一本书"的教学现象不复存在，也不可能适应现代的高中数学教学，随着新课程实验的深入，它呼唤课堂教学要走向现代化，取而代之的是现代信息技术手段的广泛应用：多媒体教学平台的使用、网络技术的应用等，都提高了课堂教学的效果，例如，教学必修3中"统计"数据收集和整理的习题时，教师利用电脑设计教学情境，把课本上的插图变成实景，屏幕上有声有色地出现一辆辆摩托车、小汽车、大客车、载重车通过一路口，学生在实景中搜集数据，解决了课本难以解决的问题，学生的注意力集中，学习兴趣高涨，充分体会到实地收集数据的快感，收到事半功倍的效果，还有如教学必修4中探究函数 $y=A\sin(x+p)$ 的图像，利用多媒体展现图像的平移、变换实况，学生能直观地看到变化的过程情境，自然容易接受。教学实践证明：运用现代信息技术手段，对改变学生学习数学的方式，激发学生学习数学的兴趣，提高课堂高中数学教学效率将产生重大的影响。

6. 高中数学教学评价的转变。从前评价学生学习、教师教学情况的好坏，基本上是以考试分数论英雄。以学生考分的高低作为评价学生成绩的唯一依据，以所谓的平均分、及格率等作为评价教师教学效果的主要内容。如今新的课程标准下，充分发挥了评价的整体性、激励性、发展性功能，注重评价主体多元、评价内容多元、评价方法多元、评价标准多元。作为高中数学教学的评价，要求建立合理、科学的评价体系，既关注数学学习结果，也关注数学学习过程，既关注数学学习的水平，也关注数学学习活动中的情感态度变化。再者，客观上，由于所选模块的不同，班与班、学生与学生之间失去可比性，在新的评价体系中，还引入了模糊的等级评价以及评价内容的多元化，如：选课时数、平时成绩、模块成绩等占不同比例，对评价发生了巨大变化。总之，新课程下的高中数学教学评价更趋科学合理，对转变应试教育为素质教育有积极的推动作用，当然对未来高考的改革、人才的选拔方式也提出了更高的要求。

总之，我们要深入研究高中数学课程标准，把握好新课程的教学要求，整体把握高中数学新课程，创设丰富的教学情境，激发学生的学习动机，培养学习兴趣，充分调动学生的学习积极性，为学生提供更广阔的发展空间。

第三章 高中数学课堂教学的常用模式

第一节 高中数学归纳思维教学模式

众所周知，思维能够反映出事物内部的本质和规律，数学思维对高中生的影响极为深远，因为数学思维是高中生做好数学学习所必须具备的认知能力。一般而言，高中生养成数学思维，需要对所学数学概念和定理公式有深切的把握，也需要有大量的解题实践。但现实情况是，当下诸多高中生较难把握高中数学知识，将这一学科视为学习难点学科，很大程度上是因为数学思维障碍引发了学生对数学学科的畏惧感。

如何辅助高中生更好地培养数学思维，这是诸多高中数学教师必须进行深入思索的问题，针对上述问题，文章就从两个层面来加以论述：

一是总结归纳学生形成思维障碍的不同表现；

二是数学思维形式多样，而归纳思维是一种极为重要的思维方式，有利于提高高中生的认知能力。通过上述论述，可以引导数学教师有意识地培养高中生的归纳思维，更好地推动高中数学学科教育教学工作的开展。

一、概述高中生形成数学思维障碍的不同表现形式

高中阶段的数学学科课堂教学中，诸多因素可以引发学生的数学思维障碍，主要为教师和学生双方面的原因，但学生形成的数学思维障碍具有不同的表现形式。简要概述如下：

1. 差异性

众所周知，学生具有差异性，即使面对同一数学难题，因为学生具备的数学基础与思维方式有所不同，往往存在不同程度的理解和感知，致使学生在数学思维方面存在差异性。主要表现为两个方面：一是忽略数学问题的已知条件和隐含条件，不能够正确理解和运用这些解题条件；二是数学概念、公式、原理等是学生解题的关键元素。但有些学生不能够

灵活地、多角度地运用这些因素，往往不能较好地调控数学思维运用能力。因上述两方面因素，高中生时常出现数学思维障碍。[1]

2. 浅显性

高中阶段的数学学科教学中涉及诸多概念、原理及公式，但一些高中生对此类数学知识的理解浮于表面，并未形成抽象概念，无法正确理解所学知识的本质和精髓。有些高中生的数学思维较为浅显，致使学生未能深入探索思维方式、解题途径及解题方法，按照习惯思维解题，能够解决直观简单的题目，但不能解决较难的数学题目，长此以往，将遏制学生的抽象思维能力和归纳思维能力。

3. 消极性

在解题过程中，高中生往往具备自己的解题经验，但思维定式存在一定的消极作用，易于使学生出现思维僵化现象，无法灵活地、正确地面对新数学题目，数学思维受到阻碍。在高中阶段的立体几何知识中，有些学生见到"两直线垂直"这一条件，往往受思维定式的消极影响，认为这两条直线必然相交，这就形成数学思维障碍，致使学生无法正确解题。

综上所述，高中阶段学生出现数学思维障碍的表现形式是不同的，但此类思维障碍不利于高中生改善自身数学思维，也不利于学生正确地运用所学的数学知识，优秀的高中数学教师会有意识地引导学生培养数学思维能力。

二、探究高中数学教师培养学生归纳思维能力的方法

一般而言，高中数学教师可以从如下几个方面来培养学生的归纳思维能力：

1. 强化数学意识

一般而言，数学意识是人们在解决数学问题时做出自主选择的意识，这种意识并不是针对如何运用数学知识，亦不是针对评价学生的数学知识运用能力，而是在面对数学难题时，高中生如何应对数学难题的问题。高中生学习数学学科知识过程中难免会遇到难题，这既有学生的解题技巧性问题，也有学生的畏难心理问题。我国已经推行教学体制改革多年，但很多学生仍然存在数学意识落后现象，如只会模仿旧题、套用公式，无从对待陌生题型等。在高中阶段，学生已经具备了一定的高中数学知识，具有规范性、准确性和熟练性的特点，但并非学生如此就能学好数学学科，教师需要引导学生树立正确的数学意识，并将其渗透于解题实践中去，这有利于总结教育教学经验，也有利于提升高中生的归纳思维能力，发挥学生的主体作用，从而适应现阶段的教育体制改革发展需求。

2. 培养数学兴趣

兴趣是人们学习中最好的教师，当高中生具有数学学习兴趣时，能够打破原有数学思维障碍的禁锢。培养数学归纳思维能力，提升学生的数学学习能力和解题实践能力，有利于提高高中数学的课堂教学能力。学生发展具有差异性，数学教师应该认识到这一点，把

---

[1] 刘革清，戴礼奎．解析高中数学教学中学生创新思维的培养 [J]．新时代教育，2019, 1(1).

握高中阶段学生的认知特点，强化学生明确学习目的，深化学生学习数学知识的意识，依据学生实际情况进行因材施教，使学生具有阶段性的学习目标，变得更为勤奋刻苦，也更乐于借鉴他人的学习经验，数学学习成效获得阶段性的提升，强化学生学习数学学科的信心。而笔者善于运用阶梯式数学题目，提升学生的数学解题能力。

3.消除思维定式

打破思维定式是学习知识的一条必要途径，这是因为，多年的学习后，高中生具有了一定的数学思维框架，运用所学数学知识时，往往陷入原有数学知识的禁锢中，优秀的数学教师能够引导高中生打破原有数学思维框架的束缚，消除思维定式。归纳并强化学生正确学习和运用数学知识的思维方式，使得学生形成更好的数学思维能力。探究式教学是解决这一问题的有效方法。教师可以设置问题，由学生展开讨论，引导学生正确理解数学概念，消除混淆知识点，正确运用数学概念、公式及原理等。在众人参与的讨论中，学生们易于消除思维定式的消极影响。在数学解题实践中，师生间通过探究和交流，往往能够总结归纳解题的有益经验，有利于提高学生的归纳思维能力，提高数学学科的教育教学成效。

多年来，我国一直在推行教育体制改革，"填鸭式"与"灌输式"两种教学方式也已经为人们所摒弃，人们认识到素质教育的优势，并深入贯彻到数学教育教学实践中，新课程改革成果显著。针对这种现状，数学教师应明确高中数学课堂教学的要求，认识到数学思维障碍是当下高中生数学知识学习中的普遍难题。数学思维表现形式有所不同，归纳思维是极为重要的一种，人们更为重视培养高中生的归纳思维，广大数学教师有义务引导高中生培养这种思维能力，高中生也应自主性地提高并运用数学领域的归纳思维能力，实现师生间的良好结合，而这需要社会各界的广泛支持和帮助。

第二节　高中数学掌握学习教学模式

一、数学教学模式及研究综述

1.数学教学模式的含义

人类的数学教学活动，有着源远流长的历史，在无数人的理论和实践中，必然会产生各种"模式"。但人们对教学模式明确而真正的关注似乎只有三十多年的时间。目前，人们对教学模式这个概念的理解还不完全相同。不过，既为"模式"，在教学模式的研究中，就应有一个共同的语境、相对明确的含义作为基础。概观各种教学模式的论述不难发现：在总体上，对教学模式的认识已形成了以下几点共识：

第一，教学模式是在一定的教育理论指导下，受到一定的教育思想、教学理论的指导、支配和制约的，教学理论是教学模式的精髓；第二，教学模式是对教学经验的概括和系统整理，教学实践是教学模式产生的基础，但科学意义上的教学模式不是已有的个别教学经验的简单呈现；第三，教学模式是一种界于教学理论与教学实践之间的中层理论，是理论和实践的中介，正因为如此，教学模式被看作是沟通理论与实践的桥梁，既能用来指导教学实践，又能为新的教学理论的诞生和发展提供支撑，在两者中起中介作用。①

但对于给教学模式下定义的具体内容来说，各人的看法不尽相同。早期以乔伊斯和韦尔为代表的定义认为：教学模式是构成课程和课业、选择教材、提示教师活动的一种范型或计划。并进一步指出："教学模式就是学习模式……教育的最终目的是将来能够提高学生更容易、更有效地进行学习的能力，因为他们不仅获得了知识技能，也掌握了学习过程。"后来，有学者研究指出，乔伊斯和韦尔将教学模式定义为"范型"或"计划"，只反映了教学模式的外在表现形式，而忽视了教学模式中蕴含的教学思想和教学理念。

曹一鸣在他的《数学教学模式导论》中概括指出，在教学模式的界定中存在两类见解：过程说和结构说。

持过程说的将教学模式纳入教学过程范畴，认为教学模式就是教学过程的模式，是一种有关教学程序的"策略体系"或"教学样式"。其中较典型的提法是："教学过程的模式，简称教学模式，它作为教学论中的一个特定的科学概念，指的是在一定教学思想指导下，为完成规定的教学目标和内容，对构成教学的诸要素所设计的比较稳定的简化组合方式及其活动程序。"

持结构说的认为，教学模式属于教学结构的范畴。从广义上讲，主要是指教师、学生、教材三个基本要素的组合关系。从狭义上讲，教学结构是教学过程各阶段、环节和步骤等要素的组合关系。结构说的典型提法是"把模式一词引用到教学理论中来旨在说明一定教学思想或教学理论指导下建立起来的各种类型教学活动的基本结构或框架"。

在综合了各种定义的教学模式的基础上，本文认为：教学模式是指在一定教育思想、教学理论、学习理论指导下，在大量的教学实验基础上，为完成特定的教学目标和内容而围绕某主题形成稳定、简明的教学结构理论框架及其具体可操作性的实践活动方式。它是教学思想、教学理论、学习理论的集中体现。这样一来，在明确界定"教学模式"含义的同时，数学教学模式的含义也随之确定了。

2.数学教学模式研究综述

美国学者乔伊斯、韦尔等 1972 年合著的《教学模式》一书是系统研究教学模式的开始，首次把模式引入教学论研究领域。乔伊斯和韦尔将教学模式分成四大类：

（1）社会互动教学模式。这种类型的模式依据的是社会互动理论，强调教师与学生、学生与学生的相互影响和社会联系。

---

① 张开松.基于学生深度学习提升的高中数学教学模式探究［D］.济南大学,2019.

（2）信息加工教学模式。这种教学模式依据的是信息加工理论，把教学看作一种创造性的信息加工过程，依据计算机、人工智能的运作规程确定教学的程序。如布鲁纳的概念获得教学模式、皮亚杰的认知发展教学模式、奥苏伯尔的先行组织者教学模式等。

（3）个人教学模式。这种类型的教学模式依据的是个别化教学理论与人本主义的教学思想，强调个人在教学中的主观能动性，坚持个别化教学。属于这种类型的教学模式有罗杰斯的无指导者教学模式。

（4）行为修正教学模式。这种类型的教学模式依据的是行为主义心理学理论，它把教学看作是一种行为不断修正的过程，如斯金纳的操作条件反射教学模式。美国的保罗·D.埃金等人在乔伊斯和韦尔的基础上，把信息加工教学模式又分为6种：归纳模式、演绎模式、概念获得模式、塔巴模式、奥苏伯尔模式和萨奇曼探究模式。

美国学者冈特、埃斯特斯等人在多年实验研究的基础上选择了8种模式作为其模式的基础。

（1）直接教学模式，适用于教授基本事实、知识和技能等多种内容和形式的教学。

（2）概念获得模式，适用于界定、理解和运用概念，注重于如何获得概念。

（3）概念发展模式，用于围绕概念的归纳推理，发展学生的思维能力，这种模式注重如何探究概念及概念之间的关系，从而达到新的理解，在这种模式中学生有更大的自主性。

（4）群辩法模式，通过在集体中交流不同意见，利用非理性力量达到新的理解的创造性过程。这种模式适用于发展学生的创造性思维能力。

（5）探究模式，适用于问题解决和探究，这一模式试图模拟科学家解决问题的过程，使学生获得在真实生活情境中发现问题、解决问题的能力。科学家面临疑难情境，搜集和加工所需要的资料，最后达成问题解决的探究过程成为探究模式的基础。

（6）课堂讨论模式，用于提出问题，培养洞察力和促进批判性思维。在这种模式中，教师通过事实性、解释性和评价性问题引发讨论，激发学生形成自己的观点。

（7）合作学习模式，以小组学习的形式，通过学生之间的交流、合作促进学生在认知、情感和社会性方面的成长。

（8）探索情感和解决矛盾策略，这一模式包括两个独立的策略：探索情感策略和解决矛盾策略。运用这一模式旨在帮助学生将学习与他们的情感态度联系起来，学会如何处理矛盾情境。

苏联教育家巴班斯坦根据自己的教学实践，概括地提出了"讲解—再现、程序教学、问题教学、探究教学、再现—探究"5种教学模式。我国学者查有良在他的《教育模式》中运用探索演绎和探索归纳相结合的方法推导了一百多种教育模式以及相应的教学模式，其中还研究了与现代数学学派相对应的逻辑主义及其教育模式、直觉主义及其教育模式、形式主义及其教育模式和结构主义及其教育模式。①

---

① 杜蕾. 基于数学实验室的高中数学探究教学模式的研究 [D]. 芜湖：安徽师范大学, 2019.

许多数学教育工作者在数学教学模式的研究过程中，通过汲取一般教学模式研究的成果，结合数学学科的特点进行研究，从不同标准和角度出发，对数学教学模式进行分类，虽然基本观点一致，但侧重点有所不同。张鼎宙等在《数学教育学》中把数学教学模式分为：教师讲授、师生谈话、学生讨论、学生活动、学生独立探究5个基本模式，这些基本的教学模式可以复合形成比较固定的教学策略。

特别是在大力提倡教育改革的这些年中，我国出现了有一定影响力的教学模式近同特点：一是强调自学和预习，并把预习引进课堂，纳入课堂教学环节。二是体现了目标教学的原理和新课标的理念。它跳出了知识传承的狭隘认识，而把"情感态度与价值观"放在了首位：它是以"问题为纽带的教育"，有利于学生创新精神和实践能力的培养。三是注意当堂检查教学效果，及时获得反馈信息，以适时调节教学方案。四是重视学生之间的共同研讨，发挥班级教学的优势，调动学生的学习积极性。五是学校教育回归学生主体，注重培养目标的全面性；教学程序具有灵活性和多样性；教学手段多媒体化；努力实现由以"教"为主向以"学"为主的转化。

但也存在着一些问题，主要表现在：指导教学模式改革的目标不正确。教学模式改革的主要目的是提高教学质量，而目前评价教学质量优劣的标准往往是以学生考试的分数来衡量的。我国传统的数学教学模式有讲练式、探练式和自练式三种基本数学教学模式，这三种基本教学模式最后都落实到"练"上。为了应付考试，大多数学教学模式改革就其实质显得大同小异，仅仅对传统的教学模式简单改造，使得教与学缺乏创新，数学教学模式改革出现了"高原现象"。

在数学教学模式改革中，体现数学教育实践性研究层次较低，对教育现象的观察与思辨分析居多，而在教育理论指导下严格进行的数学教学模式改革实验研究偏少。

数学教学模式改革与数学课程改革脱节。由于中小学数学教师工作忙，教育理论相对薄弱，对数学教学模式改革的研究往往由高师院校的理论工作者提出，而高校的教育理论工作者由于缺乏教学实践经验，往往不能充分考虑到数学课程改革与数学教学模式改革之间的联系。

二、数学教学模式构成的基本要素

数学教学模式应该是一个完整的体系，它一般包括以下4个基本要素：

1. 理论基础

在对"教学模式"这个概念的界定中，首先指出：每一种教学模式都是在一定的教学思想、教学经验、学习理论指导下建立起来的。一种教学思想成为贯穿于整个教学模式的一条主线，体现在教学模式的每个过程以及各个方面。一种教学模式是否成熟，可以从其理论基础中窥见一斑。因为教学模式赖以建立的教学理论是教学模式深层的内隐的灵魂和精髓，它决定着教学模式的方向，制约着教学模式中其他因素的关系。

影响和制约数学教学模式的理论基础有以下几个方面：

第一，数学观。人们在长期从事某一活动中，都会逐渐形成对某一活动的看法。同样，每一位数学教师在多年的数学学习和教学实践中，也不知不觉地形成了一种对数学的看法即数学观。从深层次上进行考察，所有的数学教学方法、教学模式都与某一数学哲学观有关。对于"什么是数学"的回答，最重要的是要认识数学与现实世界的关系问题。就中学数学来说，"数学是研究现实中数量关系和空间形式的科学"的定义是不过时的。数学研究的对象既来源于现实世界（数学的概念、原理是通过对现实世界中的事物在数量关系或空间形式方面进行抽象后获得的），又与现实世界中的具体事物有一定的距离（如数学中所讲的没有大小的点、没有粗细的直线是不存在的一样），数学概念、原理的建立过程，实际上是运用已有的数学知识和数学活动经验，对现实世界中相应事物及其关系进行不断抽象概括的过程，用现在比较流行的说法，就是建立数学模型的过程。作为一名教师，应该阅读张景中和郑毓信等人一些有关数学哲学和数学教育哲学方面的书籍，以期形成正确的数学观（数学是内容具体、形式抽象、理论严谨、结论确定、应用广泛、方法精巧和地位特殊的一门科学）。

第二，教育学。现代教育心理学的最新成果推动了数学教学理论的发展，并指导数学教学改革实践。各种各样的教学模式，一般都有各自的教育心理学理论基础，例如，程序教学模式的理论基础是行为主义学习理论，数学目标导控教学模式是布卢姆的掌握学习理论。还有许多不同的教学模式的理论基础是一致的，如：布鲁纳的概念获得教学模式，加涅的累积性教学模式，奥苏伯尔的先行组织者教学模式等，其理论基础都是现代认知心理学理论。

第三，数学教学理论。现代教学理论对数学教学过程的研究，对学生学习特点、心理特点的研究为数学教学模式奠定了基础。例如，近年来关于数学概念学习、数学命题学习的系统研究，数学思维、问题解决以及数学课程改革的理论与实践，为数学教学模式的实践与研究提供了直接的理论基础。

2.教学目标

教学目标是构成教学模式的核心因素。每一种教学模式都是为了完成某种特定的教学而设计、创立的。教学目标是教师对教学活动在学生身上所能产生效果的预期估计，是进行数学课堂教学设计，进行数学课堂教学活动的出发点和归宿。教学目标的确立，能使活动具有明确的方向，克服教学活动中的盲目性和随意性等制约着教学程序、实施条件的因素，也是教学评价的尺度和标准。

教学目标包括基础知识、基本技能和能力发展等方面。教学目标的设计应科学合理，教学目标应当是具体的、可测量的、便于操作的，而不是笼统的、抽象的。

教学目标应具有层次性和渐进性。具有从识记、理解、应用到综合，从低级水平到高级水平的渐进过程，反映由知识、技能转化为能力，以及由情感发展并进一步内化为素质的要求和过程。教学目标应具有阶段性。一方面要有一堂课的近期教学目标，另一方面还要有一个章节以及整个教学的长远教学目标。教学目标的设置与实施不能出于"应试"的目的，只顾解题技巧以及知识点的"熟练"掌握，而忽视长远目标，学生的数学观念、数学思想、数学意识、数学能力以及学习的动机兴趣等素质的培养。教学目标既要考虑到学生认知能力的培养，又要考虑到学生情感性素质的发展。[①]

3.操作程序

教学模式都有一套相对稳定的操作程序，这是形成教学模式的本质特征之一。操作程序详细说明教学活动的每一个逻辑步骤，以及完成该步骤所要完成的任务。一般情况下，教学模式明确指出教师应先做什么，后做什么，学生分别干什么。由于教学过程中，教学内容的展开顺序，既要考虑到知识体系的完整性，又要照顾到学生的年龄特征，还有教学方法交替运用顺序，因此，操作程序既是基本相对稳定的，又不是一成不变的。

操作程序的设置应遵循学生的认知规律和学生的认知基础。首先，要遵循从具体到抽象，从感性到理性的认知规律。教学设计中必须为学生提供丰富的感性材料，利用鲜明生动的事例、图片、图形，有条件的可以借助于多媒体辅助教学，在感性材料的基础上引导学生进行比较、分析、综合、归纳、演绎、抽象、概括。其次，要遵循从理解到运用的认知规律，将有序的训练引入课堂教学。设计由易到难，由简到繁，由基础到综合的训练程序，既可以适合不同水平的学生，又能激发学生思维，发展学生的思维能力。

4.实施条件

任何一种教学模式都不是万能的，有的只能适合于某一类课型，有的适宜用于某一年龄段的学生，数学概念课、命题课、习题课和复习课等不同课型所适用教学模式是不尽相同的。教学模式的实施还与师生之间的配合有关。教学模式的实施条件一般包括教师、学生、教学内容、教学设备、教学时空的组合等因素。教学活动中，教师的教学水平、教学风格、学生的能力水平以及师生关系是实施某一教学模式，达到最佳教学效果的一个重要因素。

三、数学教学模式的类型

如果教师想根据具体的教学情境，选择适当的教学模式，就必须对教学模式进行分类，然后逐类掌握其精神实质和使用要领。

根据各种教学模式理论，本文将当前中学数学教学模式概括总结成以下几种：

第一，讲授模式。它是一种传统的教学模式，也是当前我们教学中采用的主要模式。该模式主要是突出教师的主导作用，有利于学生在较短的时间内系统地学习基础知识和基本技能，其基本程序是：复习讲授—理解记忆—练习巩固—检查反馈。中华人民共和国成立后，我国广泛推行苏联凯洛夫五环节教学：组织教学、复习提问、讲授新课、巩固练习、布置作业即属于这个模式。这种模式在我们中华人民共和国成立以后经济比较落后的情况

---

① 马茹.信息化环境下的高中数学翻转课堂研究与实践 [D].昆明：云南大学,2019.

下发挥了积极的作用，但随着我国各项事业的飞速发展，此模式渐渐不能完全满足学生的需要。我国的教育工作者们在这个基本模式的大框架下，为了充分体现学生的主体地位，自 20 世纪 80 年代起就开始积极探索启发式教学方法，不断变革、演变出一些新的形式。目前经过改良的讲授模式正被我国教育界广泛运用。

第二，发现模式。按美国教育家布鲁纳的教学理论，为了培养学生探究精神和创造性，不少教师通过精心设计，经常在一些思维价值较高的课例上，运用发现模式进行教学。其基本程序是：创设情境—分析研究—猜测归纳—验证反思。这种教学模式注重知识的形成过程，有利于体现学生的主体地位的发挥及帮助其学习掌握研究问题的方法。该模式目前在西方比较普及，但也存在一些不足。如教学进度较慢、基础较差的学生接受起来比较困难等。目前这种教学模式整体或部分地被部分教师在部分地区的教学中运用，但随着大家认识的逐渐加深，尤其新课改在全国的广泛推行，这种方法越来越被广大教育工作者所重视。

第三，自学模式。为了培养学生自学能力和良好的学习习惯，教育工作者们又创造了多种自学模式，它的基本程序是：布置提纲—自学教材—讨论交流—练习巩固—自评反馈。这种教学模式有利于提高对语言的阅读、理解、交流、运用能力。"生本教育理论"的研究者和推崇者华南师范大学教科院副院长郭思乐教授认为教育应以学生为本，相信学生是"天生的学习者"。一般来说，对于可阅读性强的教学内容，采用自学模式比较有利。

第四，掌握模式。按照美国教育学家布卢姆的教学理论，应该注重教学效果的反馈和评价作用。当前，不少地区使用的目标教学模式属于此类，基本程序是：目标定向—实施教学—形成性检测—反馈矫正—平行性检测。这种教学模式强调了目标和评价，注重把教学过程分解，有利于加强基础，防止分化，在师生基础比较薄弱的学校适应性更强。

四、数学教学模式的特点

随着数学教学改革的不断发展，教学模式的研究必然呈现出多样化趋势，有的着眼于师生关系，有的着眼于教学目的。尽管教学模式多样，但一般说来都有以下共同特点：

1. 简约性

数学课堂教学模式和其他课堂教学模式一样，是在一定的教学理论、教学思想指导下产生的，任何一种数学教学模式既是某一种教学思想的具体表现形式，又是它的近似的简约，一个侧面的不完全的反映。一般用精练的语言、图式、符号表述，是简约化了的教学结构理论框架及活动方式。因此，教学模式既能使那些纷繁杂乱的实践经验理论化，又能在人们头脑中形成一个比抽象的理论更具体简明的框架，从而便于数学教师去理解、交流、运用和传播。数学教学模式主要有两种形态：条文型这类教学模式通过非概念性的语言，较为全面，操作方便。流程图式这类教学模式利用图表刻画出各种因素及相互关系，将变量的逻辑关系勾画出来。

2. 相对性

数学教学模式的产生来自数学课堂教学实践，但又不同于普通的教学方法。教学模式是一组相近或相似的教学方法、方式的抽象和概括，具有更一般更普遍的意义，其应用具有一定的广泛性。但每一种教学模式都有它特定的作用，具有明确的相对性。在教学活动中也不可能有一种普遍有效的可以对一切教学目标都适用的万能模式，当然，可能有些模式的适用范围更广一些，但也有一些模式只能适用于极为特殊的教学情境。如果超越教学模式的运用范围，将某一种教学模式加以泛化，或者不具备相应的教学条件，就很难取得好的教学效果。例如发现式教学模式较适用于高年级数学教学，而不太适用于小学低年级数学教学；程序教学模式长于知识技能训练，而对培养探究精神和科学态度则相形见绌。因此，要有鉴别不同类型教学目标的能力，适用教学模式需要根据不同的教学内容，不同的教学对象，选用与特殊教学目标相匹配的教学模式。

3. 操作性

每一种数学教学模式都有一个相对稳定、明确的操作程序以便人们理解、把握和运用，这是教学模式区别于一般教学理论的特点之一。

教学模式之所以具有操作性，是因为一方面教学模式总是从某一角度、立场和侧面反映教学的规律，比较接近教学实际而被人们理解和操作；另一方面教学模式的产生不是为了空洞的思辨，而是为了让人们去掌握和运用，因此它有一套操作系统要求和基本程序。数学教学模式总是从具体的教学实践出发而总结出来的教学规律，目的是便于教师掌握科学的教学方法，优化课堂教学结构，接近于教学实际，因而，易被人们理解、接受和操作。教学模式可操作性的特点，使得教学模式可以被传授学习、示范和模仿，使得教学模式的运用成为一种技术、技能和技巧，而被教师用来进行教学实践，实现预期的教学目的。

4. 开放性

数学教学模式的产生是一个由经验到理论，由不成熟到成熟的不断完善的过程。虽然教学模式一旦形成，其基本结构保持相对稳定，但这并不意味着该教学模式从此就一成不变。一种模式理论需要不断地进行充实提高、改进完善，否则就会逐渐被淘汰。事实上，教学模式总是随着教学实践、观念和理论的不断发展变化，而不断地得到丰富、创新和发展而日臻完善的。因此，教学模式的不断发展、变化、充实、提高，正是它具有优越性的重要保证。教师广泛而深入的教学实践，为教学模式的发展和完善提供了广阔的前景和丰富的养料。

数学教学模式的开放性还表现在不同教学模式之间的相容性。各种教学模式并不是互不相干的封闭体系，而是一个开放的、互补的系统。在具体的教学实践中，有时可以同时利用几种不同的教学模式，根据具体的教学内容进行优化组合。

5. 整体性

数学教学过程是一个整体的系统工程，任何一种数学教学模式都是由各个要素有机构成的整体，有一套比较完整的结构和机制，而不是几种教学理论的杂糅。在运用时，不能局限于形式上的模仿和套用，必须从整体上进行把握，一方面要深入理解其理论原则，另一方面又要灵活掌握其基本方式方法。如果不能很好地领会其理论精髓，只能降低教学效果而不能发挥教学模式的应有功能。在教学模式的运用过程中，如果不注意其整体性，只是简单套用其程序步骤，进行机械模仿，放弃理论学习对提高教学水平是有害无益的。

第三节　高中数学非指导性教学模式

非指导性教学模式的关键在非操控性的教学理念，它强调教学活动以学生为中心，教师应该围绕学生的学习问题设计教学。在这种教学模式中，教师对课堂没有操控性的前提，教师的作用更倾向于非指导性咨询。教师要创造师生间相互理解、平等交流的和谐氛围，鼓励引导学生表达想法，以期能自觉展现学习过程中的丰富情感。教师对此要悦纳学生的各类情感表达，并且平等对待。同时要根据学生的表达，提供咨询，帮助学生提高认知水平，消除消极的情感态度。

一、非指导性教学模式的教学目标

非指导性教学模式的核心在于让学生在学习过程中完成自我认知，提升其个人品质。它更注重长期的、长远的甚至终生的教学效果，以人的终身发展为教育本质，这与新课标中"学生是完整的人"这一理念是契合的。①

二、非指导性教学模式的操作程序

（1）创设和谐氛围，让学生放松心情，自由表达，以便问题背后的情感显露；

（2）咨询与诊断，根据学生的表达，教师捕捉潜在的问题，并提供咨询；

（3）问题的分析与解决，学生获得教师帮助后，积极面对问题，并开始分析问题，设计问题的解决方案；

（4）成果与展示，学生利用自己的解决方案尝试解决问题，并将成果进行展示和汇报；

（5）诊断与反馈，综合处理成果中的问题。

三、非指导性教学模式的实现条件

非指导性教学模式只有在没有任何压力和强制性关系的环境中才有实施的可能，因此师生间必须是平等合作的关系。这要求：

---

① 黄淑敏. 高中数学自主探究教学模式的应用研究 [J]. 创新创业理论研究与实践, 2019, 2(10):123-124.

（1）为学生提供和谐、独立的空间，以便师生间平等地交流情感。

（2）教师的指导能力，这一点非常关键。教师根据教学内容，要提前做好相应的准备。如果教学内容以学科知识为主，教师须为学生准备好自学材料；如果学生的情感表达是针对行为问题，教师还要有一定程度的协调能力和谈话技巧。

（3）学生的表达欲望。学生要有表达欲望，才能推进教学活动的开展。

第四节　高中数学探究训练教学模式

一、高中数学应用探究式教学模式的重要性

高中数学教学课堂中教师应用探究式教学模式，改变了传统的教学方法，为学生提供了自主探究学习的机会，突出了学生的主体地位，调动学生学习的积极性，增强学生探究学习的意识，转变了学生被动的学习状态。此模式使学生之间可以相互合作、共同探究教学内容，创设活跃的教学环境，使教学氛围不再沉闷，锻炼学生合作学习的能力和探究能力，以便学生快速掌握数学知识和公式，渐渐地对数学知识感兴趣，消除学生的不良情绪，使他们积极主动地投入数学教学中。在合作探究的过程中学生掌握了数学知识点，并奠定了坚实的数学基础。它充分体现了应用探究式教学模式的重要性，从而取得最佳的教学效果。

二、高中数学探究式教学模式研究

1. 根据数学教学内容，引导学生合作探究学习。高中数学教学过程中教师应用探究式教学模式，并根据数学教学内容，引导学生合作探究学习，使他们在合作中共同探究数学知识，加强学生的合作意识，使他们学会合作探究教学内容。在合作探究的过程中学生相互合作、相互帮助、相互补充，营造宽松的学习环境，使全体学生主动合作探究，逐渐具备合作探究精神和团结合作精神，以便全体学生更好地理解和掌握数学知识。例如，在教学《直线与圆的位置关系》时，教师结合数学知识点设计合作探究的任务，组织学生进行合作探究学习，能够激发学生的求知欲，驱使学生相互探究直线与圆的位置关系。通过合作探究，学生学会判定直线与圆的位置关系和性质，进而学会与同学合作探究学习，充分锻炼了自身合作探究的能力，增强学生之间的凝聚力，使全体学生更加努力合作探究出数学内容的重点知识，从而逐步提高合作探究能力。

2. 采用探究式教学模式，激发学生求知欲。在传统的高中数学教学中教师采用灌输式的教学方法，将数学知识机械地传授给学生，忽视学生的感受，致使学生一时难以理解数学知识，逐渐对数学教学内容失去学习兴趣，产生很多不良情绪，直接降低学生学习效率，

无法取得良好的教学效果。针对这一教学现状，教师可以采用探究式教学模式，弥补传统教学的不足，有利于激发学生的求知欲，促使学生主动探究数学知识，发挥出学生的主观能动性，调动学生学习的主动性，使学生逐渐掌握探究学习的方法，不断提高学生的探究能力。例如，在教学《三角函数的诱导公式》时，教师深入落实探究式教学模式，组织学生进行探究式学习，使学生对数学知识产生强烈的求知欲，主动探究三角函数公式的推导过程，使学生的思维更活跃，进而全面掌握教学内容的重点知识，学会推导三角函数的公式，灵活运用三角函数的公式，顺利完成学习任务，增强学生学习数学的自信心，逐渐对数学知识产生学习兴趣。在探究学习的过程中教师要鼓励学生深入理解三角函数的性质、图像和公式，进一步构建高效的数学课堂，培养学生的探究能力，提高学生对数学知识的理解能力，从而取得事半功倍的教学效果。

3. 创设问题的教学情境，引导学生自主探究解决问题。高中数学教学中教师应用探究式教学模式，可以依据数学知识向学生提出问题，创设问题的教学情境，引导学生自主探究解决问题，驱使学生积极主动探究，全身心融入数学学习中，进而学会自主解决问题，逐步增强学生探究意识，培养学生养成探究学习的习惯，进一步训练学生自主解决问题的能力和自主探究学习的能力，使学生的思维更活跃，最终探究出问题的答案，轻松理解抽象的数学知识，逐渐提高学生的数学成绩。例如，在教学《一元二次不等式》时，教师结合新课内容向学生提出问题：一元二次不等式有几种不同的解法？此教学情境促使学生主动自主探究解决问题，使学生全面掌握一元二次不等式的不同解法，逐渐学会运用不同的方法求解出一元二次不等式，从而提高学生解决问题的能力和探究能力。

要想解决以往高中数学教学中存在的问题，教师要注重应用探究式教学模式，组织学生进行合作探究，使他们在相互合作中共同探究出重难点，快速掌握数学知识，逐步增强合作能力和探究能力。同时，创设问题的教学情境，激发学生的求知欲，促使学生主动探究解决问题，进而扎实地掌握教学内容。

第五节　高中数学先行组织者教学模式

一、先行组织者的相关概念

1. 先行组织者

先行组织者是给予学习者的引导性材料，它比新知识本身更抽象，也具有更强的综合性。"组织者"的目的是提供概念上的固着点，使新旧学习内容之间的区别更明显，促进相同类型知识之间的学习。在教学中，先行组织者在帮助学习者接受新的学习内容时起到一种承上启下的作用，从而使学习者更加有效地学习。

2. 先行组织者教学策略

由上述可知，先行组织者是在教师给学生讲授新课之前，提前给予学生的引导性材料。而先行组织者教学策略是指教师根据学习者的知识维度和基础水平，结合有意义学习中的学习认知维度要求，设计出的一种既能加强知识记忆又能帮助学生建立同化新的学习材料的认知结构的引导性材料，这种引导性材料具有较高的概括抽象化程度，同时也能起到较好的组织作用，将其在进行学习任务之前呈现给学生，能很好地帮助学生将新的内容与已有的知识连接起来，帮助学生组织想要学习的材料，具有很好的指导作用和定向作用，同时可以引导学生将学习材料建构在自己已有的知识体系和基础之上的一种教学方法和技术。[①]

3. 先行组织的分类和作用

（1）先行组织者的分类

先行组织者主要分为陈述性和比较性两种。当学习的材料与已有的知识联系较少时，学生已有的知识结构下无法完成同等水平转化新的学习材料的任务，此时可以采用陈述性组织者作为引导性材料。陈述性组织者主要以纲要性的概念作为上位概念，嵌入学生已有的认知体系中，以帮助学生来同化学习内容。在真实的教学情境中，教师在进行一些抽象性较强的内容的课程时，往往会采用这样的方法以减轻过于抽象的学习困难；当学生已经完全掌握学习内容后，也就说明学生已有的认知体系下已经同化了学习内容，并且产生了适当的概念，但由于学习者对于之前的学习材料掌握不牢固，出现不清楚甚至混淆的情况，此时就可以选择一个区分新旧学习材料的比较性组织者，用以增加新旧学习材料间的辨别度，帮助学习者更好地比较和掌握。例如，将数列解析式与函数解析式进行比较，将等差数列的定义性质与等比数列的定义性质进行比较，将椭圆的概念与双曲线的概念进行比较。

我们知道学习任务根据其内容和抽象程度等有所不同，而组织者也有很多不同的划分。我们可以重新建立对应关系为上位学习对应上位组织者、下位学习对应下位组织者、组合学习对应并列组织者。其中，上位组织者已经含有新的学习材料。例如，函数的上位概念是一次函数、力的上位概念是浮力、圆锥曲线的上位概念是椭圆等。相反，当新的学习材料含有学生知识结构中已存在的内容时，则可将学习者已有的知识结构和概念划分为下位组织者。而显而易见的是，并列组织者是指先行组织者与新的学习材料不是上述的两种关系。

（2）先行组织者的作用

在课堂中，教师教授新课之前，先利用先行组织者将学生的知识体系下已经掌握的知识与新的学习材料联系起来，此时先行组织者在新旧学习材料之间起到了承上启下的纽带作用。通过先行组织者，帮助学习者扩展和延伸已有的认知结构，以便快速高效地掌握相

---

① 简利康. 高中数学教学中学生创新思维培养的调查研究 [D]. 信阳：信阳师范学院，2019.

应的学习重点，让已有的知识结构成为新知识成长的土壤，达到较好的、可以是新颖别致的实际问题等，很大程度上增添了课堂的趣味性，唤起学生主动学习的欲望，为后续进行有意义的学习打下基础。其次，这种教学模式创造了将新旧概念联系起来的前提，这在很大程度上延伸和完善了学习者的知识框架，不仅能加深对知识的理解程度，还可以延缓对学习内容的遗忘，较好地保持了知识的完备性；除此之外，先行组织者保证知识完整性的同时，也很好地帮助学习者区分不同的学习内容，保持了知识之间结构的健康发展和完整，同时也为问题解决提供了扎实的知识基础，而这些由先行组织者带来的附加效应，为知识迁移提供了良好的因素，如归纳总结法、同类比较法和演绎推理法等。

4. 理论基础

（1）奥苏伯尔的有意义学习理论

美国教育心理学家通过在学校里的具体实践为自己的有意义学习理论提供了系统全面的心理学基础和实践论证。接受学习不是学习者主观意愿上有抗拒而被动地接受。自古以来人类知识财富的传递和学生知识的获得都是通过研读著作和教师的传授，而这些都是要经过自己的实践。奥苏伯尔提出学生现阶段主要接收的是系统的知识，知识间的融合加入了个人的理解，这样的学习是有意义的，是在主观意义上主动接收的前提下，建构在主动学习思想之上的，说明接受学习并不是被动接受，而是思考后对新知识的正确理解和认识，是有意义的。

有意义学习理论的核心在于：首先，学生已存在的知识体系和结构能否顺利地同化接收新的学习材料；其次，是否产生有意义学习，关键在于学生认知体系下的新旧学习内容间是否发生作用，建立关联；最后，这种新旧学习内容间的作用结果决定着意义同化是否产生。所以在有意义学习中这三者是相互关联、环环紧扣的。

奥苏伯尔认为学习不是如机器一般被动地接收，应该是积极主动的。所以他按照彼此之间是否相互独立为标准，对有意义学习进一步进行了分类：有意义学习和机械学习、接受学习和发现学习。其中，前者的区别在于学生的学习方式，而后者的区别在于学生的认知结构。

在有意义学习过程中，关键点在于新旧知识间的同化，所以进一步细化为习得、保持和重现三个阶段。在习得阶段，主要是新旧学习内容间的联系，在学生已有的认知体系下与新的学习内容相似部分越多，则原有的认知结构可提供的固着点就越多，则新知识就越容易被同化，被学生习得；在保持阶段，新旧学习内容能否清楚地储存在学生的认知结构中，主要取决于：已有的认知体系下是否有较多固着点帮助学习者同化；新旧知识的区分程度；已有的认知体系下固着点的稳定性和清楚程度。显而易见的是，当学生原有的认知体系下提供的固着点越稳定越清晰、新旧学习内容之间的分化程度越高，则学生越容易开始有意义学习。这样的学习类似"叠罗汉"，原有的认知结构就是最开始的基础。[①]

---

① 陕振沛，宁宝权，郭亚丹．"情境—问题"教学模式在高中数学教学中的推广及应用 [J]. 教育教学论坛，2019（12）：199-200.

（2）皮亚杰的建构主义理论

在皮亚杰的建构主义学习理论中，学习不是被动地接受而是在自己的理解上通过自己主动思考习得的。其中两条基本原则：学习不是被动地机械地接受，而是学习者在原有的知识基础上主动思考习得的，新知识是从学习者原有的知识结构中构建出来的，是新旧学习内容间的相互融合的结果；我们无法认识到自己所处的世界，所以不必探究理论的本质是什么，只需认识和探究我们自己的经验世界，并进一步组织好我们的经验世界。

（3）布鲁纳的学习迁移理论

学习迁移主要是一种学习活动对另一种习得经验的影响。而我们常常听到的"温故知新""由此及彼""触类旁通"等就包含了类似的思想。这种迁移主要表现在知识技能上，例如有理数的运算会影响到实数的运算，函数的性质会影响数列的通项求解和求和性质等。而学习迁移理论的目的在于利用我们已有的知识技能举一反三地去掌握一些陌生的知识技能。

按迁移的结果划分为正负两种不同的类型。正迁移是指两类学习之间弥补，发生正向作用，例如数学较好的同学理科科目一般也会很好。相反，负迁移是指两类学习之间相互排斥，产生相反作用，例如方言影响其他语言种类的学习；按迁移学习的影响，例如倒摄抑制，循序渐进；按知识的概括和抽象程度划分为水平、垂直两种类型，其中水平迁移是指处于同一水平标准下学习之间的影响，例如掌握加减乘除后，这些运算技巧会帮助我们学习除法，对应的，垂直迁移是指不是同一水平的学习活动之间的迁移，例如从数字运算到字母运算是一种自上而下的归纳。

加涅的信息加工理论将学习划分为注意刺激、信息编码、储存信息、提取信息4个阶段。注意刺激是指感受器通过接收外界刺激将刺激转化为神经信息，信息编码是指将接收的信息通过个体已有的认知结构同化或编码为自己知识体系下的信息；储存信息是指将此时编码后的信息建构在个体原有的知识基础之上的，所以可以较长时间地储存在自己的记忆中；提取信息是指将同化在自己认知结构里的知识快速、准确地再现的过程。而提取信息的难度主要在于记忆是否牢固和新旧信息之间的辨别度是否清楚，这与有意义学习理论中的观点不谋而合。

综上所述，信息加工理论下的学习过程主要是：个体通过感受器将所接收到的外部刺激转化为神经信息，再通过已有的认知结构完成外在信息的编码（同化），此时同化后的信息已被已有的认知结构接收，能长时间储存在记忆之中，如此一来也就具备了信息被再次提取的基础，即信息再现。这样一系列信息接收、加工、同化的过程便是学习。掌握了学习的具体过程和信息加工原理，便于教师更贴切地设计教学过程，有助于促进学生的有意义学习；还可以较好地处理教学中学与教的关系，信息加工理论清晰地描述了学习过程和教学过程的关系，教师对学习过程的认知水平直接影响着学生对信息的处理和接收，所以要遵循和研究学生各阶段的学习特点，创造较好的学习条件，以提高教学质量。

5.先行组织者的可行性分析

心理和生理发展规律分析。高中阶段的学生多处在 14～18 岁的年龄段，即青春期。此时青少年的生理变化主要体现在：大脑结构和神经系统机能的发展逐步成熟，为思维逻辑抽象等方面的发展提供了保障；体内激素变化引起肌肉骨骼等身体成分的变化，进而导致心理和行为上的表现；各个生理系统发育完善，具体表现在体力、耐力、耐心的增强等，为长时间的活动提供了较好的生理基础。青少年的心理变化主要体现在：自我意识的增强，交往方式的转变等；对个人和社会的发展，拥有自己的看法，逐步建立起自己的世界观等。符合该种教学模式下所需要的认知结构和生理心理条件。

从青少年认知发展的角度分析，对个体、群体和社会关系的认知不再仅受一方观点的约束，而是可以从中独立出来，进入观点相互采择的阶段，从而形成自己的观点；心理活动的变化更加丰富，对个体和社会行为进行认知推断，即获得内隐人格能力；逻辑归纳推理等抽象能力获得大幅度提升，可以迅速进入教师所创造的思维情境，并在此基础上创造属于自己的思维情境。这样由先行组织者所构建的引导性材料可以被学生接受和吸收，并且可以按照教师的预期教学设计进行。

从数学知识的发展角度来看，经历了从小学到初中的数学知识铺垫，此时的青少年在数学概念、数学符号和数学思想等方面都形成了较完整的体系，也拥有一定的知识储备，这样在运用先行组织者时，学习者可以在自己的知识结构中调配更多的固着点来帮助自己更好地接收新知识；除此之外，高中数学的连贯性和系统性增强，抽象思维增多，运用先行组织者教学模式可以很好地解决由于知识衔接过程出现的思维和认知难题。

综上所述，不管是从青少年的生理心理和认知发展角度，还是从数学知识的发展规律和角度，先行组织者教学模式都有较好的运用基础，并预期可以带来较好的课堂效果，所以先行组织者教学模式可以运用于高中数学教学过程中。

6.先行组织者的教学模式

乔伊斯等人结合先行组织者理论，经过具体课堂实践后形成了先行组织者教学模式，并将其划分为三个步骤：呈现先行组织者、呈现需要学习的新材料、加强认识形成认知结构。

呈现先行组织者。包括确定课堂目标、先学习者展示组织材料和使学生体会到相关知识经验。

呈现需要学习的新材料。包括运用教学技巧使组织者显而易见容易接受，使学习材料的逻辑顺序更加清晰，运用教学策略保持学生的注意力，使新材料得以显现发挥作用。

加强认识形成认知结构。包括组织者发挥作用后，促进学习者将新旧学习内容进行整合，进一步促进有意义学习的产生，启发学生学习。再结合教材，将知识一体化，增强教材的系统性，让学习者的认知结构逐步清晰。

在先行组织者教学模式的教学步骤下，并没有细化每个步骤下的具体教学设计，很大程度上给予了教师教学设计上的灵活性和自由度，可结合具体的课堂情境选择贴合度较高的先行组织者。

7. 先行组织者的设计

先行组织者的设计考虑学生已有的知识储备，恰当利用先行组织者，最终达到促进教学的目的。数学学习涉及概念、定理、思想和符号等多个因素。而数学学习与先行组织者教学设计的结合，无疑为数学学习提供了高效方法，在学生原有的知识基础与新知识之间构架起一座承上启下的通道。综上所述，教学在不同的教学情境下，可以采用不同的先行组织者进行教学设计，促进学生对数学学习能力的提高和解决问题能力的提升。

先行组织者的主要功能在于在学生已有的知识储备与新的学习内容之间架起一座承上启下的桥梁。先行组织者的关键作用在于结合学习者已有的知识，创造上位概念协助学习者掌握新的学习内容中重要的知识点。如果可以把种类繁多的先行组织者添加到学习者的学习过程中，则必然可以使学习效果得到明显提升。

奥苏伯尔等教育家并没有给出具体的教学步骤和策略，所以在实际的教学设计中赋予了教师较大的创造空间，教师完全可以根据课堂目标和学生的实际水平选择恰当的先行组织者进行课堂设计。在课堂情境中，先行组织者可以是视频片段、有关数学史的趣味故事、具体的事件情境、待以解决的具体问题等。有关先行组织者的设计可以五花八门、独具匠心，最终都是为了帮助学习者建构完善已有的认知体系，便于接受和融合新的学习内容。

8. 先行组织者设计步骤

我们已经认识到先行组织者在教学中的高效性和优越性，然而我们的数学知识类型很多，相应的组织者类型也很多，那么如何设计组织者和匹配相应的知识类型呢？

第一步，明确课堂目标，划分知识属性。数学知识是螺旋形结构，是层层递进的，有些知识是在学习的过程中不断深入和细化，比如函数；而有些知识是学过但是又有所不同，例如椭圆和双曲线；还有些知识又是新出现的之前没学过的，比如排列组合。

第二步，按照知识属性选择不同的组织者。由先行组织者的特点可知，不断深入和细化的知识可以选择陈述性组织者；需要进行对比学习的选择比较性组织者；而完全的新知识就可以选择并列组织者。

第三步，明确先行组织者类型，根据教学目标和学生水平，选择恰当的素材，按照先行组织者教学模式下的操作步骤开始设计。

二、"先行组织者"教学模式在教学过程中的应用

通过对先行组织者的认识和理解，从生理心理发展规律和高中数学内容上验证了先行组织者教学模式的可行性，接着总结了设计先行组织者的步骤，更进一步细化了运用步骤。现在将理论研究付诸实践，在西北大学附属中学选择两个班级进行教学实践，选择北师大版高中数学必修五《等差数列》进行教学实践。

从知识结构上看，等差数列在必修五中，处在必修课程和选修课程的中间，难度适中；

从解题角度看，等差数列可以用代数法证明，也可以用函数模型证明，综合性较强；从数学思想上看，等差数列的证明可以用数学归纳法，也可以用迭代法等其他方法，选择面广。综上所述，等差数列具有强有力的代表性和说服力，所以选择等差数列作为教学案例进行演示。

1.等差数列的教学设计

从知识结构的角度出发，学生从小学至初中过程中对数的概念的建立在逐步完善，并通过数学趣味故事和生活中的数学想象建构了数列的概念和意识，同时上一节中也通过具体的归纳总结明确了数列的含义和特点，建立数列的概念，这为学生进一步探索数列规律和函数特性奠定了基础。根据数列的定义：一般地，按一定顺序排列的一组数字叫作数列，数列中的每一个数叫作数列的项。因此，可以发现在本章学习之前必须对数列有一个概念，它为后期的等差、等比数列的学习建构了知识基础和基本定义。

从课程安排和设计的角度出发，经过小学初中的累积训练，在数学知识、逻辑思维能力和归纳分析总结能力等方面都有一定的基础。教师在具体的教学情境中联系生活中的具体实际问题，引导学生发现特征、归纳特点、总结规律，进而帮助学生掌握新知识。本节内容是在上一节所给定概念的基础上进一步延伸，对学生的逻辑分析能力和归纳总结能力有所要求。本章以数列为基础，对于逻辑分析能力和归纳能力较弱的同学，教师可以从不同的角度出发采用不同的证明方法帮助学生掌握相应知识。

2.知识与技能

通过具体案例，让学生初步认识等差数列，从宏观上掌握数列的定义，观察数列变化的规律，熟悉等差数列的通项公式；发现数列各项之间的变化关系，再运用数列知识解决相关问题；联系之前学习过的函数模型，发现等差数列与一次函数的关联，从函数角度理解等差数列。

3.过程与方法

首先设置先行组织者——数列的概念，则学生自然而然地可以将生活中的一些现象与学习过的数列联系到一起，之后给出具体的生活实例，让学生通过观察现象，推导过程，归纳特征，最后抽象出等差数列的概念，培养学生的分析归纳能力，构建初步的等差数列框架，学生经过一系列思考后可以初步得到等差数列模型，并用其模型处理相对容易的题目，列举有关通项公式的例题，比较函数定义、性质、解析式，再结合等差数列相应问题进行对比学习。

4.情感态度与价值观

让学生在探索发现中感受到数学学习的乐趣，从整体上掌握本章知识内容，建立等差数列模型，掌握通项推导方法；通过和一次函数的联系，类比函数性质，让学生在学习过程中形成类比和归纳推理的思想。同时增添了学习乐趣、树立信心，培养独立思考的精神。

教学重点了解等差数列的定义及相关性质，推导并熟悉等差数列的通项公式；利用公式计算基础性习题，将等差数列与一次函数联系到一起，比较二者的异同。教学难点在推导通项公式的过程中学习的数学归纳的解题思想。

在之前的课程中，学生已经学习了数列的定义和基本组成。本章主要学习的是等差数列和等差数列的关键要素数列通项，那么教师首先要向学生呈现的组织者是等差数列的概念和定义；首先从 4 个生活实际问题（影院座位问题、鞋号问题、水库水位问题、储蓄问题）开始，联系实际让学生明白数列问题在生活中已经接触过，在此基础上引发学生思考，自发地思考等差数列定义，最后教师再点明数组特点并带领同学们一起归纳出等差数列的概念，通过主动探索的过程和教师最后的修正，学生会更清晰和更牢固地掌握等差数列的概念；接下来，按照等差数列的变化规律，推导出通项公式，加强学生认知。

第六节　高中数学发展性教学模式

一、教与学活动再认识

（一）关于学生学习方式

《高中数学课程标准（2017 年版）》强调"形成积极主动，勇于探索的学习方式"，认为"学生对数学概念、结论、技能的学习不应只限于接受、记忆模仿和练习，提倡自主探索、动手实践、合作交流、阅读自学等学习数学的方式，这些方式有助于发挥学生学习的主观能动性，使学生的学习过程成为在教师引导下的再创造过程，进一步为学生形成积极主动的、多样的学习方式创造有利的条件，以激发学生的数学学习兴趣，鼓励学生在学习过程中，养成独立思考、积极探索的习惯，发展创新意识"。

青少年发展心理学认为，中学生经历再创造过程所获得的成功感有利于激发学生继续学习的兴趣，增强学习与研究的自觉性和主动性，有利于发展学生思维能力和智力品质，并对所生成的知识形成稳定而深刻的认知。教学实践中，学生在课堂上的自主探究活动是有限的，因为按现行课程安排，每节数学课的学习任务是饱和的，有的课时甚至安排了超负荷的内容。如果一味讲求学生独立、自主的全程性探究，将面临教学任务不能按时有效地完成的窘境。

一节课，采取何种教法，才能有效完成教学任务，制约因素主要有：知识难度。有的教学内容相对简单，有的则相对较难，与学情密切相关，大量课堂教学实践证明，学生活动相对于教师讲解，会在一定程度上延伸学习时长，因而，学生活动过多，必然会导致教学严重延时。课堂教学时间是一个客观因素，必须加以重视，不能向课堂外过于延伸，加重学生负担。综合上述因素，我们提倡相对的学生自主探究，也就是说，学生自主探究的内容是局部的，探究时长是相对的。①

仔细研读《课标》的论述，其并没有否定接受式学习，对"自主探索、动手实践、合作交流、阅读自学等学习数学的方式"的定位是提倡的，这是客观的。事实上，由于学情不同、教学内容难易程度不同，很难用同一方式在不同学情下组织学习活动。

正是由于教学受到多种因素制约，致使学科教学很难形成具有普适性的范式，也正是由于缺乏教学范式引领，课改在课堂教学实施环节举步维艰。12 年来，虽然产生了一些经验性教学方法、教学模式，但因具有显著个性特征而不具复制性。不可否认，教学评价多是唯分数论，导致教师大大压缩知识生成过程的教学，这种滞后的教育评价，是课改实施环节艰难的症结所在。所以，在教学实践中，全程性的探索式学习不具可操作性，对教育本真的追求是每一位教育人的梦想，但在现实中，又不可能不顾及学生的考试成绩，因而，在知识生成与解题训练两个方面要找到一个较好的结合点，从而突破形成教学范式的制约因素。

国家在《基础教育课程改革纲要》中，提出了 6 个改变：

1. 改变课程过于注重知识传授的倾向，强调形成积极主动的学习态度，使获得基础知识与基本技能的过程同时成为学会学习和形成正确价值观的过程。

2. 改变课程结构过于强调学科本位、科目过多和缺乏整合的现状，整体设置九年一贯的课程门类和课时比例。

3. 改变课程内容"繁、旧、偏难"和过于注重书本知识的现状，加强课程内容与学生生活以及现代社会和科技发展的联系；关注学生学习兴趣，精选终身学习必备的基础知识和技能。

4. 改变课程实施过程过于强调接受学习、死记硬背机械训练的现状，倡导主动参与、乐于探究、勤于动手，培养学生搜集和处理信息的能力、获取新知识的能力、分析和解决问题的能力以及交流与合作的能力。

5. 改变课程评价过分强调甄别与选拔功能，发挥课程评价促进学生发展，教师提高和改进教学实践的功能。

6. 改变课程管理过于集中的状况，实行国家、地方和学校三级课程管理，增强课程对地方、学校及学生的适应性。

其中，第 1、4 两条为课程实施改革目标，是课改难点，课程实施改革停留在少数优秀教师公开课的示范层面，缺乏提炼和系统性，难以复制，尚未形成获得一定认同度的课程实施方法的系列范式；兼之不同学校之间，同一学校不同教师之间差异很大，目前课改举

---

① 贺应梅. 创造性思维能力在高中数学教学中的培养研究 [J]. 科学咨询（教育科研），2019(03):109.

步维艰，说明课改在教学实施这一环节确已步入"深水区"，因而，"改变课程过于注重知识传授的倾向"和"改变课程实施过程过于强调接受学习、死记硬背、机械训练的现状"成为课程改革的攻坚任务！

诚然，因学生知识基础和能力的差异，教学与学习活动不可能区域性地实施一种模式，但应该分学科和学段形成区域性的若干主流模式。

（二）数学学习活动的核心

这里对"学习活动"仅做狭义理解，是指学生在学校课堂里的学习活动。学习活动需要学习者用眼、耳、手等去观察、聆听、操作等，需要学习者的认知结构（由认知形式、认知策略、知识经验及结构、元认知和认知风格组成）发挥作用并发展成更高级的认知结构。还要有诸如需求、情感、动机、兴趣、意志等非智力因素的支撑。

从学习者角度看，有效的学习活动一定是通过学习者的主动认知展开的，知识的教育价值也是通过这一过程实现的。因而，教育价值要由教育过程来实现，使学生将学习数学过程中的思维，方法策略内化为自身智慧，经历的探索、发现得到的内在感悟凝练为个性品质，形成学生发展的必要素养，这是学习活动的根本所在。

从教师角度分析，实现知识的教育价值，不仅在于展现具有教育价值的知识，还在于对所学的知识都要以教育价值的精神展现。

数学学习活动的特征在于：

1. 数学学习活动的核心是思维活动以及心理体验。

2. 数学思考更多的是独立的深度思维，是一种"静思"状态，是学习主体对学习内容的主动建构。

3. 认同与批判是学习者的认知结构对新知的评判，认同是接纳，批判是质疑，两者的前提是对数学学习内容的深度分析。

4. 概念与命题的学习是数学学习活动的关键内容，数学问题是数学知识的有机组织部分，要在解题教学与概念命题教学之间取得平衡，因而，在学习活动中，教师要以恰当的方式实现教学目标，如：

①围绕主题切实展开研讨活动，以促使全体学生积极思考；

②把握数学学习活动中行为动词的含义，如接受、探究、合作、质疑等，实现、达成行为动词呈现的水平；

③教学活动中，要避免师生互动变成教师与学优生的互动。对于教师提出的问题或课堂中生成的问题的解决，教师处理的方式往往是谁举手谁回答，由于学优生反应快而先举手，因此，问题解决中的师生互动就变成了教师与学优生的互动。此时，一些基础薄弱的学生可能还没有进行深入思考，有时甚至还没弄清问题，或者没有弄清学优生回答的内容，就匆匆而过；

④正确处理全体与个别的关系。学生之间不可避免地存在认知差异，教师可以通过小

组合作、组内协作、分组回答的措施促进整体发展，力争较好地把握时间，采取恰当措施，使得每位学生有均等机会发言。

数学是思维科学，数学概念的形成过程需要概括抽象思维，数学公式、定理的发现需要经历归纳、类比等创新思维，数学命题的证明需要推理求解能力，数学问题的解决需要分析、解决、类比、联想等思维，因而，数学课堂活动的本质是数学思维活动以及经历创新的心理体验。在教学活动中，教师要将学生自主探索活动设置在知识发生发展的关键点上，不要放在知识发生发展的枝节性问题上。有价值的数学问题是激励学生积极思考的问题，有意义的数学活动就是深刻的思维活动。

（三）设计探究问题需考虑的因素

生活中，一些人得知我是数学教师后，立即产生敬畏感，经常听到两种说法：一个说法是数学难学，自己的数学学得不好；另一个说法是学习数学没有太多用处，只要掌握简单的计算就行。第一个说法实际上反映个体的数学学力问题；第二个说法反映的是数学的价值问题，并且是显性价值。这种对数学及学习数学的意义的质疑，在一定程度上反映出目前数学教学的弊端，为追求应试成绩，大大缩减了数学知识发生发展的过程，过度进行解题训练带来的后果。

无独有偶，新浪微博调查显示，有 13 万网友支持数学滚出高考，占 77%，他们认为数学难度太大，称自己是"做题机器"；有的网友认为自己受到了数学的伤害。

在数学教学实践中，教师为赢得高考，"一个定义，三项注意，几个题型，大量习题"的现象屡见不鲜。章建跃博士认为，教师把主要精力放在高考以及解题上，对于为什么做题目，却疏于思考，实际上是离开数学搞数学。

在一次国际比较教育研究中，美国学生阿历克斯发现，中国的数学课虽然有老师的演讲和学生的自主解题，不过绝大多数自主解题并不自主，学生只是按照教师刚刚灌输的方法练习。阿历克斯观察到，中国学生只是在练习，而非探索或发现。

种种怪象值得我们深思，要反思教学哪些地方没有做好。怎样的数学教学才符合学情，受到学生欢迎。怎样的数学教学与数学学习活动才能激发学生兴趣，焕发出学生爱好学习数学的生命活力。

对于此类问题的破解，就要找到问题产生的根源，主要有：一是教师大大缩短了新知生成过程，将本应生动地探究知识、发现结论的过程大大压缩了，变为机械的记忆，缺失了成功生成新知带来的愉悦与兴奋；二是将数学教学变成了解题教学，日复一日地进行机械的解题训练，每天总有做不完的习题，没有了成功解决问题后的兴奋与欣慰；三是数学问题难度过大，教材中编排的习题梯度过大，基础性不足，难度有余，再就是所用的教辅资料、配置的题目恨不得将高考题全部移植过来，正是这些原因，才使许多学生对数学产生畏惧感，甚至觉得受到"伤害"。

进行多年的高中课改，对许多教师的教学行为并没有引起显著变化，但是，最大的成就在于所倡导的教育理念深入人心，且在一定程度上影响着教师的教育教学方式；反思课改，多数教师都认为所倡导的教育教学理念是正确的，提倡的教与学的行为，以及给出的系列行为动词都是正确的有意义的。这是难得的认同，但是，由于面临高考压力，在理想与现实之间，课堂教学方式的改革在艰难中前行，不敢奢望取得多大成效，这是因为教学评价与理念的不适应，群众对自己孩子取得高考成功的期望演变为对政府教育主管部门学校的压力，这种压力随之又传导至教师和学生身上。其实，不是教育者无为，有识之士早已看到，只是面对国情，无力改变而已。

理想者在艰难中前行，因而，数学教学出现两种现象：

一种现象是教研活动中的教学与常态教学的教学方式存在显著差异。教研活动中的数学教学，师生互动中学生活动较为充分，但有时存在一定的形式化现象，学生活动、互动的实质意义不大，缺失对教学方法的深刻认知；而常态课堂依然大容量高强度，解题训练成为教学的主轴，好像学数学就是学解题，所学的概念、命题就是用来解题的。

另一种现象是区域之间、学校之间、教师之间的教学方式存在巨大差异，一部分具有教育信念的教师，不懈地尝试融合着先进教育理念的教学行动；但被动或墨守成规者大有人在，他们总是把数学看作是一堆孤立知识的总集，把数学学习变成对概念原理、公式的死记硬背，使学生对数学望而生畏，导致运用数学知识分析问题和解决问题能力的欠缺，也使学生学习数学失去动力。

在教学设计时，教师要设置有意义的问题，或者启迪学生发现有什么值得探究的问题；选择的解决方向是什么；突破口在哪里；解决的方法是什么；在问题解决过程中，可能会遇到什么疑难问题；学生会获得哪些收获。甚至还包括知识提炼、方法总结以及心理体悟等。

事实上，合理的探究发现不是花架子。在学习过程中，虽然学生不可能经历所有数学知识再探究过程，但力所能及地经历一些探究活动是必要的。在探究活动中，通过观察、辨析、提炼、概括、发现等探究过程，学生形成了一个新概念，得到了一个新命题，发现了一种新解法，对学生以后发展的激励作用是明显的，其本人对知识的认识也是深刻的。

固然，我们不是教学神话的缔造者。课改以来，一些专家片面强调学生发现探究，在许多公开课中，不切实际地进行全程性的探究活动，致使课堂容量过小，教学内容难以完成；甚至有的教师提出开放式教学，就是教学内容上到哪里，下课了，就在哪里停下来。试问这样做，怎样保证按计划完成教学任务？学生学习的内容是间接知识，我们提倡学生在学习活动中，要经历自学探究、合作讨论等方式，但完全的探究在现实中行不通，也没有必要；在短短的几年时间里，怎么可能将人类经历几百年形成的知识，全部模拟探究一次呢！

另外，也不可能一种教法打天下，在教改实验中，一些人总想以一种教学模式教所有内容，教学方法的选择要依据学情和教学内容而定。一节较为简单的学习内容，放在生源较好的一类学校，可能没有几个问题需要教师讲解，而放在生源较差的学校，可能就需要师生共同协作，需要教师一步一个脚印地引领学生探索。

设计探索问题，应考虑下面几个因素：

1. 学情。了解学生知识基础、能力水准和学习积极性等状态，为设计问题、内容编排、程序设计做好准备。

2. 内容。设置用于探究、发现的情境或问题，应是学习内容中相对重要的知识点，难度符合学生最近发展区要求。

3. 教法。根据学情和学习内容选择适当的教学方法与教学方式，让学生获得知识生成的体验，并确保在单位时间内完成教学任务达成教学目标。

不同的课型，教学价值也不同，其教学方式也应有差异。采取哪种教学方法，应视教学内容而定，对概念课、命题课，这类课型是培养学生抽象概括、探究创新能力的绝佳课型。要根据学情，重新组织教学内容，以问题导学方式，一步步探究解决，在问题的不断生成与解决中，与学生一起体验探究发现、形成结论的快感与乐趣；该板块的教学，我不提倡学生自学，自学更多体现为学生的自主认知，而不是创造，对解题课，教师共同解决，分析思路，然后教师规范讲出来，给学生以示范，特别是概率问题的解答，尤其如此。对复习课、讲评课，我提倡并践行先做后讲，讲出关键。

数学创新能力作为数学能力的有机组成部分，在数学能力结构中占据着核心地位。数学创新能力除了现在存在于科学的数学的创新与发现中，还应扩展到数学教育的过程与范围内，包括数学的感觉、数学的观察、数学的悟性、数学的意识，数学的知识学习、数学的问题解决以及数学的思维，数学的交流、数学的应用等不同数学活动在内的一种意义广泛的认知态度和认知方式。

数学学习与创造活动作为一种智力探索活动，需要良好的心理素质，如对数学的热爱、赞美、鉴赏，高度的精神集中和长时间的精力投入，克服一切困难，坚韧不拔，勇往直前的意志和勇气，不服输、不信邪的顽强拼搏精神，诚实求真，不弄虚作假的良好品格。

产生一个概念，导出一个命题，解决一个问题，就有一次成功的体验，教育心理学研究表明：一个人只要体验一次成功的欣慰，便会激起无休止的追求成功的意念和力量，在中学数学教育中，创造力的一个突出特征是再创造。

还有，追求分数并没有过错，一说到分数好像就是应试教育的东西，这不全对，学生对所学知识掌握的程度、能力发展的现实水平、数学素养的高低在科学上都需要一个量化的评价，这一评价的直接结果就是分数，只不过，问题的关键是形成这个分数的评价内容是什么，只要评价内容科学，分数就能区隔出学生发展潜力的高低；再者，在当前高考升学模式没有变化的前提下，为了学生以后发展，就必须做好目前的事情，这就使学生必须取得较好的分数，这是学生发展的需要。

我们不能简单地认为高考成绩好就是应试教育，素质教育会导致高考成绩差。现在的高考，除了考查必要的知识外，还考查学生分析问题与解决问题的能力，要力争做到：科学与人文相融，应试与素质相通，成人与成才统一。

从基础教育的功效来看，应有两个方面：一个是目前的发展，学生学习的过程是自身成长的过程，在这一过程中，知识得以积累，能力得以增长，品格得以积淀养成；另一个是为以后的发展奠基，这就将目前的发展看作是人生发展过程的一个环节，是在为以后的发展奠定必要的知识基础、能力基础和品质基础。因而，激励、促进学生发展成为教学的核心追求。

事实上，要形成数学化的思想观念，培养独立思考、勇于创新的品质，靠大量的习题训练是无法完成的；要更多地让学生学会用数学的立场、观点、方法去看待问题、分析问题、解决问题，树立并养成理性主义的世界观、认知论和方法论，数学概念、定理、公式以及命题的产生是科学抽象、严谨推理的结果，不是个性的张扬与宣泄。因而，数学教育价值体现在：一方面，学生在学习中经历这一过程，体悟和养成灵活思维、客观地预见事物发展方向的品质，获得心理的愉悦和自信；另一方面，数学的思维方式，数学的精神使人们养成有条理的、缜密的思维方式，养成理智、求实的习惯。爱因斯坦说："三角形的三条高交于一点，它们本身虽然不是显而易见的，但是可以很可靠地加以证明，以至于任何怀疑似乎都不可能，这种明晰性和可靠性给我造成了一种难以想象的印象。"他又说："逻辑体系的奇迹，推理的这种可赞叹的胜利，使人们的理智获得了为取得以后的成就所必需的信心。"

二、高中数学发展性教学释义

过去，对于数学学习，我们一直强调要打下扎实的基础，养成熟练的基本技能。随着本轮课改的实施，在课程目标中增加了过程与方法、情感态度与价值观，对教育认知上升到新的平台，我们的认知越来越接近学生一生发展的根本性需求。

教育的本质是激励促进人的发展，史宁中教授认为，数学教育价值主要体现在精神、能力和数学素养三个层面。其中，精神层面包括勤于思考、敢于质疑、一丝不苟、统筹规划等；能力层面包括知识技能和思维方法，通过抽象、推理、模型化等途径感悟基本数学思想，通过思维、实践等途径积累基本活动经验。[①]

但是，这一认知中，数学素养是一个宏观概念，包含着数学能力、数学精神等因素，不是并列关系。何小亚教授认为，数学素养是指学生为了满足自身发展和社会发展所必备的数学方面的品格和能力，是数学的知识、能力和情感态度价值观的综合体，从而印证了我们的上述判断。由于数学知识是养成数学精神、数学能力和积淀数学素养的载体，基于此，将"精神、能力和数学素养"修改为"知识、能力和精神"更为妥当。

在上一章我们对中学生发展力的解读中，构建的中学生发展力三维要素：知识能力与个性品质，与何教授和史教授的结论基本一致。

20世纪50年代中期，苏联著名的教学论专家、心理学家赞可夫，在大量教学实验的基础上，以维果斯基的"最近发展区"理论为基础，提出了发展性教学理论体系，赞可夫"发展性教学"理论体系的中心思想是：产生尽可能大的教学效果，促进学生一般发展，发展

---

① 王春梅，刘兰之 . 用创新思想提升高中数学课堂教学的效率 [J]. 华夏教师，2019(07)：30-31.

问题是这一体系的核心问题，认为教学应该建立在学生潜在水平的"最高阈限"上，从而达到教学的最好效果，促进学生的发展。这里所说的一般发展是指不仅发展学生的智力，还要发展情感、意志品质、性格和集体主义思想等非智力因素。这在一定程度上改变了以凯洛夫为代表的传统教育学思想和以叶西波夫为代表的传统教学论思想过于注重知识技能的掌握，而忽视学生一般发展局面。

20世纪末至21世纪初，我国学者对发展性教学进行了本土化研究，其中代表性人物为北京师范大学裴娣娜教授，她于1998年出版了代表性著作《发展性教学论》，又于1999年在《河南教育》第1期上发表了论文《发展性教学与学生主体性发展》。裴娣娜教授认为，发展性教学的目标是促进学生主体性发展，实现自主性、主动性和创造性三个方面的发展；教学策略体现为主动参与、合作学习、差异发展、体验成功，教育必须主动适应现代社会发展的要求，培养全面发展的具有自觉能动性和开拓创新性的高素质人才；学校培养的人必须具有良好的品格，有较强的适应社会的能力，有较高的文化素养。

裴娣娜教授倡导学生主体性发展，主体性包括自主性、主动性和创造性三个方面，自主性是对自我认识和自我实现的不断完善，在日常行为中，自主性集中表现为自尊、自立、自决、自强等自我意识，符合实际的自我评价。积极的自我体验和主动的自我调控能力，实质是对现实的选择、对外界的适应的能动性，主要表现在：有较高的成就动机，较强的竞争意识，浓厚的学习兴趣和求知欲，主动积极的参与态度，以及较强的社会适应性。创造性则是对现实的超越，是主体性发展的最高表现，主体性强的人在创造性方面，不仅表现为有强烈的创新意识，而且表现为具有创造性思维能力和动手实践能力。裴娣娜教授认为，学生主体性发展的实施方式就是发展性教学，要发挥学习者的自主性、主动性和创造性，培养其良好个性，使学生得到生动、活泼、主动的发展。

发展性教学理论在我国得到很大发展，对教学带来了一定的转变与创新，主要表现在：教育理念转变为学生是具有主体性的生命个体，课程目标转变为着眼于学生的全面发展，教学策略转变为强调主动参与合作学习，教学评价转变为更加人性化，教学研究方法转变为重视教学实验。裴娣娜教授认为，发展性教学是"以学生为主体，通过学生主动学习促进主体性发展的一种教学思想和教学方式"。借此，我们将数学发展性教学界定为：在数学教学活动中，重视学生的主体地位，通过教师主导的教学活动和学生的主动学习探究等活动的相互作用，使学生在知识获取、能力发展、个性品质优化，价值观形成等方面得到有效促进的教学。

发展性教学倡导在学生习得学科基础知识的同时，获得能力发展和个性品质的养成；数学发展性教学立足于促进学生发展，着力于提升中学生发展力。作为数学教师，教学立足于数学，效益高于数学。这是我们提出数学发展性教学和中学生发展力的基本出发点，因此，学习、掌握数学知识可以认为是一个目的，同时又是一种手段，但绝不是唯一目的。

数学发展性教学，继承传统教学的优势，重视扎实的基础知识习得和基本技能养成，明确数学教学活动的本质首要是学习数学知识与技能，数学概念、数学命题构成了数学基本理论，是数学思维得以展开的基础，数学问题为数学基本理论的应用搭起了桥梁。因而在学习中，学生要打下厚实的数学知识根基。数学发展性教学，重视传统教学中对学生数学能力的培养，重视理性精神养成，体现在解决问题时的数学视角、尝试解决的方法，发展能力、培养思维，教学追求要富有思想性、启发性和创新性。学习数学，就要学习数学中蕴含的具有价值的数学思维能力，如主要用于分析问题的模型化能力、主要用于解决问题的应用能力，一般意义上的推理能力；因而，数学教学要提高学生对数学的基本理解与计算能力，提高数学的问题解决能力，数学表达与交流能力，以及应用意识；教师更加注意引导学生做数学，经历猜想、论证与交流的问题解决活动，使学生在对数学情境进行抽象思维和推理方面表现出优势，通过学习数学知识，发展学生的批判性思考的能力。正如徐利治先生说：中学数学教学应帮助学生树立理性求真的世界观、认识论和方法论，塑造和培养有科学思想、科学观念、科学精神、科学态度和科学思维的现代化建设人才，强化提升严谨求实精神和反思批判精神。在数学中，每一个数学公式、定理都要严格地从逻辑上加以证明才能确立，数学推理的步骤要严格地遵守形式逻辑的法则，以确保从前提到结论的推导过程中，每一步在逻辑上都是准确无误的。数学发展性教学，重视养成学生良好的个性品质，培育思想，形成认识事物的科学方法、严谨的态度，提升素养。数学教育具有人格建构作用的各种思想品质，如热爱科学、追求真理的求实创新精神，一丝不苟、勤奋学习的科学态度，通过学习数学知识，提高学生学习数学的兴趣和良好的数学素养，提升数学技能解题能力、实践能力，养成好奇心、创造意识、认真、勤奋、刻苦、踏实、谨慎、自尊、自信的品质和人生观、价值观，提高数学教育对公民核心素养，如公正、自信、理性、独立思考、社会责任、交流合作的贡献率。增强数学课程内容与学生生活经验的内在联系，激发学生对数学的兴趣、好奇心与探索欲。从高中数学教科书来看，在知识生成的方式中，归纳、类比、演绎并存，有些地方还增加了数学实验（如线面垂直的判定），这些编排可谓匠心独运，是激发学生探究欲、培养学生创新精神、发展学生思维能力和创新能力的重要素材。例如，在推导等比数列求和公式的教学中，教师怕浪费时间，往往直接应用错位相减法进行推导，没有从分析等比数列的特征和求和公式的期望要素入手，组织学生讨论，探讨公式的推导方法，失去了促使学生发现"错位相减法"的绝佳机会，也失去了培养学生创新精神和创新能力的一个机会。

三、高中数学发展性教学的目标

数学知识是可以遗忘的，但在学习数学知识时，掌握的解决问题的方法、获得的能力与智慧会永远伴随着学生，因而，在数学教学中，站在育人高度，才会使自己的教学富有蓬勃的生命力和无限的创造力。

本轮课改，是以人的发展作为出发点，而不是学科知识的传授。课改的核心在于：改变课程过于注重知识传授的倾向，强调形成积极主动的学习态度，使获得基础知识和基本技能的过程同时成为学会学习和形成正确价值观的过程。因而，在此基础上，设置了课程总体目标，即三维目标：知识与技能、过程与方法和情感态度与价值观。

三维目标是对传统课程目标的继承与发展。知识与技能目标来自传统目标，过程与方法、情感态度与价值观目标是对传统目标的发展创新。在三维目标中，教师最容易把握和便于操作的是知识与技能目标，每节课都有相对具体的目标达成要求；在王建磐教授于 2013 年关于《高中数学课程标准实验情况调查》中，受访者的意见集中在"过程与方法目标不好把握"和"情感态度与价值观目标很难落实"上。

《高中数学课程标准（2017 年版）》中，课程目标表述的最大亮点在于使用了系列行为动词，对三维目标（知识与技能、过程与方法、情感态度与价值观）进一步做了阐释，知识与技能目标中涉及了解、理解、掌握等 46 个行为动词，过程与方法目标中涉及经历参与、探索等 25 个行为动词，情感态度与价值观目标中涉及体会、形成、发展等 13 个行为动词。将上述目标浓缩成一句话就是，在学习与探索的过程中发展自身。

在修订后的《义务教育数学课程标准（2011 年版）》中，逐步将课程总目标演化为知识技能、数学思考、问题解决和情感态度 4 个方面，结果性目标使用了了解、理解、掌握运用等术语表述，过程性目标使用了经历、体验、探索等术语进行表述。

对于"情感态度与价值观"目标，主要问题在于难以用某个尺度衡量，也就是说，目标达成与否不易测量，往往根据学生课堂表现，靠经验进行宏观评判。我们还认为，这一目标中，对其所要表达的内涵还未充分表述出来，如行为动词中没有勤奋、刻苦、意志力等词汇，而这几个词正是许多优秀人才具有的共性品质。因此，我们在认同"情感态度与价值观"目标基础上，提出内涵更为丰富的目标——"个性品质"目标。[1]

对于"过程与方法"目标，在课程标准中用了 25 个行为动词进行解读。我们认为，这一目标的落脚点是三个：知识能力、情感态度与价值观，因而，"过程与方法"目标的终极追求包含着知识能力、情感态度与价值观，故这一目标与其余两个目标并不形成并列关系，另外，一些生源优秀的学校，教材基本不用讲，学生能够轻松地掌握教材内容；而一些生源基础弱的学校，依此要求难以完成教学任务。因而，用"数学能力"目标替换"过程与方法"目标更为实际，也更具操作性。北京师范大学李亦菲博士认为，过程与方法目标包括分析能力、评价能力、创造能力、元认知能力 4 个方面。其中，分析能力和评价能力主要对应于学习过程，包括区分、组织归因、核查、评判等认知过程，这表现为学习方法；创造能力对应于问题解决过程，包括生成、计划、产出等认知过程，这表现为问题解决方法；元认知能力包括记忆策略、理解策略、问题解决策略三个方面，他认为，过程与方法目标实际上就是方法与策略目标。这说明，李亦菲博士认为，"过程与方法"目标的最终指向还是能力。

另外，为简练起见，我们将"知识与技能"目标简称为"知识性"目标。至此，形成

① 宋真达．高中数学教学中培养学生创新思维的路径探索［J］．才智，2019（04）：45.

了数学教学新的"三维目标"：知识性目标、能力性目标和个性品质目标。

构建新"三维目标"的意义在于，目标指向落脚于学生所应具有的素养上，语义更为明确；知识、能力和个性品质三者相互独立，互不包含，在逻辑划分上属于并列关系。

这样，数学学习结果可分为知识性素养、能力性素养和个性品质素养。知识性素养包括4个类型知识：事实性知识、概念性知识、程序性知识、元认知知识和4个层级的智慧技能：知识技能、理解概念、运用规则、解决问题；能力性素养包括空间想象能力、抽象概括能力、推理论证能力、运算求解能力、数据处理能力5个基本能力以及提出、分析、解决问题能力和数学表达交流能力；个性品质素养包括情感、态度、价值观以及勤奋、刻苦、意志力等。

目标达成，要通过数学学习活动这一"过程"来实现。数学学习活动可以分为三个层次：

"经历过程"，其活动的内容是借助已有的知识和经验，从数学角度认识和研究对象有关的生活题材或数学题材，活动的形式是有指导的视、听、读、做等，活动的目的是从现实情境中抽象出研究对象，并获得对对象的一些感性认识。

"参与活动"，其活动的内容是用科学的方法或合情推理方法认识或验证对象的特征；其活动的形式主要是视、做、思等；其活动的目的是初步认识对象的特征及认识对象特征的一些经验。

"探索"，其活动的内容是用合情推理和演绎推理相结合的方法研究对象的特征性质、数学规律、数学方法、数学问题、数学结论等，活动的形式是独立或与他人合作进行视作、思议等，活动的目的是理解或提出问题，寻求解决问题的思路，发现对象的特征及其与相关对象的区别与联系，获得一定的理性认识。教学设计，要重视知识性目标、能力性目标和个性品质目标达成的过程设计，要通过设计有广泛参与度的数学活动的支持。例如，《等差数列》是一节宜于学生自主探究的学习内容，教师通过恰当的教学问题设置，激发学生自主探究，其教学目标可以分为以下三个层次：

让学生亲历等差数列概念的抽象过程，尝试导出通项公式的过程达成：

第一，抽象出等差数列的概念，推导出等差数列的通项公式，实现知识性目标；

第二，积淀数学思维活动经验，获得探究发现的乐趣，成功的体验，实现个性品质目标；

第三，学生经历数学思维活动，经过分析、归纳、概括、演绎等活动，提升抽象概括能力、归纳推理能力和演绎推理能力，实现能力性目标。

在教学目标拟定中，将目标分解到位，要具体；解析等差数列教学内容，确定教学思路，设计数学活动，采用恰当手段，便于学生在学习活动中理解、认识问题和解决问题，挖掘蕴含在知识背后的思想方法和数学活动经验对发展学生智力的作用；设计的数学活动要具体明了，便于实施。

通过数学活动，使学生理解数学中认识问题的思维模式和解决问题的方法，感悟知识蕴含的数学思想方法，积淀数学活动经验，对其理性思维发展和个性品质有积极影响。

1. 知识性目标

一说到数学，许多人想到的是数学概念、命题和数学问题。固然，概念和命题是数学的基础性知识和核心内容，数学问题是数学大厦的有机组成元素。但是，数学方法、数学思想也是重要的数学知识。因而，数学是数学知识、数学技能、数学思想和数学方法等紧密联系的内容的总和，在课标中，对"知识与技能"目标用了三组标志学生应达到的水平词组和与之对应的行为动词予以表述。第一组是知道（了解／模仿），与之相应的行为动词是：了解、体会、知道、感知、认识、初步了解、初步体会、初步学会、初步理解、求（简单的）；第二组是理解（独立操作），与之相对应的行为动词是：描述、描绘、说明、表达、表述、表示、刻画、解释、推测、想象、理解、归纳、总结、抽象（出）、提取、比较、对比、识别、判定、判断、会求、能运用、初步应用、（简单的）应用、初步讨论；第三组是掌握（应用／迁移），与之相对应的行为动词是：掌握、导出、分析、推导、证明、研究、讨论、选择、决策、解决问题。

知识性目标的有效达成，需要将眼的观察、手的操作、脑的思考紧密联系起来，需要了解、判断、制作模型、推理、比较、辨析等。

在教学过程中，教师要通过设置的问题情境，激活学生主动思考的意识，形成基于问题的学习任务引发学生主动学习，从而展开提出问题、分析问题、解决问题的学习活动，使问题与学生原有认知结构中的经验发生联系，激活现有的经验去"同化"或"顺应"学习活动中的新知识，改组或重建原有认知结构。这一过程中，需要解决两个问题：一是实现知识内化，即通过解决是什么（陈述性知识）和为什么（建立知识间的联系）的问题，把握知识形成规律；二是形成学科技能，即通过知识的应用，把握知识应用规律，从而在知识形成过程和问题解决过程中，厘清要解决什么问题，用什么方法或思想来解决，怎么想到这种解决方法，为什么这样解决。教学过程中，要注意以下几点：

（1）让学生在知识形成过程中学知识

教师要切实认识到知识形成过程对学生的吸引力和对学生发展的重要作用，引导学生经历感受和体验数学知识产生、形成和发展的过程，这样，学生获得的知识是深刻的、生动的。特别是根据学习内容，引导学生开展一些数学小调查、小实验、小设计，撰写数学小论文、小报告等，培养学生的探索、研究能力。

（2）让学生在动手操作中学习知识

中学数学中的概念大都来自生产实践，具有丰富生动的现实背景。如圆锥曲线、线面平行与垂直等，让学生在操作中观察思考，发现问题、分析问题和解决问题，感悟提炼生成知识的方法、角度和途径。

（3）让学生在理解与辨析中学习知识

教学中，创设贴近学生生活、富有探索性的问题情境，在对问题情境的理解、辨析中，激发学生自觉、主动、独立、积极地学习探索，使学生经历观察、实验、猜想、探索、推理、判断、选择、设计、表达、评价、总结和反思的过程，积淀学习数学的好奇心和求知欲。

（4）让每位学生获得自信心

学生存在个体差异，这是客观存在的，对教学内容和程序进行合理设计，具有一定的层次性，力求符合学生最近发展区理念，使得每一位学生都能自信地思考，树立乐于思考、善于探索、勇于实践、敢于创新、勤于反思的自信心，形成顽强的意志品质和敢于质疑的精神。

教学中，通过与之适应的教学方式，促使学生积极思考、主动探索，提高学习兴趣，树立学习信心，提升分析、解决问题的能力，发展创新意识与创新能力，同时，在尝试探索中获得积极情感，形成正确的价值观。现实中，一些教师满足于对解法的介绍和展示，学生没有参与到寻求解题思路，没有经历破解关键点的体验，就难以提升解决问题的能力，得到问题解决的愉悦。

以经历、体验、模仿、体会、发现、探索等为标志的过程性目标，关注学生的学习过程、学习形式、学习方法，提高兴趣、树立信心、开阔视野、培养习惯、激发创新等成了主题词，这些刻画数学活动水平的过程性目标的动词，规定了数学活动的内容、指向、目的和水平，是实现过程性目标的根据和参考。①

2.个性品质目标

数学知识生成与应用过程，带来的另一个收获是良好个性品质的养成。从数学学科角度分析个性品质的内涵，除具有共性因素以外，还有学科的特殊性，这就是对数学的爱好、自信、理性，认识到数学的科学价值、应用价值和文化价值，个性品质养成有多个途径：学校、家庭和社会。这里，我们仅从学校教育中数学学科教学角度谈个性品质养成。数学学习活动中，良好的个性品质能有效促进数学学习深入展开，同样，数学学习活动也在提升学生的个性品质，是数学学习结果的升华。

个性品质是学生核心素养的重要组成因素，个性品质包含情感、态度与价值观，又不仅是这些，还有坚毅、坚韧、创新意识、理性精神等。情感是人对客观现实的对象和现象的刺激所产生的心理反应；态度是指在一定情境下，个体对人、物或事件，以特定方式进行反应的一种心理倾向；价值观是人们对客观世界所持的判断标准。有怎样的情感和态度，往往就会有相应的价值取向。

之前，个性品质总是以非智力因素的面貌出现，学界在研究中、一线教师在实践中并没有忽视，只是没有像现在这样系统规范地提出。将个性品质作为数学发展性教学目标之一，具有非凡意义，因为，这一素养在人一生的发展中具有关键性作用。明确提出这一目标，是从育人的高度认识数学教育。

高中数学个性品质目标，是指在高中数学教学中，以学生的发展为本，培养学生正确的学习态度、高尚的道德情操和健康的审美情趣，形成正确的价值观和积极的人生态度。

在《2020 小学数学新课程》中，对"情感态度与价值观"用了以下行为动词予以描述：

① 刘大治. 高中数学教学中培养学生创新思维的措施［J］. 中国农村教育，2018(20)：96-97.

"感受，认识，了解，初步体会，体会（价值）；获得，提高，增强，形成，养成，树立，发挥（想象力），发展"，同样适用于良好个性品质的达成。

在新课标里，情感态度与价值观目标被赋予了丰富的内涵。情感不仅指学习兴趣、学习热情、学习动机，更是指内心体验和心灵世界的丰富。态度不仅指学习态度、学习责任，更是指乐观的生活态度、求实的科学态度、宽容的人生态度和社会责任感。价值观，不仅强调个人的价值，更强调个人价值与社会价值的统一；不仅强调科学的价值，更强调科学价值与人文价值的统一；不仅强调人类的价值，更强调人类价值与自然价值的统一，从而使学生从内心确立起对真善美的价值追求以及人与自然的和谐可持续性发展的理念。具体内涵包括：能积极参与数学活动，对数学有好奇心和求知欲；在数学学习活动中获得成功的体验，锻炼克服困难的意志，建立学好数学的信心；初步认识数学与人类生活的密切联系及对人类历史发展的作用，体验数学活动充满着探索和创造，感受数学的严谨性及数学结论的确定性；形成实事求是的态度以及进行质疑和独立思考的习惯。

数学教学中，个性品质教育要融入具体的教与学的活动中。在教学中，教师通过引导学生领略数学知识发生、发展过程和问题解决的思维过程，使学生感悟到数学知识的生成妙趣及应用价值，让学生体验顿悟的愉悦和创新的快乐，从而对数学和科学产生、树立、保持积极的情感态度，形成正确的价值观和数学思想，激励学生持续发展。

培养学生良好的个性品质不仅有利于学生智力和能力的发展，而且有助于促进学生非智力因素的培养，促进他们正确的人生观和世界观的形成，情感、态度、价值观的培养不是撇开数学的单纯说教，而是在数学知识学习过程中的自然生成与亲历感受。

"个性品质"目标的达成，要以知识为载体，以过程为媒介，寓于具体认知活动中，通过具有实际意义的操作、感悟获得的；同样，"个性品质"目标的实现能够促进"知识"与"能力"目标的达成。三维目标的实现是相互关联的有机整体，个性品质目标可以细化为：浓厚的学习兴趣、正确的学习态度、明确的意识和正确的价值观与世界观；评价标准细目为：是否喜欢学习，是否养成良好的学习习惯，是否能认真、主动、刻苦地自觉学习，是否勇于克服困难、知难而进，是否具有坚毅的品质和理性精神，是否关心同学、集体，是否积极响应组织号召，是否有礼貌尊敬教师等。

（1）个性品质目标的实现依赖于教师的人格魅力与学识魅力

教师为人师表，在教学中，以饱满的热情、渊博的学识、精湛的教学艺术感染学生，通过富有爱心的教学语言、语气、表情和手势等方式向学生传递真情实感，让学生通过心理感受，形成对事物善恶、美丑、优劣的评判；根据学情设置科学的教学流程，使学生在探究、发现中获得成功、愉悦的感受，从而不留痕迹地实现情感态度目标。

（2）个性品质目标的实现依赖于教师对教学价值的追求

教师对教学价值的定位与追求决定了学生发展的走向和内在感受。一味追求学生考试成绩的教学，教师往往采取一些急功近利的措施，忽视知识发生、发展的过程，注重解题技能的训练，循环往复，使学生对数学产生厌烦或畏惧感；以追求学生发展为核心价值的教学，学生能感受到知识生成过程的乐趣和知识应用的价值，激发学生主动学习的兴趣与信心。

（3）个性品质目标的实现依赖于教师精湛的教学技艺

教学是一门艺术，精湛的教学艺术不仅在于对教学内容序列的合理编排，还在于在学生学习进程中，对学生学情的掌控和主动性的激发，使学生在克服一定困难后，获得体验成功的喜悦，从而增加对学习数学的自信心。

在教学中，应有意识地为学生创设一些发现、创新的情境。例如，针对不同知识程度和能力水平的学生，课堂所提的问题应是相应层面学生的"最近发展区"，课堂练习题的编排应保持一定的梯度，使学生都可以获得相应的成功；教学的题材尽量来自学生，如将学生中好的解题方法进行推广等；课堂上学生回答问题和解题产生了错误，但仍有某个部分是正确的，教师在纠正其错误后，应肯定学生的正确部分；教师还要通过各种机会和手段，运用各种契机，使每一个学生都体验到成功，尤其是克服困难之后的成功，学生一旦尝到学习成功的乐趣，就能使学习动机获得强化，又有助于自信心的确立和自我效能感的增强。[①]

（4）个性品质目标的实现依赖于学生对知识的深刻感悟

创设民主和谐的心理环境，首先要建立融洽的师生关系。师生感情融洽，气氛和谐，给学生生理和感情上一份安全保障，学生没有拘谨感，能主动思考，大胆质疑，敢于申辩，容易发现问题，获得灵感。这时，最佳学习效果才可能产生，由此带来积极的情感体验。融洽的师生关系，可使学生获得指向于教师的热爱、尊敬等积极的情感，教师渊博的学识、认真的态度、刻苦钻研的精神会成为学生乐意效仿的品质，从而产生促使学生进步的力量，在数学教学中，教师要树立正确的师生观，师生形成一种团结、友爱、真诚、理解、尊重、信任、和谐的人际关系，以增强培养学生个性品质的效果。

其次要实施激励教育。激励教育是通过教师激发学生主动性、主体性的教育行为，使学生满足积极心理需求，从而实现学生的自我激励。在数学教学中，要鼓励学生的进步，即使学生只有微小的进步也要予以表扬和鼓励，使学生获得的成功得到承认，喜悦的情绪得到加强，在进行学习评价时，既要注意评价角度多元化，即不仅评价思维结果，也要注意思维过程、思维方法，既评判，又激励，又要注意评价标准的个别化，对不同的学生给予不同的评价，尽量挖掘每个学生的"闪光点"，通过激励，使学生产生积极的情感体验，提升自我价值感。

个性品质的教育，并不是崭新的内容，而是原来的思想品德教育、非智力因素培养教育目标的完善和发展。在数学教学中，需要教师在教学过程中长年累月地辛勤耕耘，然而一旦形成，将使学生终身受益。

---

① 严佳佳. 新时代背景下高中数学教学中小组合作教学模式探究 [J]. 科学咨询（教育科研），2018(10)：95-96.

四、高中数学发展性教学的特征

高中数学发展性教学的基本特征：高中数学发展性教学以追求学生主动发展为目标，注重激发养成，提升学习主体的主观能动性，追求由知识、能力和个性品质等要素构成的个体发展力的提高，使学习过程更多体现为主动性，学习结果更多体现为研究性和创造性，由此，高中数学发展性教学的基本特征是：主动参与、重视过程、尊重差异、有效互动、体验成功。

主动参与。学习活动是通过一系列主动的建构过程完成的，而这一建构又是在已有的知识经验的基础上进行的，学生参与从提出问题、分析问题、解决问题到形成结论的主动性和深度、广度是衡量发展性教学的重要指标，这就要求教师根据学生的知识水平、能力水平、认知水平等实际因素，设计符合学生"最近发展区"的学习素材，学生通过思考、操作、探究等活动完成知识建构。

重视过程。这里的过程是指学习过程，是学生理解问题、分析问题、解决问题的认知建构过程，根据学习内容的难度和学情，学习过程的预设可以有一定差异。有的学习内容（如等差数列）可以在弹性预设的前提下，学生根据教师提供的问题情境，经过自主探究活动达成学习目标，此时学生的学习活动呈现出一定的研究性，思维方式较多为归纳或类比；多数学习内容需要在教师的精心设计下，呈现出递进式的问题链，在师生以及学生间的互动中达成学习目标。无论采用哪种教学方式，关键是学生思维活动能够体现在知识的生成过程中，并在这一过程中发表自己的见解，了解数学研究的方法，形成一定的数学能力。

尊重差异。每个学生的知识基础都存在一些差异，能力也有不同的倾向，个性品质也有区别，正因为存在这些差异，才使学生成为一个个不同的个体，尊重差异有三个方面的含义：一是不歧视，尊重每个个体，每个学生在人格上是平等的；二是使每个学生都能得到长足发展，由于个体差异性的存在，教学目标的定位以及教学方法的选择在考虑多数学生的同时，要兼顾差异两极，目标过高或过低都不是尊重的体现；三是承认学生发展的独特性，发现关注学生的特性，使学生的特性得到发展。

有效互动。教学过程实质上是师生之间、学生之间在知识思维、情感等方面的互动过程。互动的目的在于促进学生对知识的理解，发展认知能力，提升自主发展力。有效互动的前提首先是在自主、独立基础上的互动，学生有了自己的独立思考与独立判断，互动才更具意义；其次要营造师生之间、学生之间的民主、平等的关系，为学生互动交流展示提供良好条件，学生之间互动内容最好是思维冲突最激烈的地方，是知识、方法、思想形成的关键点，这时的互动更具价值。师生之间的互动重在点拨，贵在激励，要兼顾好、中、差三个层面，并注意激发、保护学生积极性。

体验成功。"成为成功的学习者"，是每个学生的共同愿望。成功的体验，能为学生积极主动的学习行为提供强劲的动力，有利于学生养成良好的态度、愉悦的情绪、友好的情感，有利于学生坚定理想和信念，有利于形成优秀的个性品质，经常性的成功能够激励人的意志，有人说，"失败是成功之母"，这句话要辩证地看，更多地从激励作用去理解，经常性的失败能挫伤人的信心，因此，发展性教学要关注学困生的学情，教师要把握好教学难度，设计好知识思维与运算的递进梯度，以使学困生掌握必要的基础知识和基本技能，此外还要在课堂内外对学困生进行必要的辅导与关爱。

中学生发展力的增强，意味着他们知识的积累与丰富，认识能力的提高，实现自我的意识欲、主观能动性和自主调控能力的增强。

五、高中数学发展性教学的几个基本关系

（一）教学目标的开放与封闭

根据现行课程标准编制的各种版本教科书，每个单元的教学任务、目标是明确的，教学内容是具体的，教学时数是一定的，也就是说，教学内容、目标和教学时数等要素构成了一个完整的封闭系统。教师在进行教学设计时，要综合考虑教学内容的难易、学情、学生活动时间等因素，预设一个流程，在教学实施过程中，要确保这个要素系统的落实。这些在以教师为中心的讲授式教学中，基本能够得到保障；但是在以学生为主体，教师为主导的课程理念下，由于学生知识程度、能力心理等因素，往往使得学生活动的耗时具有不可掌控性，出现课堂严重延时或者远不能完成教学目标等现象。因而，有人提出开放式教学，就是根据学情，教学进行到哪里就到哪里结束，目标与任务的达成呈现随机状态。

接下来的问题是，剩下的教学任务在什么时间来完成？如果这一个例成为常态，是否会挤占学生过多时间？显然，完全的开放式教学不符合中学实际。教学工作的首要任务是在规定的时间里完成教学任务，在此前提下，教师在备课时，对教学内容进行恰当的处理，设计出合理的教学流程。学科的课时是有限的，没有每课时教学目标的圆满完成，就很难有阶段目标的完成和课程目标的实现。因此，提倡开放式目标是不现实的。

（二）师生地位的主导与主体

教师主导作用和学生主体地位通常被认为是教学活动的"双中心"，教师的主导作用体现在预设精练的问题上，并以问题链推动学生思考，主导不是灌输，而是导引、激励；学生的主体地位体现在积极主动思考、探索上。

在实践操作中，有的教师把学生主体地位理解为学生的动嘴、动手活动，从而出现一些徒有形式的所谓学生活动，如一节课搞四五次形式上的合作讨论，或者在讲台上扮演练习，或者在学案上演算；学生活动的形式有了，偏偏没有在学生活动的要点上下功夫，没有抓住知识生成与发展这一关键，之所以出现"捡了芝麻，丢了西瓜"的现象，是因为没有抓住教学重点。

现在，有些地方实施学案导学，把学案变成了概念、公式的摘录本，练习的演练本，把机械地移抄和练习当作"主体"地位的体现，失去了知识生动活泼的生成、发展过程，

把识记变成了记忆。学生主体地位的体现不是看学生是否在动，而是看其动得是否有价值，有意义。在数学中，概念课的关键在于该概念的抽象、概括过程以及定义过程，经历该过程，对于学生形式化思维的训练具有重要作用，是发展创新意识和提升创新能力的重要材料；数学定理、公式及其一些重要命题的形成是培养学生类比、归纳、推理论证能力和探究能力的优质材料，对于这类课的教学，不宜采用预习、讲授等方式进行教学，要将知识生成、发展的过程精心设计成问题链，以问题链激发学生不断地探究。

（三）教学方式的讲解与探究

《高中数学课程标准（2017年版）》指出，学生对数学概念、结论、技能的学习不应只限于接受、记忆、模仿和练习，还提倡自主探索、动手实践、合作交流、阅读自学等学习数学的方式，《标准》并没有割裂其倡导的学习方式与传统学习方式，从语句表述上看是一种并列关系；在常态教学中，教师大多依然采用讲授式教学，只是更多注重对问题的剖析，重视暴露思维过程和师生互动；客观地说，高中数学教学离不开讲授式教学法，这与教学内容的难度、学情等密切相关，问题的关键在于讲什么，怎么讲，讲授与探究，哪种方式更好，这完全要视教学内容的难度和学情而定，不能一概而论；一节课，有的内容可以组织学生探究发现，有的内容就需要教师讲授解析。[①]

教学方法的选择与执教者的教学理念、学情等因素高度相关，教师在备课时，要考虑的重要问题之一便是学情，用一个很好的教学设计进行教学，在不同群体的效果是不一样的，基础好的班可能显得过于简单，基础差的班可能推不动。这正是在信息技术高度发达的现代社会，不能由少数优秀教师上课，再由信息技术转播的主要原因之一。

学生自主探究要有合适的内容，要合乎学情，探究的内容并不一定是全程的，也可以是局部的。事实上，探究式教学分全程探究和局部探究两类，选择哪种探究方式，要考虑的关键因素是教学内容和学生实际，要有利于教学任务的完成和学生的发展，在探究式教学中，教师要将教学内容提炼成若干个梯级探究问题，形成问题链，让学生在问题链的不断解决中获得新知和能力的发展。

在《平面向量数量积的物理意义及其含义》的教学中，数量积概念、性质、运算律的生成是重点内容，可组织学生进行一定的探究，而运算律的证明是本节课的难点，尤其是分配律的证明不适合学生自主探究，可以在教师的分析引导下，厘清证明思路，再由学生完成。

我主张教学活动以"问题链＋核心探究"的方式展开，就是教师将学习内容设计成若干个探究问题，形成梯级问题链，层层递进，在师生互动中逐个探讨解决，对其中最具思维价值和探究意义的问题，让学生合作探究，生成结论。此种方式兼顾教师主导作用和学生主体地位双中心，有利于达成教学目标。

---

① 冯庆鹏. 高中数学分层教学模式探究［J］. 中外企业家，2018(21)：134.

（四）学生活动的形式与实质

　　学生学习活动有两种形式：一种是内蕴式的思维活动，通过一定的教学组织形式，学生在教师主导下，通过不断的思维活动对知识进行认知、内化，其认知结果没有外显，此时，教师无法监控学生认知效果；另一种是外显性的学生活动，学生通过纸笔、口述、板书等方式将思维结果显示出来，此时，教师可观察显示出来的结果，进行调节反馈。

　　在教学中，学生活动的主要目的在于使学生在探究过程中，获得数学知识发生、发展的体验，在体验与感悟中升华对知识发生、发展的本质的理解，提升创新意识，发展创新能力，因而，要将学生探究活动置于每节课最有思维价值的一些环节中，不要做一些无意义的所谓"探究"。

　　在近年各级青年教师优质课评比活动中，往往以说课代替上课，很难展示执教者的教学素质和专业功底，执教者教学设计的可行性、教学调控能力、学科素养通过说课无法考察。

（五）教学质量的能力与分数

　　分数是解题水平的反映，解题需要能力，也需要技巧，包括解题速度、表述格式、答题技巧、分析技巧等都需要训练，就像学车一样，就那几个操作要点，非要一年半载的工夫才能做到游刃有余。能力强的人需要经过解题技能的训练才能取得高分数，高分数的人的能力不一定都强，可以通过技能训练提升考试分数，所以，以分数作为能力评价的数量标准显然欠妥。

　　教育就是育人，教学就是通过学生对学科知识的学习，达到在掌握进一步学习所必备的基础知识的同时，发展能力，提升品质的目的。这本与分数毫不相干，但自从用分数来衡量育人效果时就变了味，显然，对知识掌握、了解的程度可以用分数来衡量，但是，能力和品质就无法用解题所得分数来衡量，一衡量就走样，就出问题。

　　例如，在《平面向量数量积的物理意义及其含义》这节课中，有概念生成需要经历概括、类比、抽象等思维过程，运算律产生需要经历类比过程，对这些过程的经历而产生的体验对学生思维具有积极意义，对创新意识和探索精神的培养有重要价值，教育的真正价值就在这里。如果追求分数，忽视知识发生发展的这一生动过程，很短时间里讲授了概念和运算律，然后进行解题训练，考的分数比前者还高，但对学生发展的促进作用不大。

　　因此，要研究评价教学效果的科学标准，融入对学生学科主要素质和课程目标达成度的考查。

第四章 信息技术下高中数学教学模式的创新

第一节 信息技术与高中数学课程教学整合的相关概念

信息技术与课程整合是我国 21 世纪基础教育教学改革的一个新途径，与学科教学有着密切的联系，同时又是具有相对独立性特点的新型教学结构类型。信息技术与课程整合，不是仅仅把信息技术作为辅助教学或辅助学习的工具，而是强调要把信息技术作为促进学生自主学习的认知工具和情感激励工具，利用信息技术所提供的自主探索、多重交互、合作学习、资源共享等学习环境，把学生的主动性、积极性充分调动起来，使学生的创新思维与实践能力在整合过程中得到有效锻炼，这正是创新人才培养所需要的。由此可见，信息技术与课程整合是改变传统教学结构、实施创新人才培养的一条有效途径，也是目前国际上基础教育改革的趋势与潮流。

一、基本概念

信息技术与课程整合的概念源于何处现已很难查明，但可以认为最初是源于课程整合的概念。"整合"一词，来源于英语的"integrative"，意为"使结合（with）；使并入（into）；使一体化；使其成为一体"。课程整合（curriculum integration）意味着对课程设置、各课程教育教学的目标、教学设计、评价等诸要素做系统的考虑与操作，也就是说要用整体的、联系的、辩证的观点，认识、研究教育过程中各种教育因素之间的关系。比较狭义的课程整合通常指的是，考虑到各门原来割裂课程之间的有机联系，将这些课程综合化。刘茂森教授在全国教育技术学校"十五"课题开题研讨会上说："所谓信息技术与课程整合，是指信息技术教育课程的目的、任务与学科课程教学的目的、任务，整合在同一教学过程中。"这里明确地界定了信息技术与课程整合是信息技术课程与学科课程的整合，即课程的综合化。

信息技术与课程整合是指"信息技术"与"课程"的整合，而不是指"信息技术"与"课程整合"，这是我们理解其含义的关键。在系统科学方法论中，"整合"表示为由两个或两个以上较小部分的事物、现象、过程、物质属性、关系、信息、能量等在符合具体客观规律或一定条件的前提下，凝聚成较大整体的过程及结果。

信息技术与课程整合的定义可以分为"大整合论"和"小整合论"两种。"大整合论"所理解的课程是一个较大的概念。这种观点主要是将信息技术融入课程的整体中去，改变课程内容和结构，变革整个课程体系。

"小整合论"则将课程等同于教学。这种观点将信息技术与课程整合等同于信息技术与学科教学整合。

我国教育技术界权威专家李克东教授认为，信息技术与课程整合是指在教学过程中把信息技术、信息资源、信息方法、人力资源和课程内容有机结合，共同完成课程教学任务的一种新型的教学方式。整合的三个基本点是：

第一，要在多媒体和网络为基础的信息化环境中实施课程教学活动；

第二，对课程教学内容进行信息化处理后成为学习者的学习资源；

第三，利用信息化加工工具让学生进行知识重构。

何克抗教授认为：所谓信息技术与学科课程的整合，就是通过将信息技术有效融合于各学科的教学过程来营造一种新型教学环境，实现一种既能发挥教师主导作用又能充分体现学生主体地位的以自主探究、合作为特征的教与学的方式，从而把学生的主动性、积极性、创造性充分地发挥出来，使传统的以教师为中心的课堂教学结构发生根本性变革，从而使学生的创造精神与实践能力的培养真正落到实处。整合的三个基本属性：营造新型教学环境、实现新的教与学方式、变革传统教学结构。

二、主要特征

（1）任务驱动式的教学过程。信息技术与课程整合以各种各样的主题任务进行驱动教学，有意识地开展信息技术与其他学科（甚至多学科）相联系的横向综合教学。比如目前的网络游戏，刚进去玩时，系统一般都会提供一系列的新手任务，当你完成这些新手任务后，该游戏的基本操作你也就基本会了，可以说这也是教育技术在游戏中的体现。

（2）信息技术教师、学生的基本认知工具。在信息技术与课程整合中，强调信息技术服务于学科的内在需求，服务于具体的任务。教师和学生都以一种自然的方式对待信息技术，把信息技术作为获取信息、探索问题、协作解决问题的认知工具，把各种技术手段完美、恰当地融入课程的教学与学习中去。[①]

（3）能力培养和知识学习相结合的教学目标。信息技术与课程整合要求学生学习的重心不再仅仅放在学会知识上，而是转到学会学习、掌握方法和培养能力上，包括培养学生

---

① 王开民. 高中数学课堂中"问题导学"的实施现状及改善对策 [J]. 中国新通信，2018, 20(11): 190.

的信息素养。强调能力的培养也是我国新课改的重中之重，现在的中学课改，其实关键就是要求教师在教会学生知识的同时注重学生能力的培养，所以，当你看到现在新课改的教材和示范课时，总会觉得有些内容或程序总有点多此一举，但其实这都是学生能力培养所必需的，这也需要广大教育工作者的认真落实。当然，这样也在无形中加重了教师的负担。

（4）教师为主导，学生为主体的教学结构。在信息技术与课程整合的教学结构中，强调学生的主体性，要求充分发挥学生在学习过程中的主动性、积极性和创造性。

（5）个别化学习和协作学习的和谐统一。信息技术能够为我们提供一个开放性的实践平台，使每一位学生在这个平台上可以采用不同的方法、工具来完成同一个任务。这种个别化教学策略对于发挥学生的主动性、引导学生进行个性化的学习是很有帮助的。

三、主要种类

（1）信息技术与学科教学的整合。这一层面的整合结果包括 CAI、Web-based CAI、CMI、校内闭路电视、卫星传输教学节目、电影、幻灯片等用信息媒体展示教学信息而开展教学的模式。

（2）信息技术与学习活动的整合。这一层面整合结果包括 CAL、CSCL、利用计算机网络开展的讨论、在线会议，利用视频会议开展网上讨论学习、在线答疑等模式。与（1）不同的是，这一层面的整合体现了信息技术不只是作为展示教学信息和抽象知识的载体，它更多的是作为教与学的互动，学生之间交流与沟通的工具。

（3）学科教学与学生学习活动的整合。上述两方面共同构成了目前大多数学者和中学教师认为的"信息技术与课程整合"的概念。同时，学科课程与活动课程"这两种课程形态由截然分开和彼此对立走向相互融合和趋向统一、熔于一炉，从而形成了以建构主义课程观为基础的'学生本位课程'"。结合活动开展学科教学，在我国一些学校也有所实施。

（4）教育的信息化。信息技术与学科以及实践活动的整合即"ITE 与学科整合"显示，信息技术教育（ITE）学科与其他学科（如语文、数学）以及活动课程的整合，既反映了整合后的综合课程的特征，又指明了在真实活动或学习共同体中体验性学习知识和技能的必要性，同时把信息技术作为工具，支持这一学习的信息技术教育课程、学科课程，实现活动课程之间的整合，其结果是信息技术环境下基于真实活动的系统化知识技能的主体学习活动。可是，知识是无穷尽的，就目前情况来看，还没有一个理想方法使得学生可以通过实践活动建构结构化的知识。学科技能是有限的，可以通过分析学科专家的活动行为使之结构化。

根据上述的讨论，我们认为信息技术与课程整合的结果即信息技术课程与学科课程以及综合实践活动的整合，也就是信息技术环境下的综合学习。比如，将信息技术与语文学科以及学生的实践活动进行整合，首先我们要考虑语文学科的目的和任务是什么。语文学科的主要目的是培养语言能力，任务是通过演练使学生学会利用语言进行表达、交流。而信息技术学科的主要目的是培养学生灵活运用信息的能力，任务是在信息技术环境下开展信息教育，如通过 E-mail 与远离自己的其他学校学生交换信息，获取解决问题的方法。如果将两者在综合实践活动中进行整合，其结果就变成，利用信息技术工具开展校际交流，获取所需的信息。这一过程中既需要信息工具，又需要熟练的语言文字的交流、表达的技能。

第二节 信息技术与课程整合的理论基础

一、信息技术与课程整合的方法论基础

1. 系统论

（1）系统论定义

信息技术与课程整合不是简单的结合，而是要将信息技术融入学科课程中。信息技术与学科教学有机结合在一起，而系统论为信息技术与课程整合提供了理论指导。

系统论是研究系统的一般模式、结构和规律的理论，它研究各种系统的共同特征，用数学方法定量地描述其功能，寻求并确立适用于一切系统的原理、原则和教学模型，是具有逻辑和数学性质的一门科学。

（2）系统论对信息技术与课程整合的指导意义

教学系统一般由教师、学生、内容和教学手段四部分组成，四部分之间绝不能孤立，也不能简单地组合在一起，而是相互联系相互作用构成一个有机整体。在系统论的指导下进行信息技术与课程整合，把信息技术和课程作为一个系统进行研究，而不是把组成系统的各要素孤立起来。要充分利用信息技术与课程的相关性，充分利用当前的教育教学环境，在动态和整体上，使信息技术与课程的整合达到一种有序的、全面的融合，从而更好地为高中数学教学服务，提高我们的教学效率，为培养出具有发散思维，适应社会发展需要的创新人才服务。

2. 信息论

（1）信息论定义

信息论是关于信息的本质和传输规律的科学理论，是研究信息的计量、发送传递、交换和储存的一门学科。人类社会生活离不开信息，人类的社会实践活动不仅需要对周围世界的情况有所了解，还要与周围的人群沟通才能协调地交换行动。这就是说，人类不仅需要从自然界获得信息，而且人与人之间也需要信息交流。为了正确地认识并有效地控制系统，必须了解和掌握系统的各种信息的流动与交换，信息论为此提供了一般的方法论指导。所谓信息论，就是运用信息的观点，把系统看作借助于信息的获取、传递、加工、处理而

实现其有目的运动的一种研究方法。它的特点是，把信息概念作为分析和处理问题的基础；完全撇开对象的具体运动形态，把系统有目的的运动抽象为一个信息交换的过程。

（2）信息论对信息技术和课程整合的指导意义

要想做到信息技术与课程更好地整合，必须按照新的观点对信息技术有一个比较全面的掌握，包括信息技术的应用环境、使用特点等。只有对当前的信息技术有一个比较全面和详细的了解，包括其优势和劣势，才能更好地将信息技术融合到教与学过程中，才能真正发挥信息技术与课程整合的优势。我们要充分分析信息技术在信息的获取、传递、处理和加工的整个过程中的作用和特点，看其是否与我们的教育教学目的相适应，而不应该仅仅用"是否先进"来判断和选择要使用的信息技术。

3.传播理论

信息与传播有着内在的天然联系，二者相辅相成，因此有人称信息技术为传播技术。"传统的传播理论建构在传播的线性关系上，强调传播者将信息传送给受传播者，如果受传播者要反馈，再将受播者（此时成为传播者）的反馈信息传送给传播者（此时成为受播者），这样就完成了'传播'工作。"这一理论蕴含了时间、空间的延迟意义，信息的反馈是间接的。"表面上看，受播者'要什么'传播者就'给什么'，但受播者在线性传播过程中，受制于时空延迟的先天限制，在接收信息时往往处于被动、不平衡的地位。"就教学来说，传播学的观点认为，教育的实质就是教育者运用一定的教育媒体向受教育者传播知识技能和情感的活动。在传统数学教学中，教师作为知识的传播者，为了避免不必要的干扰，往往略去与教学内容关系很大的、非常有价值的信息；而学生作为受播者被动地接收教师传递的信息并简单地反馈，这种线性的传播，阻碍了学生获得信息的主动性和质量。大量教学实践表明：学生获得的教学信息并不完全取决于教师信息的输出量。信息技术的普及，势必改变传播者与受播者及信息间的关系。

网络传播中并不存在固定的传播者的概念，传播者和受播者完全处于平等的地位。每一个人都可以是主动传递信息的传播者，同时也是受播者，可以主动选取信息。多媒体计算机和互联网技术融入学科教学后，教学信息的传播方式从根本上发生了变化，即从单向到双向及交互式方式转变，学生不再是被动的信息接收者，他们可以主动收集自己感兴趣的信息，并根据自己的需求选择信息的内容。"媒体的特性将直接制约教学的形态和结果，在人类发展历史上，信息技术的每一次突破都大大改善了教育形态，提高了教育效率，给人类带来无限的创造力。"

由于现代信息技术为课堂教学提供了即时、多向获取信息的可能性和巨大的发展空间，因此二者的融合又将有利于学科的教与学。

4.学习理论指导

信息技术与课程整合需要先进的教育教学理论的指导，现代教育思想是进行先进技术与课程整合的灵魂，下列各种学习理论都对信息技术与课程整合有着不同程度的影响。

（1）行为主义理论

行为主义是美国现代心理学的主要流派之一，在整个西方心理学界有很大的影响。作为现代心理学体系中的一个重要流派，在 20 世纪二三十年代曾震撼了整个美国心理学界，被称为"西方心理学的第一势力"。它的根本特点是排斥意识，主张把行为作为心理学的研究对象。

图尔曼自称为"目的行为主义者"。他强调：

①行为的目的性和整体性

动物的行为总是指向一定的目的，比如获得食物等，而不是胡乱尝试错误。所以，他不研究反应的细节，而是分析动物整体的、指向目的的动作。

②中介变量

他认为，从刺激到做出反应，这之间需要通过一些中介变量，动物需要形成对某个情境的预期，把某些事件（如铃响）当成最终事件（如食物的出现）的信号线索。实际上，行为主义学派已经把认知因素引到学习过程中，便把 S-R 发展到了 S-O-R。

③潜伏学习

他认为，不能完全以外显的行为来判断学习的发生与否，有时学习并不直接反映在行为中，它只是导致学习者对某个情境的理解。强化并不是学习的前提条件，它影响的只是学习的外在表现。

可见，图尔曼研究学习者的整体动作，分析认知过程，乃至"认知地图"概念的使用，这都体现出了格式塔学派思想对其的影响。

班杜拉是 20 世纪五六十年代脱颖而出的学者，虽然他仍基本沿用行为主义的研究范式，但同时又吸收了许多认知学习论的思想。他提出，行为不是单由环境或个体因素决定的，环境和个体的生理因素、心理因素、行为三者之间是交互决定的关系。另外，他提出了"观察学习"的理论，强调对行为的自我调节以及认知过程等。班杜拉认为，人类的许多行为都可以通过观察他人的行为及其结果而习得，个体可以通过观察到自己行为的后果来调节自己的行为。行为主义和认知主义学习理论在班杜拉身上融合得十分充分。

在进行信息技术与课程整合的过程中，也必然要考虑行为主义的影响。要从教育的目的出发，充分利用信息技术作为中介变量，但又要考虑到学习者学习能力的潜伏特性，不断利用适合当前教育教学环境的信息技术手段强化刺激，促进教育的现代化，实现信息技术与课程的全面融合。

（2）认知主义学习理论

认知主义学习理论包括两种倾向：

①认知结构理论

这与原来的格式塔理论有着更为密切的联系，它把人的认知看成整体的结构，而学习是认知结构的发展过程，是认知结构的形成和改造过程。

②信息加工的学习理论

它主要是受计算机科学的启发，用计算机来类比人的认知加工过程，从信息的接收、存储和提取的流程来分析学习的认知过程。

按照认知主义学习理论，在进行信息技术与课程整合的过程中，不仅要强调信息技术的激励功效，还要充分考虑学习者的内在认知结构。只有全面了解学习者的内在认知结构，才能更好地利用当前的信息技术，传递教育信息，促进学习者的认知结构进一步完善，使信息技术与课程全面融合。

（3）布鲁纳的发现学习理论

发现学习理论是美国著名心理学家布鲁纳首创的一种教学方法，他从青少年和儿童好奇、好问、好动的特点出发，提倡在教师的指导下围绕一定的问题，按教师和教材提供的材料，由学生自己通过观察、实验、思考、答问、讨论等方法去探索、研究和解决所提出的问题，得出应有的结论，从而使学生成为知识的"发现者"。在布鲁纳看来，学生的心智发展，虽然有些受环境的影响，并影响它的环境，但主要是独自遵循他自己特有的认识程序的。教学时，要帮助或形成学生智慧或认知的生长。[1]他认为，教育工作者的任务是要把知识转化成一种适应学生的形式，而表征系统发展的顺序可作为教学设计的模式。由此，他提倡使用发现学习的方法，强调学习过程。布鲁纳认为，在教学过程中，学生是一个积极的探究者。教师的作用是要形成一种学生能够独立探究的情境，而不是提供现成的知识。我们教一门学科，不是要建造一个活着的小型藏书室，而是要让学生自己去思考，参与知识获得的过程。"认识是一个过程，而不是一种产品。"并且，学习的主要目的不是要记住教师和教科书上所讲的内容，而是要学生参与建立该学科知识体系的过程。所以，布鲁纳强调的是，学生不是被动的、消极的知识接受者，而是主动的、积极的知识探究者。

二、信息技术在高中数学教学中有效应用的理论基础

（一）信息技术与高中数学教学整合的现状

目前，信息技术与学科教学整合主要有三种形态：

1. 以多媒体信息组合演示为主，即以教师使用信息技术为主的多媒体演示型教学模式。它是教师目前运用最早最为得心应手的主流形态。

2. 网络环境下学生自主探究学习，即多媒体和互联网能提供表现丰富、互动性强的学习环境，让学生更多、更好地获取关于客观事物规律及内在联系的知识，帮助学生进行积极的意义建构，这是信息技术与学科教学整合的典型形态。

3. 基于互联网资源的研究性学习，即围绕某项专题，利用网络搜寻与专题相关的信息，并对信息进行加工处理，以达到完成研究探索的任务。它是研究性学习与信息技术整合的

---

① 黄龙江. 高中数学教学中预习自主学习模式的构建与实践 [J]. 文化创新比较研究, 2018, 2 (07): 102-103.

一种开放形态，是现代教育的一种新形式。

（二）系统论对信息技术在高中数学教学中应用的指导

系统是由相互关联的部分组成的具有特定功能的有机整体。作为一个系统，必须具有三方面的特征：一是要有稳定的结构；二是要有确定的功能；三是要有一套系统规则。

教学系统（instructional system）作为系统的子范畴，教师、学习者、教学内容、媒体是构成教学系统的4个核心要素。教学过程是教师、学生、媒体互相作用的过程，其实质是教育信息传递和反馈的过程。因此，教学的最优化方法是系统教学法。系统教学设计的最根本特征是追求教学系统的整体优化，系统教学设计重视教学活动的循序操作，更加合理地看待学与教之间的关系，强调从学生的需要出发，确立教学目标并加以具体化，强调教学过程的精心安排，在选择教学策略、教学方法、教学媒体时应摒弃"先验决定论"及"单一优越论"的偏见，提倡合理选择和优化组合，以达到各种媒体的优势互补，用信息论分析教学过程中的信息传递，则教学过程的优化取决于认知信息的产生、组合，取决于信息通道的畅通和信息传输与接收过程的稳定平衡。课堂教学中使用多种教学媒体进行教学，可以拓宽信息频道，创设多种信息传递通道，增大信息量，利于发挥教师主导作用和学生主体作用，使学生在教学过程中尽可能获得最大的数学知识信息量，促进教学质量的提高。教学中使用的多种教学媒体，应根据教学需要进行科学的有机结合，可以以系统论中的反馈原理、有序原理和整体原理来指导。

（三）系统科学理论对数学教学中应用信息技术的指导作用

1.信息技术在数学教学中的应用要重视整体性原理

课堂教学过程是教师、学生、教学内容和教学媒体等要素相互联系形成的组织结构，数学课堂教学过程的设计必须在一定的教育思想、教育理论和学习理论的指导下，考虑教师的教学活动、学生的学习活动、教学内容的组织、教学媒体的运用这4个要素之间的联系；必须重视教学结构的整体性，以达到整体的功能。

2.加强信息技术在课堂教学中应用的反馈控制

在应用过程中，利用系统科学的"反馈"原理来控制和调节，克服干扰所带来的不稳定性，使之达到动态平衡，把控制后输出的和已确定的目标之间的差距缩小。比如，在课堂教学中，当两种以上的媒体同时出现时，教师不仅要熟练地让这些媒体之间进行有机的结合与转换，还要不断引导学生改变视觉和感觉上接受知识的方式，迅速适应新的媒体环境，从而获得理想的教学效果。

3.加强信息交流和共享

教师在应用信息技术促进学生数学学习的过程中，要尽量创设一个开放的系统，在教师和学生、学生和学生、教师和教师之间积极主动地交流信息，使信息共享，提高信息技术应用的效益。

（四）人本主义学习理论对数学教学中信息技术有效应用的指导

人本主义心理学是 20 世纪 60 年代兴起的一个心理学流派。其主要代表人物是马斯洛（A. Maslow）和罗杰斯（C. R. Rogers），现以罗杰斯的理论为例简述人本主义学习理论对数学教学中信息技术有效应用的指导。

罗杰斯主张意义学习（sgnificant learning）。这里的意义学习是一种指使个体的行为、态度、个性以及在未来选择行动方针时发生重大变化的学习，而不仅是事实的积累，前者关注学习内容与个人之间的关系，是整个人的学习。罗杰斯认为意义学习有 4 个要素：学习具有个人参与（personal involvement）的性质，即整个人都投入学习活动中；学习是自我发起的（self-inita），动力或刺激可能来源于外部，但发现、获得、掌握、理解的意义是来自内部；学习是渗透性的（pervasive），它会使学生的行为、态度，乃至于个性都发生变化；学习是由学生自我评价的（evaluated by the learner）。罗杰斯指出，当学生觉察到主题线索与他们的目的有关系时，就会产生有意义的学习。获得有意义的学习，大多是通过做。最有用的学习是了解学习过程，对经验始终持开放态度，把经验结合到自己的变化过程中去。

人本主义心理学强调学习过程中人的因素。所以学习论的基本原则是必须尊重学习者；必须把学习者视为学习活动的主体；必须重视学习者的意愿、情感、需要和价值观；必须相信任何正常的学习者都有教育自己、发展自己的潜能，并最终达到"自我实现"；必须在师生之间建立良好的交往关系，形成情感融洽、气氛适宜的学习环境。主张学习是人的自我实现，也是丰满人性的形成过程。

第一，要利用信息技术，以多种多样的形式向学生提供与学习内容相关的数据和资料，不直接或轻易地呈现结论，并留出空间让学生参与进来，给学生留下自我修改、自我思考、自我认识和自我发展的空间。

第二，课堂教学中，教学设计应真正从学生出发，给学生以更多的自由，要让学生真正参与。信息技术不是进行"满堂灌"的技术，在教学中要注重学生的自我完善、自我发展，以学生为主体，不要把学生当作接受知识的机器。

第三，应用信息技术进行数学教学还要注意课堂交流，另外，不能由于信息技术的应用而使课堂交流变成冷冰冰的人机交流，数学教学要让学生真正获得成功，通过数学学习，促进他们健康人格的形成。

第四，要教学生学会学习，尤其是有意义的学习。充分利用信息技术培养学生的归纳概括能力。该学习理论认为，学习应该遵循归纳法的原则，即从大量的实际经验描述具体方法，然后概括出一般原理，这有利于培养学生的归纳概括能力。

三、高中数学课程与信息技术整合的特点

（一）高中数学课程的特点

从数学学科特点来看，高中数学内容与初中数学内容相比有不同之处：深度挖掘、广度拓宽、梯度增强、角度多维。从教的角度讲，由于"大纲"和高考的要求，高中教师会在教学中对学生提出更高的教学期望和学习要求，引导学生对教学内容进行更深层的探究，注意对学生数学思维的深刻性、广阔性、灵活性、敏捷性进行引导和培养，训练学生发现数学的一般性规律，同时介绍适量的、相关的、延伸的内容，拓宽学生的知识视野，培养从特殊到一般的广泛的抽象概括能力。教师还特意训练学生从多个角度去观察、分析问题，教学内容更注意系统性、研究性、序列化和阶梯度。从学的角度讲，新课程使每个学生可以根据自己的需要选课，这样每个学生都能获得一份适合自己的课程计划，经过一段时间的学习，如果学生觉得不适合自己，还可以重新选择，这样让学生学会对自我负责，实现自我成长。新课程将打破过去单一灌输型教学，突出个性化的教学特点，创建灵活宽松的学习环境，将"主动学习"和"研究性学习"纳入高中数学教学中，使素质教育进一步落实到课堂教学中。强调教师与学生高质量的互动，通过师生间的有效沟通，共同解决问题。

（二）信息技术与高中数学课程整合的优点

信息技术与高中课程整合是基于课程整合的理论和方法，将信息技术有机融合到其他学科的知识中去，把它作为学科课程的一个因素，把学科知识的学习和能力的培养与信息技术知识紧密结合起来，也可以培养学生的信息素养。在解决各种问题的过程中学习、掌握学科知识，使信息技术潜移默化地融入学生的知识结构中。

信息技术与学科课程的整合是以教学效果、学习效果最优化为出发点，对教师而言是教学的工具，具体讲是分析的工具。教师以此作为分析教学中各个环节的工具，也是对整个教学过程、教学环节进行评价的工具。对学生而言，具体讲是学习的工具，是作为交流信息和解决问题的认知工具。具体到信息技术与高中数学课程整合上，又有其特殊性。

古希腊的柏拉图将数学看成静态的、统一的知识实体。教学是水晶般清澈的王国，其中包含有相互联系的各种机构与真理，并由逻辑与内在含义形成的纤维，共同将其结合成一个整体。因而，教学是如磐石般稳定的永远不变的产品，教学只能被发现而不能被创造。而当今数学的发展新趋向是：

1. 数学内部各分支不断相互渗透，数学与其他科学不断交叉融合。

2. 数学的应用领域日趋广泛，宇宙之大、粒子之微、火箭之速、地球之变、生物之谜等各个方面，无处不有数学的重要贡献，数学的触角几乎伸向了一切领域。

3. 数学是形式科学与实验科学两种不同的知识类型的结合，在思维行使与研究方法等各方面都需要在差异中寻找平衡。

计算机的发展不仅使古老的数学领域获得复苏，还为数学开辟了关于算法理论以及可行性等更为新颖有趣的研究理论。同时，计算机的发展还为数学研究提供了新的工具，形成了数学活动的新形式。数学不但是人们用来处理各种现实问题、对未来做出预测和交流的一种普遍适用的技术，也成为人们把握客观世界模式，整理客观世界秩序的一种基本思维方式。

数学课程是学生在校学习的全部数学文化知识的内容标准和进度的总体安排和初步设计，是实现数学教学目标、完成数学教学任务的手段和媒介，必须随着时代的发展而不断变革。由于当代信息技术的飞速发展，知识的更新速度加快，数学知识在知识体系上的层次性、相对重要性、表现形式将发生巨大的变化。20世纪六七十年代数学强调运算的重要性，但由于计算机的发展而相对减弱；数学的对称美、结构美，由于计算机的进入而更多地呈现出递归美、构造美；数学由过分地强调推理论证而转向推理论证与数学实验并重，一些新的数学思想、观念将逐渐渗透到数学教材内容体系中；固有的"导入—例题—公式—定理—法则—例题—练习"的教材编排模式将被打破，形式多样化的教材将使学生爱读、爱学，更益于教师的教学。

以计算机为核心的现代信息技术主要指多媒体计算机、教室网络、校园网和互联网等。作为新型的教学媒体，当它们与高中数学课程加以整合，对教育、教学过程来说表现出许多极为显著的优势，从而可为新型教学结构的创建提供最理想的教学环境。[①]

多媒体计算机的交互性有利于激发学生的学习兴趣和充分体现学生学习的主体作用，人机交互性是多媒体计算机的显著特点之一，这是其他任何媒体所不具备的。多媒体计算机进一步把电视机所具有的视听合一功能与计算机的交互功能结合在一起，产生出一种新的、图文并茂的、丰富多彩的人机交互方式，而且可以立即反馈。这样一种交互方式对于教学过程具有重要意义，它能有效地激发学生的学习兴趣，使学生产生强烈的学习欲望，从而形成学习动机。

此外，这种交互性还有利于发挥学生的主体作用。在传统的教学过程中，一切都是出于教师主宰。从教学内容、教学策略、教学方法、教学步骤甚至学生做的练习都是教师事先安排好的，学生只能被动地参与这个过程。而在多媒体计算机这样的交互式学习环境中，学生则可以按照自己的学习基础、学习兴趣来选择适合的学习内容和与自己水平相当的检测练习，有时候连教学策略也可以选择。比如说，可以用个别化教学策略，也可以用参与

---

① 陈林丹. 新课程背景下高中数学教学模式分析 [J]. 才智, 2017(22):37.

式策略或探究式策略。也就是说，学生在交互式教学环境中完全可以主动参与，而不是教师的"一言堂"。认知主义认为，人的认识不是外部刺激直接给予的，而是外部刺激与人的内部心理过程相互作用的产物。为了有效地认知，外部刺激是需要的，但起决定作用的还是人的内部心理过程。在教学过程中，学生是学习的主体，必须发挥学生的主动性和积极性，变"要我学"为"我要学"，只有这样才能获得良好的学习效果。多媒体计算机的交互性提供的多种主动参与活动就为学生的主动性和积极性的发挥创造了良好条件，从而使学生能真正体现出学习的主体作用。

4. 信息技术提供的外部刺激的多样性有利于学生对数学知识的获取与保持。

多媒体计算机提供的外部刺激不是单一的刺激而是多种感官的综合刺激。这对于知识的获取和保持都是非常重要的。实验心理学家赤瑞特拉做过两个著名的心理实验。一个是关于人类获取信息的来源，即人类获取信息主要通过哪些途径。他通过大量的实验证实：人类获取的信息 83% 来自视觉，11% 来自听觉，这两个加起来就有 94%。还有 3.5% 来自嗅觉，1.5% 来自触觉，1% 来自味觉。多媒体技术不但视听效果好，还能用手操作。这样通过多种感官的刺激所获取的信息量，比单一地听教师讲课多得多。信息和知识是密切相关的，获取大量的信息就可以掌握更多的知识。他还做了另一个实验，是关于知识保持即记忆持久性的实验。结果表明：人们一般能记住自己阅读内容的 10%，自己听到内容的 20%，自己看到内容的 30%，自己听到和看到内容的 50%，在交流过程中自己所说内容的 70%。这就是说，如果既能听到又能看到，再通过讨论交流用自己的语言表达出来，知识的保持将大大优于传统教学的效果。这就说明多媒体计算机应用于教学过程不仅非常有利于知识的获取，而且非常有利于知识的保持。

5. 现代信息技术的超文本特性可实现对数学信息最有效的组织与管理。

超文本（hypertext）是按照人脑的联想思维方式，用网状结构非线性地组织、管理信息的一种先进技术。超文本所管理的信息不仅是文字，还可以包含图形、动画、图像、声音、视频等其他媒体信息。若按超文本方式组织一本书，那这本书无论从第一页和最后一页开始阅读，还是从哪段正文开始阅读，以及接下来读什么都由读者的意愿来决定。选择下一段正文的依据不是顺序，也不是索引，而是正文之间的语义联系。认知心理学的研究表明，人类思维具有联想特征。人在阅读或思考问题过程中经常由于联想从一个概念或主题转移到另一个相关的概念或主题。所以，按照文本的非线性、网状结构组织和管理信息与按照传统文本的线性、顺序结构组织和管理信息相比较，前者更符合人类的思维特点和阅读习惯。利用超文本，可按教学内容的要求，把包含不同教学特征的各种教学资料组成一个有机的整体。教学内容的每个单元包含知识点、重点、难点、练习、习题、测验、对测验的解答及相应的演示或实验等，把这些教学内容相关而教学特征不同的教学资料有机地组织在一起，无疑对课堂教学、课外复习或自学都是大有好处的。利用超文本方式可以自然而方便地实现这一点，可按学生的知识基础与水平把预习所需的知识及开阔视野所需的扩展知识组成有机的整体。因材施教是优化教学过程的重要目标之一，但由于学生个体之间差异很大，要在传统印刷教材中同时满足基础较差的学生、一般学生和优秀学生对教学内容的不同需求是很难做到的，而在多媒体电子教科书中这是轻而易举的事情，只需利用超文本特性设置和预备与知识有关的热键以及和扩展知识有关的热键即可。[①]

　　计算机网络特性有利于实现培养合作精神并促进高级认知能力的协作式学习。传统 CIA 知识强调个别化教学，个别化教学策略对于发挥学生的主动性和个性的指导无疑是有好处的，但是随着认知能力学习的场合（例如对疑难问题求解或者要求对复杂问题进行分析综合与评价的场合），采用协作（collaboration）式学习策略往往能够取得事半功倍的效果。协作式学习要求为多个学习者提供对同一问题用多种不同观点进行观察比较和分析综合的机会，以便集思广益。这不仅对问题的深化理解和技能的掌握大有裨益，而且对高级认知能力的发展、合作精神的培养和良好人际关系的形成也有明显的促进作用。

　　超文本特性与网络特性的结合有利于培养创新能力和信息处理能力（包括对信息进行获取、分析加工、利用的能力），这是信息社会创新型人才必须具备的两种重要的能力素养。这两种能力素养的培养需要特定的、有较高要求的教学环境的支持，多媒体的超文本特性与网络特性的结合，正好可以为这两种能力素养的培养营造最理想的环境。众所周知，互联网是世界上最大的知识库、资源库，它拥有最丰富的信息资源，而且这些知识库和资源库都是按照符合人类联想思维特点的超文本结构组织起来的，因而特别适合学生进行基于自主发现、自主探究的探究性学习。

　　对高中数学教学来说，信息技术为数学实验提供了更良好的教学环境与技术支持。由于学科的特点，有人认为数学与物理、化学等学科比较起来，不需要什么实验，也就不需要技术的支持。实际上，高中数学内容的形式性与数学发现的经验性是数学的两重性质。波利亚精辟地指出："数学有两个侧面，一方面，它是欧几里得式的严谨学科，从这方面看，数学是一门系统的演绎科学；但另一方面，创造过程中的数学，看起来像是一门实验性的归纳科学。"

　　因此，高中数学教学既要重视数学内容的形式化、抽象化的一面，更要重视数学创造过程中具体化、经验化的一面。所以，数学的发现往往离不开数学实验，需要经过猜想和证明两个过程，在教学中只强调后者忽视前者是不全面的。而数学的猜想与数学的实验是分不开的，在数学实验中往往要通过观察、比较、分类、类比、归纳、处理数据以发现规律。以多媒体技术与网络技术为代表的现代教育技术，可以为数学教学提供更多的数据、图形以及动态表现，使学生拥有更多观察、探索、实验、模拟的机会，做出猜想与假设，为开展数学实验提供有效的工具。因此，使用信息技术对高中数学教学是有特别优势的。

---

① 潘威威. 高中数学教学中的师生角色互换策略探究 [J]. 西部素质教育, 2017, 3 (11): 296.

四、国内外数学课程与信息技术整合的研究现状

（一）国外信息技术与课程整合的发展情况

20 世纪 90 年代，各国基本上采用单独开设信息技术课程实现信息技术教育的目标，到 20 世纪 90 年代中期才有一些国家开始尝试信息技术与学科教学整合的研究。后来，各国都开展了一些信息技术与学科教学整合的研究计划和方案。

1. 美国研究现状

美国数学教师全国委员会在 2000 年制定的《学校数学的原则和标准》中，特别提出了"技术原则"，认为计算器和计算机给我们重新描述了数学的前景，学校数学应该反映这种改变。通过合理地使用技术，学生能够学习更多、更深的数学知识，他们能够做出猜想并验证它。同时标准还指出，技术不能代替数学教师，也不能作为基本的理解和直觉的代替品。教师必须谨慎地决定到底在什么时候以及如何使用技术，他们应该保证技术能够加强学生的数学思维。在标准思想的指导下，将信息技术作为工具导入数学之中，是信息技术与数学课程整合的意义，它以提高学生的数学学习，教给学生学习的方式为目的。当学生掌握了信息技术，并能灵活自如地运用到数学学习中获取数学相关信息时，就能真正达到信息技术与数学课程的融合。在数学教学过程中，信息技术已经成为不可分割的一部分。美国在信息技术与数学课程整合实践中做出了许多工作。

一方面，一些结合信息技术使用配套的教材相应出台。美国许多教材中都涉及了需要信息技术帮助的数学内容。如劳鲍姆（Laughbaum）将发展数学（develpmental mathematics）的教材内容进行重新设计，使其更加函数化，有利于信息技术的配合使用。肖尔博士设计了结合技术使用的，以显示生活中的问题尤其是以医疗保健为主的课程。另一方面，大量的研究，包括各种信息技术工具如何在教学中使用，对哪些数学知识理解方面能发挥作用也都在美国蓬勃地开展起来。其中最有代表性的是贾斯珀系列课程，它提供了大量信息技术与数学课程整合的成功案例，极大地证明了在拟真的学习情境中解决问题可以增强学生解决实际问题的能力。

此外，美国著名的"2061 计划"则在更高层次上提出了信息技术应与各学科相整合的思想。该报告于 1989 年正式发表。这项计划的目标是要大力提升全体美国人民的科学文化素质，特别强调应具有善于将自然科学、社会科学与信息技术三者结合在一起的思想与能力。该计划分为三个阶段：第一阶段是以科学文化观为依据，重新选择课程内容；第二阶段是将新选出的内容转化为几种不同的可供选择的课程模式，并绘制出与教育相关领域的配套改革蓝图；第三阶段，全国有关机构和团体通力合作，将第二阶段绘制的蓝图付诸教育实践。

2. 日本研究现状

日本早在 1998 年 7 月日本教育课程审议会发表的"关于改善教育课程基准的基本方向"的咨询报告中，就提出了两方面的要求。首先在小学、初中、高中各个阶段的各个学科中

都要积极利用计算机等信息设备进行教学，即将以计算机为核心的信息技术与各学科的课程结合；与此同时，日本在新课程体系中专设"综合学习时间"，目的是追求跨学科的、综合性的学习，并确认这种学习对培养学生的"生存能力"，让他们更好地适应以国际化、信息化等为标志的社会变化十分必需。"综合学习时间"的设置被认为是日本即将推行的新课程最突出的特色之一。它要求在小学阶段的"综合学习时间"课上要适当运用计算机等信息手段；在初中阶段则要把现行的"信息基础"选修课改为必修课；在高中阶段则开设必修的"信息"课，主要内容是讲授如何运用计算机等设备去获取、分析、利用信息的有关知识与技能。

3. 加拿大研究现状

自20世纪90年代中期以来，加拿大各地对信息技术与数学教学整合的实验不断增加并取得良好的效果。温哥华学区通过实验，于1998年2月形成的"信息技术报告"认为，信息技术与课程的整合可有效地改进对课程的教学，即能实现下述目标：增强学生的批判性思维、合作技能和解决问题的能力；使信息技术的运用成为学习过程的有机组成部分，从而便于学生掌握信息的收集、检索、分析、评价和利用等技能；不仅促进了班级内学生的合作交流，还促进了本校学生与全球性学习社区的合作交流，从而大大开阔了学生的视野。

加拿大各地对信息技术与数学教学整合的实验，证明了"信息技术可以创设一个以学生为中心、教师为主导并与广泛的社区相联系的学习环境"。

4. 英国研究现状

英国历届政府都十分重视信息技术的发展，把信息技术作为数学教学的关键技能之一。在1999年的数学标准中，几乎在每个目标中都提到了信息技术的使用，如学生要会运用包括信息技术工具在内的数学工具解决问题，通过信息交互技术资源收集所需的数据，利用ICT进行数据跟踪产生轨迹，使用ICT进行结果的交流等。1998年至2004年，信息交互技术在教育中的应用受到英国政府的极大重视，英国政府投资18亿英镑以提升ICT在教育中的应用水平。同时，英国教育界也普遍认为，拥有ICT设备是一个条件，但更重要的是如何有效地应用。

计算机可以帮助教师把工作做得更好，但不能取代教师。英国课堂教学中运用ITC，并不都是发展多媒体机房和演示型多媒体教室，而是大量利用了电子白板。英国中学中现已用电子白板装备了所有教室，并且英国教育部对中学调查后的统计数据也表明这是支持、提高数学教学的有效方式。交互白板不只是教师的演示工具，还是一项进行师生交流和生生交流的工具。

1982年，以柯克克罗夫特（W. H. Cockeroft）博士为首的英国国家教学委员会发表了主题为"数学算术"的报告（Cockcroft报告）。Cockcroft报告指出：有足够的证据表明，计数器的使用对基本的计算能力没有产生任何负面的影响，学生从早期起学习使用简单的计数器是明智的。英国国家数学课程标准要求给学生提供适当的机会来发展并应用信息技术学习数学的能力。数学课程不赞成烦琐的笔算，却重视提高学生的机算（包括计算机、计算器）、心算和估算能力；强调数学和信息技术的综合、交叉，信息技术可以被应用于数学教学中，并对学生的学习提供帮助，使数学知识和计算机知识相互支持和补充。目前，英国中小学生大多掌握简单的 LOGO 命令，学生能利用 LOGO 命令进行作图制表等操作，这为利用数学解决活动中的问题提供了重要工具。①

5. 法国研究现状

法国新的课程计划是提倡把信息技术与数学课程整合，让学生在实验中建立抽象认识，利用计算机能在数字和平面图形、空间的范围内提供实验，让更多的学生参与其中，帮助学生获得数学知识和方法。正是由于计算机扩大了观察和操作的可能性，使得学生在不同的视角下更好地理解抽象的数学知识。

法国数学教育，计算机教育专家和教师教育机构的雷波德教授，采用 GeoGebra 几何软件在法国的学校开展联合研究。她指出：在动态的环境下，空间图形性质和几何教学之间的联系得到了强化。这个特征可以用来设计学习任务，学生在这些任务里学习如何把可视属性联系到几何的性质，包括阐述可视现象的任务；产生或者复制可视现象的任务；预见性任务；解释可视现象的任务等。同时，她指出，教师必须花时间备课，因为教师需要了解所有环境提供的新实验的可能性和便利性；用其他术语思考几何教学超出了纸笔环境下存在的困难；为了能够回答学生提出的问题，理解他们的做法并帮助他们纠正错误，教师必须知道学生们的反应，以及他们面对新的情境时可能采取的策略。

在信息技术与数学课程的整合上，西方发达国家重视的时间比较早，积累了大量的信息技术与学科整合的经验。随着信息的全球化交流的不断加强，世界各国对信息技术与学科整合也逐渐重视起来，对我国来说，既是机遇，又是挑战。一方面我们没有这方面的经验，做起来会有相当大的难度，另一方面，信息交流的全球化，又为我们提供了可以借鉴的相关经验。因此，面对快速的信息化步伐，我们要吸收他人的有利经验，帮助我国的信息技术与学科整合，加强研究以及加大实践的力度。

（二）我国信息技术与课程整合的发展情况

我国 20 世纪 80 年代初也开始了相当积极的探索。这期间共出现了三次浪潮：信息技术课程、课程整合、网络教育。建构主义教学模式成为课程整合的理论基础。

教育部原部长陈至立在中小学信息技术教育会议上的报告中强调，要开设信息技术必修课程，加快信息技术教育与其他课程的整合。报告指出 2005 年前，所有的初级中学以及城市和经济比较发达地区的小学开设信息技术必修课。要努力推进信息技术与其他学科教学的整合，鼓励在其他学科的教学中广泛应用信息技术手段，并把信息技术教育融合在其他学科的学习中，积极探索信息技术教育与其他学科教学的整合。

---

① 邓慧，夏峰 . 关于高中数学教学中"研究性学习"的现状和实践分析 [J]. 华夏教师，2017(02)：22.

1994 年，由原国家教委基础教育司立项，全国中小学计算机教育研究中心领导何克抗、李克东教授等牵头组织了"小学语文四结合"教学模式改革试验课题，课题以信息技术作为教学手段，把小学语文与计算机进行整合，以先进的理论为指导，深化教育改革，以期做到"识字教学、阅读理解、作文训练、电脑应用"的结合。经过这些努力，语文教学有了很大的进步，激发了学生学习语文的兴趣，调动了学生的主动性，使语文教学的质量和课堂效率有了很大的提高。

1996 年，教育部全国中小学计算机教育研究中心推广"几何画板"软件，以几何画板软件为教学平台，开始组织"CAI 在数学课堂中的应用"研究课题。

在组织这两个实验研究课题的过程中，课件开发与推广以及计算机辅助教学中所遇到的一些新情况和新问题，引起了全国中小学计算机教育研究中心工作人员的高度注意，他们对多年来的计算机辅助教学和教学软件开发与推广进行了反思和探讨。1997 年 7 月，根据对研究与实践的反思和总结，在《中国教育报》《光明日报》等媒体上连续发表"对计算机辅助教学的再认识"系列文章，即《计算机辅助教学何去何从》《教学软件：走出误区》《教学软件：未来之路》《教学软件：换个想法》《教学软件：改变模式》等，由此引发了国内对于计算机辅助教学和课件制作的大讨论和大反思。

1998 年，全国中小学计算机教育研究中心的有关研究人员借鉴西方发达国家的提法，第一次提出了"课程整合"的概念，并于 1998 年 6 月开始设立"计算机与各学科课程整合"课题组，并将其列入"九五"重点课题的子课题进行立项。

1999 年 1 月，全国中小学计算机研究中心在北京师范大学组织召开了数十所学校参加的"计算机与各学科整合"项目开题会，"课程整合"项目开始走向有组织的研究阶段。

2000 年 3 月，在北京教育学院宣武分院院长万福主编的《教育观念的转变与更新》（2002 年 3 月中国和平出版社出版）中，也提出了整合问题。他们认为："教育的诸多功能总是交织在一起、融会在一起的。如何实现各类教育功能的整合，正是我们今天所面临的突出问题。"在这里，所说的整合实际是作为思想方法问题提出的。虽然作者没有直接涉及信息技术与课程及学科教学整合的问题，但他们的基本观点对于我们所研究的问题仍然是具有指导意义的。教育部原部长陈至立在全国中小学信息技术教育工作会议上发表讲话，提出要"努力推进信息技术与其他学科教学的整合"，从而第一次从政府的角度提出了"课程整合"的概念，并且由此引发了从政府到民间的全国性"课程整合热"。课程整合与校校通、信息技术必修课、网络教育一样成为当前中小学信息技术教育的热点和焦点。

2001 年 9 月，在北京市教委基教处的支持下，北京市 20 多所中学参加"信息技术与学科教学整合"项目，在这个过程中有意识地加强了计算机辅助教学实验的模式，突出了现代化测试手段和方法的应用，激发了学生的兴趣，拓宽了学生的视野，增强了学生运用科学技术的能力。同年 12 月，首届全国"资源库在信息技术与课程整合中的应用"研讨会在北京召开，推动了教育部基础教育司"资源库在信息技术与课程整合中的应用"项目的发展。

2002 年 10 月，清华大学教育技术研究院和继续教育学院组织了全国中小学骨干教师"信息技术与课程整合"的培训活动。与会专家介绍了我国信息化建设的进程和国内一些整合课题的进展，培训了教育资源在信息技术与课程整合中的应用技术。

随后，我国数学家张景中院士主持开发了一个主要用于数学课堂教学设计的原创性系统，即"Z+Z"智能教育平台。所谓"Z+Z"即"知识加智能"的意思。"知识"是指"Z+Z"智能教育平台包含的与现行教材配套的资源库，即一些可以用来进行中学数学教学的图像、动画、表格、生活实例等素材，包括《超级画板 100 实例》《初中代数课件集锦》《平面几何课件集锦》以及与北师大新世纪（版）数学教材配套使用的数学资源库。而"智能"是指支持开发数学课堂教学设计的"Z+Z"智能教育平台系列软件（目前主要是超级画板 V2.0 和新世纪版 V2.0）的功能。

教师可以直接使用这些资源库来进行教学，或者对这些资源进行修改和补充，然后再用来教学，学生也可以在学习的过程中参与操作，使学生利用"Z+Z"智能教育平台作为认知工具来进行自主、探究、合作学习。目前，"Z+Z"智能教育平台在中学数学课堂教学的应用主要还是在"Z+Z"智能教育平台的推广和试用阶段，教育部组织了"Z+Z 智能教育平台运用于国家数学课程改革实验研究"项目，该项目于 2003 年 8 月开始启动，先后成立了三个试验基地，分别是山东的济南、湖北的宜昌、安徽的合肥。该项目取得的成果主要是利用"Z+Z"智能教育平台进行辅助教学的简单课件、教案、教学录像等，以及关于"Z+Z"智能教育平台应用于中学数学课堂教学中的作用和体会等论文。

信息化交流的加强促使我国在信息技术与学科整合上有了新的认识。为了使我们的教学模式更加先进，使我们的学生更能适应现代化的教育思想，融入现代化的时代，我们的教育必须将信息技术很好地运用到教学之中。在我国，信息技术与学科之间的整合工作已经开展得如火如荼，新的实验成果不断地被探索出来。在教学研究方面，许多专家相继发表了很多关于这方面的文章，他们从各个角度研究这一问题，使信息技术在学科整合上有了很大的进展。而且，现在的很多学校和教师也逐渐地融入进来，他们积极组织、参加研讨会进行观摩课的教学，对中小学信息技术与学科整合起着引领作用。通过各方的共同努力，我们总结出以下有关信息技术与学科整合的经验：

1. 善用教学软件

1995 年，全国中小学计算机教育研究中心从美国引进了优秀教学软件——几何画板。1996 年，中心推广"几何画板"软件，以几何画板软件为教学平台，开始组织"CAI 在数学课堂中的应用"研究课题。在教育部中小学计算机研究中心和北京市海淀区教委的支持下，海淀区几所中学组织了"数学 CAI 实验"课题组，在近几年的实践研究中，从最基本的培训教师使用现代的教学软件"几何画板"开始，逐渐到培训教师自己开发数学教学软件，以及让教师善用计算机和网络进行组织联系和评估。通过组织教师听专家讲课、学习教育理论、集体备课、组织研究课和集体评议等方法，促使教师自发学习，积极探索如何能够将信息技术更好地运用到教学设计之中。此次实验极大推动了各校数学改革的深入发展，现已推广到全国。

2.推广"Z+Z智能知识平台"

"Z+Z智能知识平台"是由中国科学院成都计算机应用研究所及广州大学兼职院士张景中先生所研制开发的，是一种能够引用知识、运用知识、传播知识、学习知识和发展知识的计算机软件平台。它是由平面几何、立体几何和解析几何等课程的知识平台组成，适合培养学习者的创新能力。在这个平台上，教师可以进行多媒体课件的二次开发，便于在课堂上进行演示教学和方便学生进行个别化学习，该平台已经在广东等地区进行了实验研究，并取得了一定的成果。

3.信息技术与数学课程整合在各中小学展开试验

在由福州屏东中学周灵主持的"现代教育技术支持下中学数学改革实验研究"中，研究者通过选择实验班来采用计算机辅助教学，对比采用传统媒体教学的普遍班，最后根据两个班的前测成绩和后测成绩，利用教育统计的方法进行了结果分析。实验结果表明：实验班学生不仅数学成绩有了显著提高，而且计算机操作水平、应用意识也有了很大提高，学生的创新精神和综合应用计算机与数学知识解决实际问题的能力得到了培养。

福建省上杭一中在1998年参加了全国中小学计算机教育研究中心承担的国家"九五"重点课题"计算机与各学科课程整合"，是福建省子课题组6所实验学校之一。该校选定数学作为开展整合试验的龙头学科。通过实验，教师的信息技术水平和学生对信息技术的认知水平都得到了提高。

芜湖一中是全国中小学计算机教育研究中心批准的"计算机与各学科整合"的实验学校，担任了实验课题"几何画板与高中数学课程整合"。1999年9月启动实验工作，在实验中注重研究现行教学的症结所在，研究在信息技术参与下教学的新特点和新模式。同时注重了教学设计和数学整合教学资源库的开发，也取得了一定的成果。

以上国内研究现状表明：一方面，信息技术与数学课程教学整合已经进入了一个崭新的阶段，得到了教育技术研究人员和数学教师的普遍重视并开始付诸行动；另一方面，信息技术与数学课程教学整合研究仍然处于起步阶段，理论成果较为缺乏，仍有许多问题未能得到有效的解决。①

此外，信息技术与学科课程的整合是改革传统教育模式、教学方式和教学手段的重要途径，同时也是一个难点。它涉及我国教育领域内很多复杂的深层次的问题。由于我国受以应试教育为背景的教育体制、教育思想、教育观念、教学模式、评价方式的约束和限制，无论是计算机辅助教学还是课程整合，仍然是问题多多，困惑多多，障碍多多，广大欠发达地区更是如此，难以在短期内取得突破性的进展，预计还将停留在观摩课、公开课的实验探索阶段。"两张皮"的问题仍将存在相当长的时间。作为一线教师的实践性研究，要使之成为教师的常态性教学行为的研究还是比较欠缺的，所以我们要积极地参与到课程整

---

① G.Donald Allen,Amanda Ross.Pedagogy and Content in Middle and High School Mathematics[M].Brill Sense:2017-01-01.

合的实践中去，响应当前新课程的改革，成为基础教育改革与发展的先锋。

五、信息技术环境下教学模式理论研究

（一）教学模式含义

如果说赫尔巴特的"四段法"是最早（1806年）的教学模式，那么教学模式已有两百多年的历史。经过两个多世纪的发展，教学模式由单一模式发展为上百种模式。今天的教师不仅需要选择教学方法，还应选择恰当的教学模式。

教师必须掌握多种教学模式，然后根据具体的教学情境，选择最适当的教学模式。因此，教师需要掌握各种教学模式理论依据、模式所包含的教学策略、模式的基本程序，并要了解不同模式的适应条件及其局限性，只有这样才可能做出适当的选择。

虽然教学模式思想很早就已存在，但是"教学模式"（model of teaching）的概念是在20世纪70年代初才出现的。

1.教学模式的概念

什么是教学模式？不同的学者有不同的对答。

叶澜在《新编教育学教程》中指出，教学模式俗称大方法。它不仅是一种教学手段，而且是从教学原理、教学内容、教学的目标和任务、教学过程直至教学组织形式的整体的、系统的操作样式，这种操作样式是加以理论化的。

李伯黍在《教育心理学》中提到，所谓教学模式，就是指反映特定教学理论逻辑轮廓的、为保持某种相对稳定而具体的教学活动结构。其作用是设计课程、安排教学材料、指导课堂教学等。

丁证霖在《当代西方教学模式》中指出，教学模式是一种可以用来设置课程（诸学科的长期课程）、设计教学材料、指导课堂或其他场合的教学的计划或类型。

王维城在《课堂教学策略》中指出，所谓模式，就是为完成特定的教学目标而设计的，具有规定性的教学策略。规定性明确地规定了教师在计划、实施和评价等阶段的职责。

从以上不同的定义以及后面将要介绍的教学模式内容，可概括出教学模式有以下4个特点：

①任何教学模式都建立在一定的教学理论基础之上，或反映了一定的教学理论，教学模式是教学理论的具体化。

②每一种教学模式都有明确的主题、特定的目标，具有可操作的程序，同时包含了以某种教学策略为主导的多种教学策略。

③教学模式具有相对稳定的结构，在教学模式中，教学中的各因素以一定的方式组合成相对稳定的结构。

④每种教学模式都有自己的适应范围和一定的局限性，没有普遍适用的教学模式。

根据教学模式的特点，可将教学模式定义为建立在一定的教学理论基础之上，为实现特定的教学目的而设计的一种相对稳定的结构和程序。

2. 教学模式的组成部分

不同的教学模式有各自不同的结构，但是任何教学模式都由4部分组成：特定的教学目的；特定的教学程序；特定的作用方式；特定的教学环境。

①教学目的。教学目的是教学模式中的重要组成部分。每一种教学模式都是针对特定的目的而设计的。在此，教学目的有别于针对具体教学任务和具体教学对象提出的教学目标。教学目的反映的是教学模式设计者的教学思想，如教学模式是以发展学生的能力为目的或是以掌握概念为目的。教学目标在一定程度上决定了教学模式具体的操作性程序以及教学手段。

②教学程序。教学程序是对教学过程的设计。教学程序包括教学的阶段顺序、教学步骤，它提供的是教师或学生在整个教学过程中的系列活动安排。它将过程划分为几个教学阶段，不同的阶段确定不同的任务，每一阶段中可安排几种具体的活动。例如，先行组织者教学程序分三个阶段：呈现先行组织者，提出学习材料，进行概念的组织。第一阶段中又包括三种活动：明确目标；呈现学习组织者概念；促进对相关知识的意识。

③作用方式。教学模式中的作用方式包括教师与学生，学生与学生，学生与学习材料之间的作用方式。在不同的教学模式中，教师、学生、学习材料三者之间的关系也不同。有的模式以教师为中心；有的模式以学生为中心；在有的模式中，学习内容需要学生自己发现；而在另外的模式中，学生只需要同化学习材料。在不同的作用方式中，学生学习的独立性、主动性和参与程度可能是不同的，对学生发展的影响也是有差别的。

作用方式不同决定了教师与学生所承担的责任不同。以学生为中心的模式，决定了学生要为自己的学习承担更多的责任。作用方式还表现在教师对学生反馈形式的差异上，教师可以用显性的方式提供反馈，也可以用隐性的方式提供反馈。

④教学环境。人们对"教学环境"有不同的理解。在此，教学环境是指课堂内各种因素的总和。课堂环境是由课堂物质环境、课堂中的人际关系、课堂的气氛等因素构成的。不同的教学模式对课堂环境的要求是不同的。有些以学生为中心的教学模式要求学生有较多的参与，这就需要有更宽松、自由的气氛；有的教学模式以学生之间的作用为主，对班级中人际关系有更高的要求。教学模式中的课堂环境与作用方式有密切的关系。

（二）教学模式的分类

1.乔伊斯对于教学模式的分类

（1）社会相互作用模式

该类模式注重发展学习者与他人和社会的相互交往、相互作用的能力。其中伙伴学习模式侧重发展学习者的合作精神；角色扮演模式帮助学习者理解自己在社会中的角色意义，掌握社会行为规范和学习有效地解决社会问题的方法；法理学模式用案例教学帮助学习者认识社会争端问题、公共政策问题，包括公正、平等、权利、义务等，形成处理社会问题的观念，并在观念的基础上形成价值观。

（2）信息处理模式

该类模式注重帮助学习者获取信息，并发展学习者获取信息、加工信息、观察问题和解决问题的能力。不同的模式有不同的侧重，如归纳模式侧重信息的获得和信息的加工；概念获得模式主要是帮助学习者有效地学习概念；科学研究及其训练模式主要在于培养学习者探究的技能。

（3）个人发展模式

该类模式主要在于发展学习者独特的人格，促进对个人与社会的相互关系和理解。个人发展模式希望学习者通过学习能更好地认识自我，具有独立的人格，对自己、对社会更富有责任心，在追求高质量的生活中更具有创造力。这类模式包括非指导性教学模式和增强自我意识模式。

（4）行为主义模式

该类模式建立在行为主义的社会学习理论和行为矫正、行为秩序、控制论的基础上。布卢姆的掌握学习，斯金纳(B.F.Skinner)的程序教学和加涅的学习条件同归于这一类型中。除此以外，还包括学习自我控制、有效的自我训练模式。

2.叶澜对于教学模式的分类

第一类，侧重于发展思维能力的教学模式。其中有归纳思维模式、发现法、探究训练模式、社会探究模式。

第二类，侧重于发展人际关系技能的教学模式。其中有角色扮演模式、直率性训练模式和社会模拟模式。

第三类，侧重于适应学生需要与个别差异的教学模式。其中包括设计教学法、分组教学等。

上述两种分类方法反映了不同的分类思想。乔伊斯的分类倾向于以模式的理论基础为依据，而叶澜的分类是以个体发展为依据。不同的分类对教师使用教学模式有不同的指导作用。

3.以信息加工为主导策略的教学模式

概念获得模式与先行组织者模式同为帮助学习者更有效地学习有关概念而设计的。更重要的是，它们都是以信息加工为主导策略的教学模式。但是它们又建立在不同的理论研究的基础上，除了都选择了信息加工策略外，两种模式还有各自不同的教学策略和程序。下面将从理论基础、目的、程序、作用方式等方面对这两种模式进行分析比较。

（1）概念获得模式

概念获得模式是由乔伊斯和韦尔在布鲁纳等人研究的基础上建立起来的。概念获得模式本身又有三种变式：接受学习模式、选择学习模式、无序材料学习模式。其中，最基本的是接受学习模式。

①概念获得模式的理论基础与教学目的

布鲁纳与他的同事在研究人们获得概念的过程中，发现人们是通过对众多事物的分类来识别各类事物的，通过将具有共同特征的事物归为一类，以便形成概念。例如，小汽车有大小的不同，颜色与形状的差异，但人们还是能将它与其他的车（如卡车、公共汽车等）区别开来。

布鲁纳认为，任何概念都具有 5 种要素，即名称、范例、属性、属性价值和规则。名称是赋予一类事物确定的称呼，如水果、动物、植物、房子、汽车、交通工具。具有相同名称的事物就有共同的特征。范例指反映某一概念特征的例子，有正例和反例之分。正例是具有概念本质特征的范例，反例是指不具备概念本质特征的范例。属性指某一类事物共同的、本质的特征。例如，哺乳动物的属性也就是本质特征是母亲用乳汁喂养子女。属性的价值指属性的取值范围。例如，苹果的颜色是苹果的一种属性，红、黄、绿都属于取值范围，但黑色就超出了取值范围。一个概念不同于另一个概念，是由于各种属性组合不同。

概念获得模式是建立在"人们对事物的认识是分类进行的"这样一种思想上，它要求学生对范例进行分析、归纳，然后形成概念。概念获得模式是为学习者能更好地掌握概念而设计出来的。

②概念获得模式的基本程序

根据布鲁纳的思想，概念获得模式的程序设计分成三个阶段。

第一阶段：呈现材料。概念获得模式是学生从实例开始学习概念。为此，教师要向学生呈示有关概念的范例。范例有正有反，范例可以是事件、人物、图片、物品，也可以是教师专门设计的故事。范例给学生提供了资料，学生通过对范例的分析和比较，提出假设。教师在呈现资料时，告诉学生所有的正例都包含了概念的共同特征，要求学生通过对不同范例特点的分析和比较，然后提出对概念的假设。

第二阶段：验证。学生在第一阶段中形成的对概念的假设，要通过验证来证实。验证策略，以认知领域目标为主的教学模式分为三类：第一类，以信息加工为主导策略的教学模式，属于这一类的有概念获得模式、先行组织者模式等。第二类，以探究为主导策略的教学模式，属于这一类的有发现模式、探究模式等。第三类，以及时反馈为主导策略的教学模式，属于这一类的有程序教学模式、掌握学习模式等。

第三阶段：思维策略的分析。在学生形成概念后，教师应进一步帮助学生分析获得概念的思维过程。不同的学生在概念获得过程中，采取的是不同的策略，教师可以让学生描述他们的思维类型，无论是从整体开始，还是从部分开始；是否注重概念的属性，一次是侧重一个还是多个属性。这样，可以帮助学生体会不同策略的效用，帮助学生找到最佳的策略。

③概念获得模式的作用方式

在概念获得接受学习模式中，教师控制着教学的进程。教师事先选择范例，精心设计范例呈现的顺序，如果必要，还要补充范例，对学生的假设做出反馈。在这个过程中，既有教师与学生的相互作用，还有学生与学生之间的影响，但以教师与学生之间的作用为主。

在概念获得的选择学习模式和无序学习模式中，教师、学生与教材之间的作用方式有所不同。在选择学习模式中，除教师最初提出并说明的两个范例可以分正例和反例外，其余的范例无须标明是正例还是反例，必须由学生询问教师。范例的呈现顺序由学生自己控制，学生根据自己的假设，选择范例询问教师，以证实假设。因此，与接受学习模式相比，选择学习模式更多的是由学生自己控制学习的过程。但进入学习的学生可能相对会更少，因为，这一模式需要学生有较高的认识能力，要运用"证实—排除"的策略，可能会有一些学生被迫置于学习活动之外。[1]

在无序材料学习模式中，学生不但要选择范例，还要自己提出范例。教师除最初提供一个正例和一个反例外，其余的范例都是由学生提供，学生提出假设，然后证实假设。教师的任务主要是引发学生提出假设。这种模式给学生提供了主动收集资料的机会，更能锻炼学生的思维。在这一模式中，教师对课堂的控制比较松，学生与学生之间有更多的交流机会。

不同的概念获得模式对教学环境的要求有所不同。在选择学习模式与无序材料学习模式中，更需要有和谐的人际关系，教师要让学生充分提出他们的假设，并且要有自由表达思想的气氛。特别是无序学习模式以学生之间的讨论为主，学生与教师更应该以一种便于交流的形式组合起来。概念获得模式对教学设备的要求主要根据呈现范例的形式而定。

④概念获得模式的应用

教师在选择概念获得教学模式时，首先要明确有些概念不需要运用概念获得模式进行教学。例如，中国的首都——北京。有些需要解释的问题，也不适合运用概念获得模式。与任何有计划的系统的教学活动一样，使用概念获得模式需要教师在具体实施教学之前进行教学设计。教师在明确教学目标的基础上，须遵守以下原则：

首先，选择适当的范例。运用概念获得模式，很重要的一点是范例的选择。

---

① 李旭东．高中数学自主学习模式的应用体会 [J]．智能城市，2016,2(12)：155.

教师在选择范例时，主要应考虑三点：第一，必须选择能充分体现这个概念的肯定系列的范例；第二，要选择合适的否定范例；第三，范例的选择要有顺序。教师要对概念进行分析，在分析的基础上选择范例。

其次，安排合理的范例呈现顺序。在考虑范例呈现顺序时，应将具有概念鲜明特征的范例最先呈现。此外，范例呈现的顺序要根据学习内容和学生的实际情况而定。在选择学习模式与无序材料学习模式中，范例顺序安排不如接受学习模式重要，因为范例的呈现是由学生选择的。

最后，设计科学的范例呈现方式。教师在呈现范例时，应根据范例的不同类型选择适当的呈现方式。有时需要借助现代化的教学技术手段，使学生更好地把握概念的本质属性。

在实施教学时，教师不要轻易对学生提出的假设做出评价，而要启发学生通过范例去识别概念，把识别和验证概念的任务交给学生，促使学生对材料进行分析和推理。教师还有一个重要的任务是对概念特征进行分析，目的是帮助所有的学生很好地掌握概念。

教师可以用4种方法检查学生是否真正掌握了概念：让学生识别概念的其他实例；让学生识别概念的特征；让学生指出新学习的概念与其他概念的关系；让学生用自己的语言给概念下定义。

在实际检查学生掌握概念的情况时，几种方法综合使用会有更好的效果。

概念获得模式是一种使学生通过实例学习概念的教学模式。教师给学生提供肯定或否定的范例，学生通过对范例的分析、比较，提出假设，检验假设，确定概念。概念获得模式有三种类型：接受学习模式、选择学习模式和无序材料学习模式。

（2）先行组织者模式

①先行组织者模式的理论基础与教学目的

先行组织者模式是奥苏伯尔有意义学习理论在教学中的扩展。奥苏伯尔认为有意义学习的心理机制是同化，即学习者原有认知结构中的知识吸收并固定新知识的过程，是新旧知识之间相互作用的过程。新知识被同化到个体的认知结构中，使认知结构发生变化。根据新旧知识三种不同的作用关系，奥苏伯尔将学习分为三种：第一种，下位学习。在这类学习中，新学习的观念是原有知识的下位概念。第二种，上位学习。在这类学习中，新观念是原有观念的上位观念。从许多具体范例中概括出概念的学习，都是上位学习。第三种，并列结合学习。在这类学习中，在学习者原有认知结构中既没有上位的也没有下位的适当概念可以用来同化新观念，但有些可以类比的观念可以用来帮助理解新观念。

无论哪种学习过程，都是学习者对学习内容的加工过程。在三类学习中，下位学习最为容易。因此，奥苏伯尔提出，当学习者认知结构中没有适当的上位观念可以同化新观念时，教师可以在教新观念之前，给学习者学习一个引导性的材料，它比将要学习的新材料具有更高的概括程度和更高的包摄性。然后，学习者利用这一材料去同化新的学习材料，这就是先行组织者模式的基本原理。先行组织者，帮助学习者对所学内容进行加工。

奥苏伯尔（David Pawl Ausubel）认为，教学的目的是培养学习者良好的认知结构，先行组织者模式是为培养学习者的认知结构而设计的。

先行组织者有陈述性与比较性两种类型。前者为学习者后面的学习提供"认知路线图"，后者为学习者后面的学习提供可类推的材料。学习者通过类比可以更好地理解新材料。

②先行组织者模式的程序

先行组织者模式由三个阶段组成，每一个阶段都遵循奥苏伯尔（David Pawl Ausubel）信息加工的原理。

第一阶段呈现先行组织者，教师在让学生明确教学目标后，向学生提供先行组织者。教师要向学生解释组织者，因为先行组织者本身也是一种观念或是一个概念。必要时，教师要向学生列举组织者的基本特征，解释特征并给以例证，帮助学生理解组织者，但呈现组织者应该是简明扼要的。在这一阶段的最后，教师要提醒学生意识到自己认知结构中与组织者和学习新材料有关的知识，以便学生能更好地利用组织者同化新的学习材料。

第二阶段呈现学习任务或学习材料。在这一阶段，教师遵循逐步分化的原则将学习材料呈现给学生。"逐步分化"是奥苏伯尔（David Pawl Ausubel）组织教学内容的原则。在教学过程中，"逐步分化"是将较大范围的概念或较小范围的概念或概括，也就是将概念分化为不同的层次，使学生独立地学习不同层次的知识，了解不同层次知识之间的关系，使学生形成良好的认知结构。

第三阶段增强学生认知结构中有关概念之间的联系，综合贯通是这一阶段要遵循的原则。综合贯通的基本目的是以一种有意义的方式促使学习者真正理解所学习的材料。在讲解式教学中，综合贯通可以通过分析有联系概念的相似点和不同点来实现，而分析可以通过教师的提问来完成，也可以由学生向教师提问来实现。

促使学生认知结构中有关概念综合贯通的具体方法有以下几种：一是要学生描述新材料怎样同他们现有知识的某一方面相联系；二是要学生为学习材料中的概念或命题提出更多的例证；三是要学生用他们自己的术语和参照框架表达材料的精髓；四是要学生用其他观点考察所学材料；五是把这种材料与其相矛盾的材料、经验或知识联系起来。

③先行组织者模式的作用方式

在这一模式中，以教师与学生之间的作用为主。教师事先选择好教学材料，设计好教学程序，选择适当的教学策略，引导学生对所学内容进行加工，整个教学过程基本上由教师控制。在模式的第三阶段，学生的参与程度有所提高，学生提出问题，增强了教师与学生之间的作用，但学生与学生之间的作用比较少。学习材料与学生个体之间相互作用，学生以个体的方式理解学习材料。有意义学习的实质是学习者新旧知识之间的作用，对新材料的掌握主要取决于学习者原有的认知结构和教师对所教材料有层次地系统地呈现。

这一模式对教学环境没有特殊的要求，主要需要学生的积极参与，学生主动提问会产生更有效的教学效果。

④先行组织者模式的应用

在教学中，教师选择使用先行组织者模式时，与采用其他教学模式一样，必须先确定教学目标。这一模式不针对特定的教学内容，换句话说，任何的内容都可采用这一模式，但这一模式更适合任何一组相互有联系的概念或概括，而不是单个的概念。先行组织者模式可用来教一节课，也可用来安排一段时间的课程。

教学内容的组织是应用先行组织者模式的关键。在确定了教学目标后，教师必须有层次地组织教学内容，可将内容按照概念的逻辑关系（从属、上位、并列的关系）组织学习材料；也可根据归纳思维的方式组织学习材料；还可根据类比思维的方式组织学习材料。不管采用哪种方式，都是为使学习者更好地对材料进行加工，实现有意义的学习。教师教学设计的另一关键是先行组织者的设计，先行组织者要将新的学习材料与学习者原有认知结构联系起来，或者是帮助学习者组织新的学习材料。先行组织者有三种不同的类型：概念的定义、概括性结论、具有类比作用的材料。

在教学实施阶段，教师首先向学生呈现先行组织者，并使学生理解组织者。然后，按逐步分化的原则向学生呈现学习材料或学习任务。教师分层次地向学生展示学习材料，使学生将所学内容当作分离的但又是相互联系的统一体来学习，目的是使学生形成良好的认知结构。虽然学生的学习采用分层进行的方式，但教师要帮助学生将所学知识融会贯通，增强认知结构中有关概念之间的联系，进行真正的、有意义的学习。教师主要帮助学生认识不同概念的相同点、新旧观念之间的不同点、矛盾与冲突，使学生既能将新概念与原有知识区别开，又能认识到它们之间的联系。

先行组织者模式是奥苏伯尔根据有意义学习理论设计的一种用来教学生学习概念的教学模式。这一模式主要通过向学习者呈现先行组织者，按照逐步分化的原则呈现学习材料，使学习者在掌握概念本身的同时，理解概念之间的关系，帮助学习者形成良好的认知结构。[1]

对学生学习效果的评价，既要评价对概念本身的理解，还须评价学生对概念之间关系的理解。衡量学生对概念之间关系的理解，可让学生把课堂上学到的知识应用于新情境中，或要学生用书面文字的形式对概念进行比较。

（三）我国教学模式的发展

在我国，"教学模式"这一概念是在 20 世纪 80 年代末出现的。在此之前，我国的教育学将教学模式归为教学方法，或者称为教学过程阶段理论。在我国的教育学著作中，最早将"教学模式"作为专门内容讨论的是叶澜主编的《新编教育学教程》（1991 年）。在这本书中，共介绍了 10 种教学模式，其中有 3 种是由我国教育工作者研究发展起来的。20世纪 80 年代至今，我国已经形成了丰富的教学模式体系。

随着教学模式的增加，有必要对教学模式进行分类。依据教学模式中的主导策略，可将我国的教学模式分为以讨论为主导策略的教学模式、以反馈为主导策略的教学模式和以尝试探究为主导策略的教学模式。在此需要说明的是，这种分类方法不能涵盖我国所有的教学模式，但是这种分类方法有助于人们理解教学策略的意义。

---

[1] 杨军凤. 高中数学合作实践型作业模式研究与反思 [J]. 教育现代化, 2016, 3(38): 383-384+398.

1.我国传统的教学模式

我国在很长时间没有教学模式这一概念，但教学模式作为客观事实存在于教学实践中，教育理论工作者和教师都习惯称我国的基本教学模式为"教学过程的阶段"，该阶段由5个部分组成。

（1）引起学习动机

引起动机是进行教学的前提，学习动机是有效学习的保证。在这一阶段，教师的主要任务是运用各种手段激发学生的学习动机。

（2）领会知识

领会知识包括感知教学内容和理解教学内容，学生对学习内容形成清晰的表象，然后上升到概念。教师运用概括、比较、分析、归纳、综合等方法，促使学生对新旧知识之间产生联系，帮助形成概念，并促进学生思维的发展。

（3）巩固知识

学生在理解所学知识的基础上，通过复习、练习，将所学知识比较牢固地保存在记忆中；也可以通过知识的精加工，使所学的知识更好地储存在记忆中。

（4）运用知识

教师通过组织一系列的教学实践活动，促使学生运用所学的知识去解决问题。学生通过应用知识，形成知识和技能。

（5）检查知识

检查学生对所学知识的掌握情况，这是一种反馈措施。教师需要根据检查的结果调整教学方案，学生需要及时了解自己的学习情况，调整自己的学习活动。

教学模式的5个阶段之间紧密相连，在教学实践中很难截然分开。这样的教学模式适用于我国以学科知识、书本知识为主的课堂教学，也有利于学生系统地掌握知识和基本技能。

2.以讨论为主导策略的教学模式

大多数教学模式都会运用讨论这一策略。在目前较为成熟的教学模式中，育才中学的"茶馆式"教学模式是以讨论为主导策略的典型代表。该教学模式名称从"八字"教学法改为"茶馆式"教学模式，更体现了讨论在模式中的重要意义，表明该模式注重学生之间的交流作用。

"茶馆式"教学模式又称"八字"教学法。育才中学老校长段力佩自20世纪60年代开始致力于研究教学方法的改革实验，经过多年的发展，形成了有相对稳定结构的教学模式。1978年归纳为"读读、议议、练练、讲讲"8个字，因此，又称为"8字"教学法。经过多年的发展，形成现在的模式。

"茶馆式"教学模式的教学目标如下：

"茶馆式"教学模式是针对教师在课堂中讲授太多、学生练习太少的现象提出来的。在传统的教学模式中，学生处于被动的学习状态。"茶馆式"教学模式希望改变知识的呈现方式，调动学生的积极性和主动性，使学生的学习由被动变为主动，同时使学生的能力得到相应发展。

在"茶馆式"教学模式中，"读"是基础，它是指学生阅读新材料，开始理解教材，产生问题。"议"是该模式的特点，指学生在阅读的基础上进行讨论，这种议论可以是小组形式的，也可以是自由形式的。在"议"的过程中，学生之间交流观点，解决疑问。"练"是指练习、应用，学生通过应用所学知识达到巩固知识的效果。"讲"贯穿整个教学过程，主要针对学生在自学中的问题进行讲解，可以是教师讲，也可以是学生讲，目的都是通过讲解解决问题，总结归纳所学的知识。"讲"一定是有重点的精讲。

在学生阅读、议论时，教师一直在课堂中巡视，进行个别辅导，及时解答学生提出的问题或引导学生学习。这种教学模式没有固定的程序，一般是教师先阐述教学目标，然后学生阅读教材。"讲"可以在任何时间进行，主要取决于学生的需要。

这一教学模式能较好地适应学生的个别差异，因为学生可以根据自己的学习进度进行学习，学习比较主动，便于独立思考；但这一教学模式仍属经验总结，仍然有需要完善的地方。

3. 以反馈为主导策略的教学模式

以反馈为主导策略的教学模式主要有布卢姆"掌握学习"模式在我国的实验和"尝试指导—效果回授"模式，而后者更能代表我国模式的特点。

（1）"尝试指导—效果回授"模式的基本程序

"尝试指导—效果回授"模式是顾泠沅在 20 世纪 70 年代末，为大面积地提高数学教学质量而进行的研究成果，有关的研究至今仍然在进行。该模式包含一系列的教学策略，如内容的结构化策略、尝试探究策略等，但模式的形成和发展是以反馈策略为基础的。"尝试指导—效果回授"模式的基本程序分为 4 个环节。

①问题情境。教师创设问题情境，造成学生的认知"冲突"，通过教师的启发诱导，激发学生的学习兴趣和求知欲。

②指导尝试。教师在讲授的同时，指导学生自己去探究，发现，学生查阅资料，并尝试运用各种思维方法解决问题。

③变式训练。教师组织学生进行分水平的变式训练，目的是防止学生机械地模仿。提供给学生的变式练习，在难度上应有一定的梯度。

④系统归纳。教师通过必要的讲解，指导学生将尝试的结果进行归纳，得出结论，形成概念，纳入知识结构中。

（2）与"茶馆式"教学模式的比较

"茶馆式"教学模式（又称育才模式）与"尝试指导—效果—回授"模式（又称青浦模式）属于不同类型的教学模式，目前它们在我国都有很大的影响，皮连生对这两种模式进行了比较。

两种模式都强调学生积极主动的学习精神，都反对教师满堂灌的讲课法。虽然两种模式有不同的程序，但教学目标有一致的地方，那就是都注重发展学生的认知能力。

两种模式都不排斥教师的主导作用，但是教师主导作用的表现形式不同。如青浦模式中，创设问题情境、安排变式训练、指导学生尝试，都体现出教师的指导作用。而育才模式中，教师的指导作用体现在"精讲"的指导，体现在"练"的合理安排，体现在答疑、解惑上。

两种模式都符合技能形成的基本规律。皮连生认为，"青浦的经验比育才的经验向前迈进了一步"，具体表现在三个方面：第一，青浦的教学模式是从激发学生的学习兴趣入手，强调学生内部动机对学习的作用。第二，青浦的教学模式以教师的反馈和评价结束，这样就形成了一个完整的教学过程。与之相比，育才模式强调的是课堂教学中的一个阶段，即学生掌握知识的阶段。第三，青浦模式强调将知识纳入知识结构中，注重促使学生形成良好的知识结构。

顾泠沅认为，青浦模式仍存在有待完善的地方，包括知识的组织、学科基础知识的教学与创造性的教学结合、对影响学生学习态度的因素分析等，都需要进一步的研究。

4. 以尝试探究为主导策略的教学模式

在我国的教学模式中，属于这类的教学模式为数众多，如尝试教学法、引导发现法、"六课型单元"教学模式、"六步教学法"等。下面以尝试教学法为例，介绍这类教学模式的特点。

（1）尝试教学法简介

尝试教学法始创于 20 世纪 80 年代初，由小学数学教学法专家邱学华在小学数学教学研究中创立发展而成。尝试教学法的基本程序由五步构成。

①出示尝试题。以题目的形式向学生提出问题，激发学生的学习兴趣，同时让学生带着问题开始学习。

②自学课本。为解决问题，学生阅读课本。如在阅读过程中遇到问题，可提出问题。教师应鼓励学生质疑。

③尝试练习。大部分学生通过阅读课本都找到了解决尝试问题的办法，在此基础上，学生开始尝试解、题。教师让不同类型的学生扮演，教师巡视。学生在练习时可以查阅课本。

④学生讨论。尝试练习后，教师引导学生针对学生扮演的情况进行讨论，不同的看法可以争论。

⑤教师讲解。学生讨论后，教师进行系统的讲解，目的是让学生理解知识的内在联系。教师应有针对性、有重点地讲解。

尝试教学法的程序不是固定不变的，教师可视具体的情况灵活运用。如"尝试指导—效果回投"教学模式形成了一种有效的课堂教学结构。它包括问题情境、指导尝试、变式训练、系统归纳和反馈调节 5 个环节。

（2）可以"先学后讲"，也可以"先练后讲"

以尝试探究为主导策略的教学模式的基本思想，注重掌握知识和发展能力相结合，以学会学习理论为指导思想，以发展学生的智能为目标，以引导学生尝试探究为主导教学策略。在这类教学模式中，教师是指导者、引导者，主要任务是激发学生的学习动机，为学生提供探究所需要的材料，帮助学生学习，同时，教师的主导作用与学生的主体性要有机结合。

该类教学模式多以问题为导向，引导学生积极主动地学习。学生通过自主的学习活动，在掌握知识的同时，发展分析问题、解决问题的能力，加速创造性思维的发展。这类教学模式注重教师与学生的相互作用、学生与学生的相互作用，注重以良好的教学环境作为支持性条件。

这里我们主要介绍了当前国内外有较大影响的教学模式，并对其中的一些教学模式进行了比较，目的是给教师在选择教学模式时提供一些有意义的帮助。通过比较发现，我国的教学模式更侧重对教学方法的研究和选择，希望通过教学方法的变革，带动整个教学的改观，育才中学的"茶馆式"教学模式就是一个比较典型的例子。但从现代教学改革的发展趋势来看，仅有方法上的变革是不够的，现代教学改革是从内容到目标的全面变革。相比较而言，国外有影响的教学模式更多的是以教学内容为中心，注重内容的组织和内容呈现的顺序。如概念获得模式、先行者组织模式，都注重通过学习内容的组织，促使学生形成良好的认知结构，两种模式主题明确，操作性强。

需要注意的是，任何一种教学模式都是为特定的教学目的设计的。如果脱离了实际的教学情境，脱离了教师的教学风格，抽象地评价某一种教学模式的好坏，既无价值，也不科学。因此，再次提醒教师，选择教学模式首先要考虑教学目标的要求，考虑教学内容的规定，考虑学习者的特点，还要考虑教师自己的教学风格和教学技能，在此基础上，再选择最合适的教学模式。

第三节　信息技术与高中数学课程整合的目标

信息技术与课程整合要达到宏观目标，建设数字化教育环境，推进教育信息化进程，促进学校教学方式的根本性变革，培养学生的创新精神和实践能力，实现信息技术环境下的素质教育与创新教育。

一、优化教学过程，提高教学质量和效益

信息技术与课程整合的本质是在先进的教育思想、教育理论的指导下，把以计算机及网络为核心的信息技术作为教学环境的创设工具和促进学生学习的认知工具，应用到各学科教学过程中。将各种教学资源、各个教学要素和教学环节，经过组合、重构，相互融合，提高教学质量，促进传统教学方法的变革。

二、培养学生的信息素养

培养学生获取（包括信息发现、信息采集与信息优选）、分析（包括信息分类、信息综合信息查错与信息评价）、加工（包括如何有效地利用信息来解决学习、工作和生活中的各种问题）和利用（包括信息的排序与检索，信息的组织与表达，信息的存储与变换以及信息的控制与传输等）信息的知识与能力，为学生打好全面、扎实的信息文化基础，同时具备对信息内容的批判与理解能力，并能在虚拟的环境中形成良好的伦理道德和法律意识。

三、培养学生掌握信息时代的学习方式

海量的网络信息，改变了人类的学习方式，学习方式从接受式学习转变为自主学习、探究学习、研究性学习和协作学习。新的学习方式要求学习者必须利用资源进行学习，学会在数字化情境中进行自主发现，学会利用网络通信工具进行协商交流、合作讨论式的学习，学会利用信息加工工具和创作平台，进行实践创造的学习。

四、培养学生终身学习的态度和能力

在信息时代，知识的更新率加快，各学科间相互渗透，出现了更多的新兴学科和交叉学科。在这种科学技术、社会结构发生剧变的大背景下，要求学习者具有主动汲取知识的愿望并能付诸日常生活实践，要能够独立自主学习、自我组织，并能控制整个学习过程，对学习进行自我评估。[①]

第四节　信息技术与高中数学教学整合的基本原则

信息技术与课程整合，是将信息技术有机地融合在各学科教学过程中。但整合不等于混合，在利用信息技术之前，教师要清楚信息技术的优势和不足，并了解学科教学的需求。在整合过程中，教师要设法找出信息技术在哪些地方能提高学习的效果，从而使学生用信息技术来完成那些用其他方法做不到或效果不好的学习任务。

一、运用教育理论指导课程整合的实践

现代学习理论为信息技术与课程整合奠定了坚实的理论基础，在教与学的层面上，每

---

① 陈堆章．新课程背景下高中数学教学模式分析 [J]．亚太教育，2016(28)：52．

一种理论都具有正确性的一面。但是，在教学实践中，没有一种理论具有普适性，无论哪一个理论都不能替代其他理论而成为唯一的指导理论。

行为主义学习理论，要在对需要机械地记忆知识或具有操练和训练教学目标的学习中凸显出来。

认知主义学习理论的指导作用，则主要体现在激发学生的学习兴趣，控制和维持学生的学习动机。

建构主义学习理论，提倡给学生提供建构理解所需要的环境和广阔的建构空间，让学生自主、发现式地学习。如利用信息技术进行适当的内容重复，帮助学生记忆知识。通过信息技术设置情境，让学生便于意义建构。

二、根据学科特点构建整合的教学模式

每个学科都有固有的知识结构和学科特点，它们对学生的要求也是不同的。语言教学是培养学生应用语言的能力，主要训练学生在不同的场合，正确流利地表达自己的思想，培养学生与别人交流的能力。

数学属于逻辑经验学科，主要由概念、公式、定理、法则以及应用问题组成，教学的重点应该放在开发学生的认知潜能上。

物理和化学则是与人们的生产、生活密切相关的学科。在教学中，应注意培养学生的观察能力、解决问题的能力和做实验的能力。

如果需要培养学生的操作能力，那么用计算机的模拟实验全部代替学生的亲手实验，将会违背学科的特点，背离教学目标中对学生动手能力的培养。

三、根据教学内容选择整合策略

信息技术与课程的整合应该根据不同的教学对象，实施多样性、多元化和多层次的整合策略。对学习类型和思维类型不同的人来说，他们所处的学习环境和所选择的学习方法将直接影响他们的学习效果。如有的学生不能主动地对外来信息进行加工，喜欢有人际交流的学习环境，需要明确的指导和讲授等。而有的学生在认知活动中，则更愿意独立学习、进行个人钻研，更能适应结构松散的教学方法或个别化的学习环境。

四、以"学教并重"的教学设计理论来进行课程整合的教学设计

目前，流行的教学设计理论主要有"以教为主"的教学设计和"以学为主"的教学设计两大类。理想的方法是将二者结合起来，取长补短、优势互补，形成"学教并重"的教学设计理论。而且，这种理论也正好能适应"既要发挥教师主导作用，又要充分体现学生

主体作用的新型教学结构"的要求。将信息技术作为促进学生自主学习的认知工具与情感激励工具。

五、个别化学习和协作学习的和谐统一

信息技术给我们提供了一个开放性的实践平台，对于同一任务，不同的学生也可以采用不同的方法和选择不同的工具来完成。这种个别化的教学策略，对于发挥学生的主动性，进行个性化的学习是很有帮助的，既要为学生提供个别化的学习机会，又要组织学生开展协作学习。

第五节　基于信息技术的高中数学探究式教学模式的建构

建构主义理论（constructivism）主要是以皮亚杰、维果斯基等人的思想为基础而发展起来的。在当今的教育心理学界，建构主义日益引起了研究者的关注，甚至有人（R.E.Slavin）把它看作教育心理学的一场革命。

建构主义"学与教"理论强调要以学生为中心，把学生由外部刺激的被动接收者和知识的灌输对象转变为信息加工的主体，灌输者转变为学生主动建构意义的帮助者和促进者；要求教师应在教学过程中采用全新的教育思想、教学结构（彻底摒弃以教师为中心、强调知识传授、把学生当作知识灌输对象的传统教育思想与教学结构）、教学方法和教学设计。

建构主义"学习环境"理论认为，学习者的知识是在一定情境下，借助于他人的帮助，如人与人之间的协作、交流，利用必要的信息等，通过意义的建构而获得的。理想的学习环境应当包括情境、协作、交流和意义建构4个部分。

一、情境

学习环境中的情境必须有利于学习者对所学内容的意义建构在教学设计中，创设有利于学习者建构意义的情境是最重要的环节或方面。

二、协作

应该贯穿于整个学习活动过程中。

教师与学生之间、学生与学生之间的协作，对学习资料的收集与分析假设的提出与验证，学习进程的自我反馈和学习结果的评价，以及意义的最终建构都有十分重要的作用。

三、交流

协作过程中最基本的方式或环节。

比如学习小组成员之间必须通过交流来商讨如何完成规定的学习任务达到意义建构的目标,怎样更多地获得教师或他人的指导帮助,等等。其实,协作学习的过程就是交流的过程,在这个过程中,每个学习者的想法都被整个学习群体共享。交流对于推进每个学习者的学习进程,都是十分重要的手段。

四、意义建构

教学过程的最终目标。

其建构的意义是指事物的性质、规律以及事物之间的内在联系。在学习过程中帮助学生建构意义就是要帮助学生对当前学习内容所反映事物的性质、规律以及该事物与其他事物之间的内在联系达到较深刻的理解。

信息技术与课程整合是对当前教育教学的新要求,要在适合当前社会发展的教育教学理论下进行。信息技术与课程整合绝不是一种简单机械的混合,它更应该是一种全面交融发展的过程。在这个过程中,我们充分分析研究学习者原有的认知结构,并在新的教育教学环境下,创建适合学习者学习的情境,充分利用各种信息技术,组织学习者进行协作、会话,从而形成新的更高层次的意义建构。

五、建构主义学习理论对数学教学中信息技术有效应用的指导

建构主义是学习理论中行为主义发展到认知主义以后的进一步发展。建构主义者认为,学习是学习者主动的意义建构过程。主张世界是客观存在的,但对世界的理解和赋予意义是由个人根据自己的经验来"建构"和"理解"的。由于个人的经验是多种多样的或者是有差异的,因此对客观世界的解释或者建构也多样化,他们强调学习的主动性、社会性和情境性。心理学家把建构主义划归为认知心理学派。

从建构主义学习理论的主要思想内容和其指导的教学过程要素分析可知,建构主义学习观指导课堂教学应用信息技术具有相当的实用性。建构主义学习理论倡导在教师的指导下,以学生为中心进行学习。建构主义学习环境包括情境、协作、交流和意义建构四大要素。

就数学而言,建构主义认为,数学不是建立在独立于人类思想之外的纯客观的事实上的。数学的对象是思维对象,是人类的创造与发明,而不是发现。但它又不是任意创造出来的,它是从已有的数学对象出发,根据科学生活、生产时间的需要,要经过人类自身的数学活动而形成的,虽然学生要学习的数学都是前人已经建造好的,但对学生来说,仍然是全新的、未知的,需要每个人再现历史的创造过程来形成,即学生用自己的活动对人类已有的

数学知识建构起自己的正确理解，而不是去仔细地吸收课本上或者教师叙述的现成结论。按照建构主义理论，数学教学应该是让学生亲身参与的思想活动的组织过程。用计算机帮助数学实验教学，可以把概念的形成过程暴露出来，随时看到各情况下的数量关系变化，而且这个过程可以根据需要进行控制，使学生有了更多的观察、探索、实验与模拟的机会，在实验教学过程当中，学生可以形成经验体系，完成意义构建。①

何克抗教授把构建主义学习环境下的教学模式总结为，以学生为中心，在整个教学过程中，由教师起组织者、指导者、帮助者和促进者的作用，利用情境、协作、会话等环境要素，发挥学生的主动性、积极性和首创精神，最终达到使学生有效地实现对当前所学知识的意义建构的目的。在这种模式中，学生是指示意义的主动建构者。具体的指导作用在于以下几个方面：

第一，"以学生为中心"，这一点对于教学设计有着至关重要的指导意义，也是与传统教学的最大差别。要在学习过程中充分发挥学生的主动性；要让学生有多种机会在不同情境下去应用他们所学的知识，将知识"外化"；要让学生能够根据自身行动的反馈信息来形成对客观事物的认识和解决问题的方案，实现自我反馈。根据这一指导思想，在条件允许的情况下，每个人都要动手操作、观察思考并讨论，可以充分发挥学生的主动性。可设计一些反馈练习题，让学生把它们所学的知识"外化"，实现自我反馈。

第二，重视与学生的生活实际、社会环境相联系，但必须注意数学本身的特点。建构主义认为，学习总是与一定的社会文化背景及"情境"相联系，在实际情境下进行学习，从而赋予新知识以某种意义。如果原有经验不能同化新知识，则要引起"顺应"过程，以完成对新知识的意义构建。而传统教学正是因为不能提供生动、丰富的真实场景，而使学习者较难实现对知识的意义建构。但必须注意的是，"情境"不一定是现实生活中的情境，数学教学应用信息技术要创设的学习情境：创设出为理解主题所需要的学生现在又欠缺的接近真实经验的情境；创设有利于发展联想思维和建立新旧概念之间联系的情境；创设概念情境、问题情境、过程情境、公式规律情境等。一味地在现实生活中寻找"情境"是对"情境"的误解，也是不可取的。章建跃指出，数学教学应当结合现实中的具体情境，使学生形成背景性经验。但是我们不赞成将现实情境原原本本地搬到课堂上的做法，像"情境性教学"之类的理想化教学模式并不符合我国的教学实际，与数学学科的特点也互相矛盾。

第三，从数学试验中获取数学经验，数学教学应从具体的数学经验入手，逐步发展到抽象。有效的数学学习之路必须充满具体的数学经验，而获得数学经验的最好办法就是做数学实验。所以，在数学教学中应使用计算机等各种视听工具，通过数学实验活动，为学生的数学学习提供更为具体和较易理解的数学经验，使抽象的数学知识变得更为具体，从而形成更好的抽象。

① 龚卫东，平光宇．利用信息技术开展高中数学研究性学习的教学模式行动研究［J］．数学通报，2016，55（09）：53-57．

第四，充分利用矛盾完成数学知识的建构。人们通过研究发现学生在抽象数学概念的心理表征上具有如下的特点：直观形象性，即学生在对数学概念进行心理表征时，常常要借助直观形象，这种直观形象主要来源于日常生活或关于这个概念的已有学习经验；不一致性，即学生关于抽象数学概念的心理特征往往有一定的内在矛盾性，特别是通过数学学习所获得的数学定义往往与他先前关于这一概念的直观形象矛盾，学生常常把直观形象中包含的非本质特征或个别特征当成数学概念的全部本质特征。因此，在数学教学中，首先教师应让学生通过对已有直观形象和经验的抽象、概括等主动的思维活动，理解和掌握相应的数学概念的形式定义；其次，学生在日常生活中建立起来的具体性经验与形式化的数学概念常常存在着某种矛盾。因此，在强调把数学概念具体到一定的实例中，把具体情境联系起来的同时，教师应利用这种矛盾来引起学生的认知冲突，通过纠正以往的错误观念，对已有认知结构进行调整、扩充或重新组合，使相应的具体经验升华为理性认识，从而准确理解数学概念的形式定义，建立起关于数学概念恰当的心理表征。

六、以探究为主导策略的教学模式

由于发现模式与探究模式都以"探究"为主导策略，它们在教学目的、教学过程等方面又有较多的相似之处，同时，两种模式之间也有不同点，因此，我们将这两种模式放在同一节进行讨论。

1.发现模式

发现模式又称发现法、发现学习模式，由著名教育心理学家布鲁纳率先倡导。发现模式是布鲁纳结构主义课程论的一个组成部分。

（1）发现模式的理论基础与教学目的

布鲁纳的课程理论是建立在他对认知发展研究的基础上的。布鲁纳认为，人的认知发展经历了三个阶段：动作式；图像式；符号式。教学应依据认知发展的规律开展，促进学生认知结构的发展。以此为出发点，布鲁纳强调教学要使学生掌握学科的基本结构，提倡通过发现学习促进学生的智力发展。

布鲁纳认为，学科知识的基本结构就是基本概念、基本原理、基本规律。学生掌握学科基本结构的作用之一，是促进学习产生迁移。布鲁纳认为，发现学习有助于发展学生的智力，因为它要求学生运用探究的方法去发现要学习的内容，包括学科的概念、结构、结论和规律。通过这种方式使学生像科学家那样去思考、去探索，体验科学家发明、发现、创造的过程，培养学生创造的态度和创造的能力。

布鲁纳的"发现"，不仅指人们探索未知的行为，也包括学生自己获得知识的形式，只是这种知识对学生来说是未知的。因此，发现模式是为培养学生的创造态度和创造能力而发展起来的，它是结构主义课程论与探究法的结合。

（2）发现模式的程序

一般来说，发现模式的程序包括 4 个阶段。

第一阶段，提出问题。教师向学生提出问题，提供学生探究所需要的材料。问题可以从学科知识中出发，也可以根据学生的需要进行设计。教师提问的方式多种多样，可以是语言阐述、实验，也可以是图例或实际情境。总之，要激发学生的好奇心，教师在提出问题的同时，还应将学生解决问题时所需的资料提供给学生。

第二阶段，提出假设。在教师的指导下，学生观察具体的事实、现象、对资料进行处理、分析问题，同时对问题进行讨论。然后，提出解决问题的假设。假设可以是一个，也可以是多个。在提出假设的过程中，教师应允许学生猜测和想象。

第三阶段，形成概念。学生在提出假设后，要对假设进行验证。在验证假设的过程中，可能有的假设被推翻，有的假设需要进行修正。假设一经验证，就成为学生应掌握的学习内容，学生将结论上升为概念。在教师的指导下，学生用科学的语言表达来获得结论，形成概念或定理。

第四阶段，运用新概念。教师指导学生将获得的新概念运用到新的情境中，解决新问题或解释新现象，同时培养学生解决问题的能力。

（3）发现模式的作用方式

在发现模式中，教师与学生形成一种协作的关系。学生主动地参与学习，学生与学生之间相互影响，学生主动地抽取有用的信息并组织信息，利用信息解决问题；教师提供所需的学习材料，启发学生思考。但教学的进程基本上由学生控制，教学过程主要是学生的发现过程。在这一模式中，由于学生的高度参与、主动的学习、大胆的猜测和想象，课堂气氛是自由的，学生与教师、学生与学生之间的关系是和谐的。

（4）发现模式的应用

在发现模式的应用过程中，教师自始至终都在运用探究的策略，指导学生通过探究来掌握知识。探究是激发学生学习动机的策略，也是引导学生形成发现态度和能力的策略。有人认为，使用发现模式进行教学，教师不需要事先进行教学设计，这种观点是不科学的。如果教师没有事先做好准备，而是让学生自由地发现，则很难产生有效的学习结果。

在教学设计时，教师首先要确定发现的目标，然后根据教学目标设计问题，包括问题以何种方式提出。提出的问题要能引起学生的学习兴趣，因为发现模式更需要学习者内部动机的支持。在发现模式中，学生的内部动机是对学习内容、发现过程的兴趣与自信。教师还要设计如何给学生提供学习需要的资料，设计提供学习材料的顺序。运用发现模式，同样要求教师给学生提供"结构性"教材。结构性教材是相对完整的，有联系的学习材料，学生借助这些材料能提出假设或证明假设。

在教学实施过程中，教师要善于发现问题，要重视学生思维过程中存在的问题。当学生对问题的思考不全面时，教师要及时给予引导；当学生提出的假设被推翻时，教师要引导学生重新提出假设；当学生的假设被证实后，教师要引导学生使用科学的语言概括结论，将证实的结论上升为概念或定理。教师还必须有意识地将发现的方法教给学生，鼓励学生大胆想象，大胆表达自己的观点；教师要鼓励学生的直觉思维。总之，虽然在发现模式中学生是学习的主体，但仍然需要教师的指导。

发现模式是指在教师的指导下，学生运用探究的方法，自己去发现学科的基本概念、基本原理和基本规律的教学模式。发现模式的目的是，让学生通过自己的发现掌握学科的基本结构，培养学生发现的态度、发现的能力。[1]

教师在运用探究模式时，创设问题情境是一项较为艰巨的任务。教师在准备问题时，第一，教师要考虑的是该问题是否一定需要学生通过收集资料、检验假设才能解释。也就是说，问题不能过于简单，不能是不需要学生专门研究就能解决的问题。第二，教师要考虑需要解释的问题是否超出了学生的知识背景与能力的发展水平。也就是说，问题应与学生的发展水平相适应，不能太难。第三，教师还须考虑问题能否激发学生的学习兴趣，激发学生的好奇心，能否成为促进学生学习的动机因素。问题的呈现方式也可能成为影响学生动机的因素，教师在选择呈现问题的方式时，需要考虑学生的特点。

教师在为探究教学做准备时，还须注意问题事件。应引导学生思考一个特定的问题，而不是一组一般的问题。

在探究模式的实施过程中，教师首先是向学生展示问题，使所有学生都知道要解释的是什么问题。在提出假设和收集资料阶段，教师对学生提出的问题只回答"是"或"不是"，这样做的目的是让学生承担收集资料和解释资料的责任。当不能用"是"或"不是"回答时，教师要鼓励学生重新提出问题，或指导学生提出问题。教师要尽可能鼓励学生提出问题，不要限制学生提问。教师可以要求学生回顾探究过程，促使学生得出结论。当学生不能很好地解释资料时，教师要鼓励学生继续收集资料，或对已有的资料进行分析。得出结论后，教师要引导学生回顾探究过程，目的是使学生对自己进行认识，促进学生思维能力的提高。

在探究模式中，教师对学生评价的重点是学生的探究能力。评价的方式可以是要求学生将资料与解释联系起来，并提出假设。另一种方式是，教师要求学生根据补充的资料重新提出假设，或重新进行解释。

教师对学生探究过程的评价，不仅要内容目标与过程目标相结合，还要认知目标与情感目标相结合。教师应给予学生更多的鼓励，使学生体验到探究的乐趣，增强学生探究的信心，使学生对探究活动产生积极的情感体验。

萨奇曼的探究模式是为发展学生的探究技能而设计的一种教学模式。在这一模式中，教师提出问题，学生在一个模拟的过程中收集资料、提出假设、验证假设、得出结论。通过这种方式使学生的探究技能有所提高，同时对探究活动产生一种积极的情感体验。

（2）两种模式的比较

发现模式与探究模式有许多相似之处。对它们进行比较，目的是帮助教师在教学中做

① Charlotte Danielson,Elizabeth Marquez.Performance Tasks and Rubrics for High School Mathematics[M]. Taylor and Francis:2016-03-28.

出恰当的选择。

发现模式与探究模式有以下四个相同点：

①这两种模式的教学目的相同，或部分相同。发现模式和探究模式的主要目的都是发展学习者的探究能力。在具体教学中，内容目标与过程目标关系密切。探究是两种教学模式的目的，也是教学模式中的教学策略。探究活动本身就能激发学习者的学习兴趣和好奇心，增强学习者的学习动机。

②这两种教学模式都以探究为主导策略，以问题为导向。通过提出问题，促使学习者融入学习中；通过引导学生探究，促使学生开展积极主动的学习活动。

③两种教学模式中，教师与学生之间的作用方式相似。教师与学生之间是一种协作的关系。教师通过回答学习者的问题给学习者提供资料，帮助学习者进行探究；通过提问，促进学习者融入学习中。在这两种模式中，学习者之间是相互合作、互动的。

④两种模式都需要和谐的人际关系和自由的学术气氛来促使教学的成功。在这两种模式中，只有学习者充分提出自己的观点和想法，只有学习者的相互合作，才能实现教学目标。学习者只有处于安全的环境中，才能充分发挥学习的主动性和积极性。

另外，这两种模式都注重教学的情感目标，也就是重视学习者在学习过程中的情感体验。发现模式注重的是学生发现态度的培养，是学生对发现过程的体验；探究模式注重学习者在探究活动中的成功体验。

尽管这两种模式有以上这些相同之处，但它们仍是有区别的，因为它们是建立在不同的理论基础之上的教学模式。它们之间的区别主要有以下几方面：

①两种模式的程序结构不同，导致学习者的思维过程不同。发现模式是从问题出发，让学生去发现学科的基本结构，这一过程是归纳的过程。探究模式最终是要对最初提出的问题做出解释，需要归纳思维和演绎思维同时进行。

②两种模式提问策略不同。在教学过程中，虽然两种模式都选择了"提问"的策略，但发现模式注重提问中的转移使更多的学习者进入学习，提出的问题是发散性问题，探究模式提出的基本上都是聚合性问题。

③两种模式对同一问题学习所花费的时间不同。发现模式提出的问题是发散性问题，提问时又非常注重向更多的学习者转移。因此，需要更多的时间才能发现所要掌握的学科的基本结构。

④两种模式的重点不同。相比较而言，探究模式的重点放在需要解释的问题上，而发现模式更重视学习者的相互作用。如发现模式运用中，教师经常要求学习者与学习者之间进行讨论。

另外，这两种模式在目标上也有重要区别。发现模式不仅重视学习者的发现过程，也重视学习者对发现结果的掌握。探究模式主要注重学习者探究的过程，注重学习者探究技能的发展。

通过对两种模式的比较，我们对这两种教学模式各自的优点和局限性有了更清楚的了解。探究模式两个突出的优点是更节约时间和教师更容易控制教学过程。由于探究模式提出的是聚合性问题，因此，教师可以把注意力集中在问题上。但探究模式可能导致教师滔滔不绝地讲述，这将影响学习者的学习动机，或使学习者注意力分散。

由于发现模式注重观察、比较、辨别，因此，在发展学习者的思维能力方面比探究模式更有优势。另外，发现模式也给学习者更多获取信息的机会。发现模式的最大优点是有利于发展学习者的思维能力和促进学习者的学习动机，最大的问题是对教师的教学能力有很高的要求。因为它要求教师根据学习者的反应不断地调整教学的过程。当学习者的反应偏离目标时，教师要想办法将学习者不同的反应导向教学目标；当学习者的思维受到局限时，需要教师提出恰当的问题启发学生的思维。因此，需要教师制定一系列适当的问题作为补充，以备需要时使用。这就需要教师不断地提高自己的教学能力。

第六节　基于信息技术的高中数学探究式教学模式的教学步骤

一、基于课堂的探究协作型模式简介

以学习共同体为主要载体的课堂探究协作型模式有竞争、辩论、伙伴、角色扮演4种模式。

1. 竞争式协作学习模式

两个或多个学习者针对同一学习内容或学习情境，进行竞争性学习，看谁能够首先达到教育目标。我们在实验教学中，先提出一个问题，并提供解决问题的相关信息，或由学生自由选择竞争者，或由教师指点竞争对手，然后让他们开始独立解决问题，同时也可以随时查看对手问题解决的情况。

2. 辩论式协作学习模式

协作者之间围绕给定主题，首先确定自己的观点；在一定的时间内借助虚拟图书馆或互联网查询资料，以形成自己的观点；辅导教师（或中立组）对他们的观点进行甄别，选出正方与反方，然后双方围绕主题展开辩论；辩论的进行可以由双方各自论述自己的观点，然后针对对方的观点进行辩驳；最后由辅导教师（或中立组）对双方的观点进行裁决，观点论证充分的一方获胜。

3. 伙伴式协作学习模式

学生有许多可供选择的学习伙伴，学生通过选择自己所学的内容，并通过网络查找正在学习同一内容的学习者，选择其中之一经双方同意结为学习伙伴，当其中一方遇到问题时，双方便相互讨论，从不同角度交换对同一问题的看法，相互帮助和提醒，直到问题解决。

4. 角色扮演式协作学习模式

让不同的学生分别扮演学习者和指导者的角色，学习者负责解答问题，而指导者帮助学习者解决疑难，在学习过程中，双方角色可以互换。网上协作的主要途径有人机协作、生生协作、师生协作三种。教师在指导学生进行"协作学习"时，必须注意处理与"自主学习"的关系，把学生的"自主学习"放在第一位，"协作学习"在"自主学习"基础之上进行。

二、基于课堂的探究协作型模式教学设计的一般步骤

基于课堂的探究协作型模式教学设计主要以建构主义理论指导思想为依据。

1. 教学目标分析

在以教为中心的教学设计中，进行教学目标分析的目的是要从教学大纲所规定的总教学目标出发，逐步确定出各级子目标并画出它们之间的形成关系图，由形成关系图即可确定为达到规定的教学目标所需的教学内容。在以学为中心的教学设计中，进行教学目标分析的目的，如前所述，是为了确定当前所学知识的"主题"。由于主题包含在教学目标所需的教学内容（知识点）之中，通过教学目标分析得出总目标与子目标的形成关系图，即意味着已经列出为达到该教学目标所需的全部知识点，据此即可确定当前所学知识的主题。

2. 情境创设

创设与当前学习主题相关的、尽可能真实的情境。建构主义认为，学习总是与一定的社会文化背景即"情境"相联系的，在实际情境下或通过多媒体创设的接近实际的情境下进行学习，可以利用生动、直观的形象有效地激发联想，唤醒长期记忆中有关的知识、经验或表象，从而使学习者能利用自己原有认知结构中的有关知识与经验去同化当前学习到的新知识，赋予新知识以某种意义；如果原有知识与经验不能同化新知识，则要引起"顺应"过程，即对原有认知结构进行改造与重组。在传统的课堂讲授中，由于不能提供实际情境所具有的生动性和丰富性，不能激发联想，难以提取长时记忆中的有关内容，因而将使学习者对知识的意义建构发生困难。

高中数学学科内容有着严谨结构，此时要求创设有丰富资源的学习环境，其中应包含许多不同情境的应用实例和有关的信息资料，以便学习者根据自己的兴趣、爱好去主动发现、主动探索。

3.信息资源设计

信息资源的设计是指确定学习本主题所需信息资源的种类和每种资源在学习本主题过程中所起的作用。

4.自主学习设计

自主学习设计是整个以学为中心教学设计的核心内容。在以学为中心的建构主义学习环境中常用的教学方法有"支架式教学法""抛锚式教学法"和"随机进入教学法"等。根据所选择的不同教学方法，对学生的自主学习应做不同的设计：

①如果是支架式教学，则围绕事先确定的学习主题建立一个相关的概念框架。

②如果是抛锚式教学，则根据事先确定的学习主题在相关的实际情境中去选定某个典型的真实事件或真实问题（"抛锚"）。然后围绕该问题展开进一步的学习：对给定问题进行假设，通过查询各种信息资料和逻辑推理对假设进行论证，根据论证的结果制订解决问题的行动计划，实施该计划并根据实施过程中的反馈，补充和完善原有认识。

③如果是随机进入教学，则要创设能从不同侧面、不同角度表现学习主题的多种情境，以便供学生在自主探索过程中随意进入其中任一种情境去学习。

5.协作学习环境设计

设计协作学习环境的目的是在个人自主学习的基础上，通过小组讨论、协商，以进一步完善和深化对主题的意义建构。整个协作学习过程均由教师组织引导，讨论的问题皆由教师提出。协作学习环境的设计通常有两种不同情况：一是学习的主题事先已知；二是学习主题事先未知。多数的协作学习是属于第一种情况。

6.学习效果评价设计

包括小组对个人的评价和学生本人的自我评价。评价内容主要围绕三个方面：

①自主学习能力；

②协作学习过程中做出的贡献；

③是否达到意义建构的要求。

应设计出使学生不感到任何压力、乐意去进行，又能客观、确切地反映出每个学生学习效果的评价方法。

7.强化练习设计

根据小组评价和自我评价的结果，应为学生设计出一套可供选择并有一定针对性的补充学习材料和强化练习。这类材料和练习应经过精心的挑选，既要反映基本概念、基本原理，又要能适应不同学生的要求，以便通过强化练习纠正原有的错误理解或片面认识，最终达到符合要求的意义建构。

第七节　基于信息技术的高中数学探究式教学模式的教师角色转变

一、转变教师观——由课堂知识的传授者转变为学生学习的促进者和引导者

在我们学校的教学活动中，总结的时候出现的高频词为"一言堂"。在课堂上教者要科学分配时间，注重讲练时间与质量，注意学生学习兴趣和情绪的调动，尽量做到安排有序、有趣。就师生的活动量来说，要以学生动口、动手、动脑的时间多于教师讲授的时间为原则，凡学生能练、能做到就要尽量让他们做。教师只要抓住重点、难点，用简单的语言讲解清楚，使学生形成清晰、准确的概念就行了，课堂大部分时间应留给学生。学生学习的时间不能少于 3/2 的课时，参加练习的学生最好也要达到 100%，最少不得低于 80%。

数学是一门思维性很强的学科。教师的简单传授和学生的被动接受，不如学生的亲身体验和个人感知。任何知识都是学会的而不是教会的。在教学过程中重在学，学生带着问题去主动寻找答案。对于重点和难点，不再仅靠简单的重复和记忆，更多的是在同伴的帮助下和教师的启发下，通过自己的参与、实践来发现、理解、获得。实践出真知，这是学习数学的硬道理。作为学生学习的促进者和引导者，教师要充分认识学生的主体地位，积极引导学生自主探究和合作交流，拓展他们学习知识的渠道和发展的空间，调动他们的学习积极性。指导学生明确学习目标，掌握研究问题的思路和方法，形成有效的学习策略，使得教师成为真正意义上的学生激发者、课程知识的辅导者、各种能力和积极个性的培养者。

总之，新课程所倡导的"探究学习"就是以人为本的教育思想的集中体现，既尊重学生的个性，又为学生的充分发展创造空间。这一切要求教师从传统意义中的"传道，授业，解惑"的角色中走出来，着眼于发掘学生的潜能，促进学生的个性发展和可持续发展。

在每一节课上，根据不同的教学内容，教师不仅要充当好"导演""裁判员"和"计分员"的角色，更要扮演好学生学习的"促进者"和"引导者"的角色。

二、转变教学观——由教学的"独裁者"转变为教学的"合作者"

高中新课程目标明确要求学生要转变教学方向，优化学习方式，提高学生自主学习能力。因此，这几年，探究式教学较之其他的教学法在我国开始盛行。

运用探究式教学，在教师的主导下，坚持学生是探究的主体，引导学生对知识的发生、

形成、发展全过程进行探究活动。让学生学会发现问题、提出问题，并逐步培养他们分析问题、解决问题的能力，从而激起他们强烈的求知欲和创造欲。让学生从思想上产生由"要我学"到"我要学"的转变，真正实现主动参与。

在以往的课堂教学中，教学的基本模式是灌输—接受，学生学习的模式是听讲—练习。在探究合作教学中，课堂不再是教师独霸的舞台，也不再是学生等待知识灌输的回收站，而是焕发想象、生成创意的智慧的沃土。在这样的课堂中，教师与学生一起学习，一起分享，一起快乐，从而成功地从教学的"独裁者"向学生学习的"伙伴"转变。

一句话，在使用新课程的过程中，教师应当转变教学观念和教学方法，根据教学目标、教学技术以及学生的实际情况重组整合教学资源，对教学内容的顺序、难易、繁简等方面进行恰当的处理，让学生活跃在整个课堂的全过程。

三、教师要转变学习观，把学习进行到底

现行数学课程内容和课题涉及学科知识虽然变化不大，但新课标下，数学教师要真正完成课程目标教学的任务，不仅需要完善的知识结构，深厚的数学思想，还需要较强的教学任务设计能力，组织学生进行探究合作学习的能力，教会学生学会学习。教师想上好课，就必须开拓自己的知识领域，除了提高自身的学科素质之外，还要逐步提高教育教学理论水平，研究学习心理学和教育学，研究学生与时代社会关系及演变，自觉运用科学的教育教学理论。这就要求教师具有更开阔的教学视野。在新课程的背景下，教师没有学习，就没有真正意义上的教学；教师不终身学习，终将被时代淘汰。教师应当把学习进行到底。

四、转变教师的兴趣观，激发学生学习兴趣，改善学习求知氛围

孔子说："知之者不如好之者，好之者不如乐之者。"激发学生学习动机，培养他们的学习积极性，把传统的"填鸭式"被动学习转变为主动探究合作的学习方法，使学生真正成为学习的主体，使他们成为乐学者，让他们在学习中体会到学习的快乐，在快乐的氛围中去学习。

因此，要发挥学生的主体作用，改革课堂教学结构。长期以来，许多学校的课堂教学存在一个严重问题，即只注重教师与学生之间的"教"与"学"，而忽视了学生与学生之间的交流和学习，从而导致学生自主学习空间萎缩。表现为：教师权威高于一切，对学生要求太严太死；课堂气氛紧张、沉闷，缺乏应有的活力；形成了教师教多少，学生学多少，教师"主讲"，学生"主听"的单一教学模式，违背了"教为主导、学为主体"的原则。长此以往，学生在学习上依赖性增强，缺乏独立思考问题和解决问题的能力，最终导致厌学情绪，致使学习效率普遍降低。因此，要使学生感兴趣，就要充分发挥学生的主体作用，必须做到：课堂上多给学生留出一些让他们自主学习和讨论的空间，使他们有机会进行独

立思考、相互讨论，并发表各自的意见。利用教师的主导作用，引导学生积极主动地参与教学过程。教学过程中数学教学的本质是数学思维活动的展开，数学课堂上学生的主要活动是通过动脑、动手、动口参与数学思维活动。教师的主导作用主要在于教学生去学，既要帮助学生学会，也要帮助学生会学。不仅要鼓励学生参与，而且要引导学生主动参与，才能使学生主体性得到充分的发挥和发展，进而不断提高数学教学效果。[1]

此外，在学习过程中教师应尽量拓展学生思维空间，特别要利用好各类学生资源，学生交流的机会多了，学习能力就会真正得到促进。实践证明，学生非常喜欢合作探究的方式，甚至那些上课不认真听课的学生和成绩不是很理想的学生都会踊跃参加此项活动。新课程改革下，要求数学教学应当是在积极状态下开展教学活动，教者应当积极努力，寻求更好的教学方法，创造和谐的气氛，让学生快乐、高效地学习，从而提高教学效率。

---

① 林国夫. 高中生数学思维能力提升的实践研究 [D]. 杭州师范大学, 2016.

第五章　高中数学研究型教学模式的创新与应用

第一节　高中数学研究型教学的提出

随着社会经济、科技的发展，人们越来越认识到，一个国家前进的动力就是要有创新精神，劳动者的创新精神和对创造性人才的培养被提升到了前所未有的重要地位。教育部也很明确地提出了"实施素质教育，就是全面贯彻国家的教育方针，以提高国民素质为根本宗旨，以培养学生的创新精神和实践能力为重点"。

研究型学习教法可以使得学生在主动接受知识的同时，形成一种对知识的主动发现、探求和体验，同时研究型学习教法为学生提供一个获取知识的渠道，构建一种开放的学习环境，并将所学到的理论知识综合运用到实践，能够真正做到理论结合实际。而且研究型学习教法对于调动学生学习积极性、培养学生的实践能力和创新精神，对于开发学生的潜能都具有重大的意义，这也是新的时代对高中数学的教学、对教师提出的新要求。

课堂教学的好坏，教师的教法直接影响着学生所要学习知识的方式。高中数学教育在整个基础教育中占据非常重要的地位，数学教育的好坏直接影响到学生创新意识和创新能力的培养。而在原有的教育、教学总方针下，学生的学习方式主要是被动地接受教师传授知识，然后机械地记忆进而达到简单应用。

可想而知，这种学习方式对学生创新精神的培养是非常不利的。在我国，以教师、教材和课堂为中心的教学模式，对人才培养起到了十分重要的作用。但这种教育模式在实践中又不断地暴露出它的弊端，其最大弊端就是培养出了大量的缺少创新能力的人才，而这种弊端使我们的教育走进了死胡同。一位德国人曾经说过，教科书比你们的厚，习题比你们的难，但你们还得买我们的产品。多么发人深省！我国传统的数学教育的教法重在灌输，学生进行被动式的学习。当有人提出学科教学教法中的研究型学习教法时，人们的目光与思维依然停留在传统的教学方式上，导致在学生的眼中数学仍是比较枯燥的一门学科。那么，研究型学习教法对中学数学教育的价值在哪里？通过它能使学生逐渐形成什么样的思维方式？如何针对数学学科的特点和学生的身心特征开展数学研究型学习？这些都成为值得考虑的问题。

可见，转变学生的主要学习方式和人才培养模式乃是基础教育改革的当务之急。教育部在《基础教育课程改革纲要（试行）》中明确提出要改变课程实施过程中，过于强调接受学习、死记硬背、机械训练的现象，要倡导学生的主动参与、乐于探究、勤于动手，培养学生搜集和处理信息的能力、获取新知识的能力、分析和解决问题的能力以及交流与合作的能力。要改变课程过于注重知识传授的倾向，强调形成积极价值观的过程。而课程改革目的的实现最终都要依托教学。如果能引入一种注重学生主动性学习的教学方式，让这种教与学的方式能够使学生主动采集信息、加工处理信息、解决实际问题、获得积极的情感体验，这种教学方式再与以往有助于学生加强"双基"的教与学的方式相结合，那么学生的学习层次将在总体上得到较大的提升。这种着眼于转变学生学的方式、着手于教师教的观念和行为的研究型学习方式的提出，为落实和推进中小学的素质教育提供了新的思路。

需注意的是，数学与物理、化学、生物等的认识过程（包括实验、观察、分析、综合、类比、概括等）有本质的区别，物理、化学、生物等是以研究现实世界物质运动及机理结构为目的的自然科学；数学则是依托在形式公理系统之上的逻辑演绎体系，是一种高度理性主义的文化，它具有抽象客观物质世界的属性。数学教学不应建立在"概念—定理—例题—练习"这样一种传统的讲授型教学模式上，而应该建立在以学生的自主性学习为重心的创造型模式之上，我们应该鼓励学生学习数学原理、思路、方法，而不是点滴知识，正所谓"授人以鱼不如授人以渔"。数学学科自身的特点要求数学教学必须进行研究型学习教法，数学不是套用公式、定理的机械式的计算，而是与日常生活息息相关的。传统数学教学存在脱离社会生活、机械地回答课本上问题的缺陷。更有甚者，做大量的数学练习并追求唯一正确的答案，这就使数学学习变得枯燥乏味而又繁重不堪。数学研究型学习教法的目的是要让学生感觉到数学是与我们的日常生活息息相关的，是要让学生回归到自然与社会中来学数学。研究型学习教法可以通过相关的课题，在教师的指导下，让学生作为主体提出、分析问题和解决问题，使学生逐渐领悟到学习数学基本思路和方法，提高学生自主性学习的能力。

第二节　高中数学研究型教学基本理念

所谓研究型学习，是指学生在教师指导下，从本学科的某个基点出发，确立研究课题并进行有计划分步骤的研究，从而获取所需知识，以求解决问题的探索活动。在高中数学教学中逐步渗透研究型学习的理念，是践行新课改理念、推动素质教育进程的强力抓手，是摧毁传统教学模式、建立独立自主或分工协作新时期创新型思维发展学习体系的重要一环，研究型学习课堂的推广，使课堂教学面貌日新月异，师生关系更多趋向于教学相长，科研氛围渐趋浓厚，开放的学习环境为学生多渠道获取知识、投身社会实践提供了多种"演练"机会，是了解社会、改造社会的"预科班"。那么，该如何在高中数学教学中有效开展研究型学习呢？

一、在日常教学中逐层渗透研究型学习

求知欲是人们赖以生存和发展的本性需要，学校是满足其本性需要，并拉长和发展其本质需要的重要平台。在高中数学教学过程中，有目的地将研究型学习理念通过引趣、设疑、讨论等多种途径，以学生的兴趣激发为切入点，调动学生的学习热情，催生学生的求知欲望，把学生的思维活性从低谷中释放出来，这些都是高中数学教师革新课堂、逐层渗透研究型学习需要注重考量的问题。在讲授新课时，我们可根据教学内容创设与之相符的问题情境，在各个环节连接点，还可设置问题研究悬念，以卖关子的形式在短时间内激发学生强烈的求知欲望，采用多元化教法优化教学节奏，搭建起数学研究型学习的空间框架，为研究型学习理念的渗透打造孵化"硅谷"。

事实上，数学研究型学习理念的渗透需要教学过程的长期打磨，主要作用于一个或多个数学问题解决的二次展开，需要学生全程直接参与，用心体会或享受问题解决的过程。从某种意义上来说，学习数学的过程本身就是问题解决的过程。当学生初次接触一个定理或公式时，从学生的角度看，就好比面临一个新问题。如，三角函数是高中数学教学体系中很重要的内容板块，其中正弦、余弦公式的推导过程更是难点，与之相类似的还有直线的倾斜角和斜率的知识，直线与抛物线的位置关系研究，等等。教师在安排这些内容的教学设计时，可以某一数学定理或公式为依据，创设一定的教学情境，引导学生开展一系列的针对性研究，让学生切身体会通过自己努力实现问题解决的感受，并将持续开展研究型学习作为进行数学科研的不二选择，养成基本的研究型理念，把体验研究当作学习数学的一种习惯，并乐在其中。

二、在问题解疑中渗透研究型学习

在高中数学课堂中，教师要根据教学内容预设多个问题，厘清问题主次，形成以重点问题为核心的研究领域，创造性地将生活化问题自然引申到课堂内，把课堂演变成问题展示、辨析探索的高地，力求把学生打造成发现问题、解决问题的科研攻坚先锋，全力提升学生的思维创新能力。试想一下，学生在这种情势的感召和影响下，带着问题来听课，思维会十分活跃，求知欲望也会更加强烈，很快达到了学习的最佳状态，教师教学效果自然顺畅达成。教师在秉承新课程教改的理念下，对教学模式和教学方法进行了有针对性和目的性

的优化，在这个过程中，教师适度将研究型学习的思想和方法向教学全过程辐射，在教学过程中安插多个研究型学习支点，将学生的自主研究型学习习惯培养作为新时期教改课题，千方百计加大学生的实操力度，在实践中锻造学生的创新精神，提升学生的研究能力，初步建构出学生最原始的自主探究学习套路，让学生有"章"可循，有标可对。

为了保证学生的自主研究后劲儿，自主研究激情高亢不退，高中数学教师还需要在"加强阀"上下功夫，即如何促进学生积极提出问题，主动探索问题，增强学生的问题意识，大力发展学生的质疑精神，这就需要教师对教材进行多次啃噬，对照自己现行教法多反思，把素质教育理念与新课改理念糅合在一起，使之浑然一体，同时，还要加强与之相配套的课改实践，让理论与实践呈相辅相成、彼此支撑、并肩发展之势。

三、开辟第二课堂，在社会实践中渗透研究型学习

教师不应将学生的思维仅仅束缚在课堂有限的空间范围内，还要打开门走出去，多多参加社会实践，逐步还原所谓"学以致用"的治学本真。研究型学习离不开社会实践，教师可从自身生活的实际出发，敏锐地发现生活中的现实问题，与数学理论知识相联结，找准其契合点，在生活中提取数学问题并做必要的加工，将其幻化成数学研究专题，组织学生独立思考或合作探究，形成研究型学习的开放式教学新模式，为新课程改革之路谋求新的运行空间。如可按照日常小组合作形式兵分几路研究"银行存款利息和利税的调查"，将此研究专题分成若干小项，根据各小组的情况进行合理分配，鼓励学生在社会实践中寻求问题解决的途径。根据需要，先利用现有网络条件和图书查阅条件对专题小项进行查找，收集整理有价值的信息资料，建立问题解决雏形，然后再与各大银行或财税部门取得联系，取得相关数据后，与之前的雏形资料进行对比分析，架构起问题解决的大体过程轮廓，再充分发挥学生的主观能动性和合作求索热情，最终解决问题。

在此过程中，学生们的创新能力得到充分展示，学习积极性和自信心高涨，对数学的学习过程也就自然演变成研究数学的乐趣，成功的喜悦感溢于言表。

总之，研究型学习旨在创造一个高效的问题解决的过程，将学生打造成热爱数学、享受数学、应用数学的科研主体，进一步改善当前课堂面貌，促进师生在课堂活动中的教学相长。

第三节　高中数学研究型教学设计原则

所谓原则，是指人们在做出某种行为时所必须遵循的基本要求和指导原理。研究型学习教法必须遵循以下基本原则：

1. 理论与实践相结合

数学理论和数学问题都来源于客观的物质世界，它们来源于实践，也会反过来指导实践，接受实践的检验，在实践中不断地丰富、发展与提高。实现实际问题与数学问题之间的转化，除了具备丰富的理论知识之外，还需要具备一定的观察、分析、抽象和概括问题的能力。教师在教学过程中应该运用理论与实践相结合的原则，这样可以为学生提供更多的实践机会，让学生在自主探索的过程中去理解和认识数学规律，然后再将学习到的理论应用于实际生活之中。

理论与实践相结合的原则可以广泛应用于高中数学学习中的线性规划、函数、导函数、数列等与现实背景交汇的应用题型之中。

2. 具体与抽象相结合

数学一贯表现出的特性是具有高度的概括性，数学是一门广泛而系统地使用数学符号的科学，从这些特性可以看出数学具有高度的抽象性。一般而言，数学的抽象程度越高，其概括性也越强。

然而数学抽象的基础又来源于具体素材。数学学科中任何抽象的概念、命题、思想和方法，都有其具体、生动的现实原型。具体性不仅是数学抽象性的基础，还能成为数学抽象性的归宿。根据这一原则，教师在教学过程中要从学生的感知出发，从具体到抽象，进而形成抽象的数学概念，再由概念上升到理论高度，据此进行判断和推理，最终再由抽象回到具体，用理论来指导实践。在高中数学的教学过程中，立体几何这部分内容的学习要遵循具体与抽象相结合的原则。

3. 数与形相结合

数与形是数学学科中的基本概念，也是数学的两块基石。从表面上看，这两个概念是高中数学的两大部分，但从本质上来看，数与形又是处处紧密结合在一起的。在数学发展的过程中数与形常常结合在一起，它们之间相互联系，相互渗透，在一定的条件下还可以完成转化。数与形的结合不仅可满足数学自身发展的需要，加深对数学知识的理解，而且发展智力和培养能力也需要数与形的结合。数与形相结合的原则渗透于函数学习、立体几何和解析几何的学习过程中，高中数学的研究型学习要重视数形相结合的思想与方法。

4. 严谨性与量力性相结合

逻辑的严密性和结论的确定性是严谨性最佳的表述，严谨性要求必须精练准确地表述数学内容，严格周密地进行数学结论的推导、论证和体系的安排。量力性是数学学科的基本特性之一，它要求教学时要量力而行，要求教学者的教学内容能为学生们所接受，能适应学生心理发展的要求。数学学科的本质属性和高中数学的研究型学习的教学特点决定了严谨性与量力性是要相互结合的。高中数学过程中的逻辑推理、数学归纳法等的学习充分地体现了严谨性与量力性相结合的原则。

5.教师的主导性与学生的主体性相结合

教师的主导性与学生的主体性相结合原则的内容为：在高中的数学研究型学习过程中，教师在数学教学中起主导作用，是教学过程的认识者和组织者，但这个原则更强调的是学生在整个学习过程中的主体性，学生不应做教师的追随者，而应成为自觉主动的学习实践者。在研究型学习中，教师要具有创造性，要对教学过程所涉及的教学内容、学生等各种因素进行认识，进而进行科学探索。在学习过程中，教师要积极创造条件让学生学会主动参与、独立思考和积极探索，从而培养学生的自我教育意识，让学生养成良好的学习习惯以及熟练运用正确的学习方式方法，使学生真正成为学习的主人。

6.过程与结果相结合

高中数学的研究型学习，不仅要注重结果，也不能忽略了过程。强调学生的参与就是研究型学习理论的一个重要内容，不仅要让学生"学会数学"，而且要使学生"会学数学"。在学习过程中要让学生全程参与探究，让学生既获得了探究过程的体验，又能通过自身的努力去丰富知识，积累经验。

7.科学性与人文性相结合

数学是一门被称为"科学的人文基因"的科学。数学的研究型学习不仅要求教学者要传授科学的知识、思想和方法给学习者，而且更要注重培养学生自身的人文素养和健全人格。

第四节　高中数学研究型教学设计模型

一、数学建模教育的模型构想

数学建模教育必须在一定理论指导下进行，因而构建数学建模教育理论模型迫在眉睫，非常必要。上海市"数学建模教与学过程的研究"课题组在建模实证研究的基础上，将实证研究的主要结论进行理论抽象、演绎、概括、提炼，并借助于相关学科，如教育学、教学论、课程论、教育心理学、控制论、信息论等基本原理和方法，进行构建和整合，提出了建模教育的系列模型设想。

1.数学建模教育理论模型

数学建模教育是以开发和提高学生建模基本素质，培养创造性解决问题能力为目标的教育。数学建模教育模型是一种反映建模教育一般特点和总体面貌的抽象图式，集中体现了数学建模教育理论系统的主要因素、基本结构及相互关系。

这一基本模型分为三个维度：一是建模教育的目标和内容，明确建模教育的培养目标和具体任务；二是建模教育的方式和途径，明确实现规定目标和完成特定任务的手段和方法；三是建模教育的领域和范围，明确实施建模教育的载体的性质、类型、空间等。其中，建模教育的目标与内容决定了在特定时空范围和领域中，实施建模教育的价值取向和最终目的，是体现建模教育特殊性质和内在规定的首要因素；建模教育的方式和途径，是在现有课程体系中采取渗透强化的方式来实施的，是教育目标与内容的物质化、外显化、操作化、行为化，是实现建模教育目标与内容的重要工具和手段；建模教育的领域与范围是由初等数学教育、初等综合教育、高等教育三个递进的领域组成的，这主要是由三大领域固有的教育目标和内容不同，教育对象的年龄范围和发展水平不同，教育教学的空间、时间方式不同所决定的。

2. 数学建模教育的基本素质模型

课题组根据实证研究所提供的大量材料，经认真研究和仔细筛选，形成建模基本素质的三级构成因素，建模教育基本素质这一系统由建模意识、建模心理品质、建模能力和建模知识结构 4 个子系统构成。

在建模意识、建模心理品质、建模能力、建模知识结构 4 个子系统中，以建模能力为中心，互相制约，互相联系。

3. 数学建模教与学模型

借鉴于我国传统"以教为主导，因学论教"的教育理论，"以学生发展为本"和信息论、控制论、教学论等现代教育理论思想，课题组提出了数学建模教与学两种教学模型。

二、建构主义与数学应用问题的教学

1. 建构主义与数学应用的问题

建构主义认为，学习知识不是由教师向学生传递的过程，而是学生建构自己知识的过程，学习者不是被动的信息吸收者，相反，他要主动地建构信息的意义，这种建构不可能由其他人代替，而是主动地根据先前认知结构，注意和有选择性地知觉外在信息建构当前事物的意义。

学习是个体建构自己知识的过程，这意味着学习是主动的，学习者要对外部信息做主动选择和加工，外部信息本身没有意义，意义是学习者以自己原有的经验系统为基础对新的信息进行编码建构自己的理解，学习并不是信息的简单积累，它同时包含由于新旧经验的冲突而引发的观念转变结构重组，是新旧经验之间双向的相互作用的过程。

当问题呈现给学生时，他们往往基于相关的经验，依靠他们的认知能力，形成对问题的某种解释，教学不能无视学生的这些经验，另起炉灶，从外部装进新知识，而是要把学生现有的知识经验作为新知识的生长点，引导他们从原有的知识经验中"生长"出新的知识经验。

　　数学应用问题是有着深刻的社会应用背景的数学问题，数学的发展过程是一个不断地提出问题并不断地解决问题的过程。而科学技术和生产实践为数学问题提供了广泛的应用背景，同时也向数学学科提出许多应用性数学问题，从而推动了数学科学本身的发展。随着科学技术的迅速发展，在社会经济活动、生产、管理、军事及日常生活中，有越来越多的与数学有关的问题，需要用数学工具来解决，也只有用数学方法解决问题才能做到更精确、更值得信赖。我们可以说，数学应用问题具有广泛的社会性，数学应用问题来源于社会、来源于生活，而问题解决往往又可以指导实践，应用到生产、生活等方方面面。因而数学应用问题又具有实践性，把一个实际问题进行数学化处理并最终得到解决，本身又是一个创造性、挑战性的思维过程。然而社会是发展变化的，生活是丰富多彩的，每一实际问题的来源、条件、假设也会随之发生变化，并最终导致解题方法具有开放性。

　　由于数学应用问题具有社会性、实践性、创造性、开放性，因此我们在教学中要重视与学生生活实际、与其他学科以及与社会环境相联系，考虑每个学生的不同背景，依靠他们自己的认知能力构造自己的理解，通过同学之间的交流及教师的启迪引导，获得问题的解决，进而"生长"出新的知识经验。

　　2.数学应用问题解决的一般模式

　　数学应用问题解决是中学教学的重要组成部分，建立数学模型是解决数学问题的主要方法，本文从建模角度出发把数学应用问题的解决分成5个步骤，即识模、析模、建模、解模、验模。

　　（1）识模：学生通过粗读应用问题，把应用问题的外部信息和学生已有内部经验相对照，初步判断该应用问题要解决什么问题，涉及的相关知识领域，从而确定建模的类型，明确方向。

　　（2）析模：学生须细读应用问题，做到"咬文嚼字"，分析思考，抓住关键字词，舍掉不必要的词句，化简应用问题，寻找基本数量及其关系，适当地辅以几何图形或示意图，转换问题，必要时须先建立几何或文字模型，此时应注意已知量，发现未知量，挖掘问题的隐含条件，此步骤是建模的关键，也是建模的难点，要求学生有较强的阅读能力、想象力、洞察力、分析综合能力。

　　（3）建模：通过数学符号化，把几何模型或文字转化为数学模型。所谓数学符号化，是指通过已知量的代入，未知量的设定，把模型转化成一个用数学语言描述的数学问题，量纲之间关系可能用方程、不等式来表达，也可能用函数、图表、图形等关系来表达，新旧知识经验的重组建构对问题的数学理解的过程，相当于信息加工中的数学编码重组的过程，要求学生有较强的抽象能力和概括能力，体现了思维的严谨性和创造性。

　　（4）解模：用已有的数学工具及解题经验对所建模型求解，此步骤要求学生有扎实的数学知识、熟练的数学运算能力及严密的逻辑推理能力，此过程相当于信息加工的输出过程。

　　（5）验模：由于数学应用问题本身的繁杂性、开放性以及建模者知识经验的局限性和差异性，根据自己的理解所建立的数学模型也有局限性，可能使所建模型及所求得的解，脱离实际情况、没有实用价值或遗漏某些解。因此，要对模型的解进行检验，或取或舍，或重新修正模型，重新求解，直到满意为止，此过程要求学生有较好的批判能力、综合能力以及通过实践验证数学模型的能力，通过此过程使得学生对应用问题的理解更加深化，问题的最终解决将丰富学习者的知识经验，为解决其他类同的应用问题提供了可借鉴的经验，通过问题解决，学习者的认知将发生变化，先前的知识结构将进行调整和重新组合。

3. 从建构主义看数学应用问题教学

虽然解决数学应用问题一般模式已为大多数人所熟悉，但是如何引导学生学习数学应用问题的解决，如何提高解决问题的能力，一直是大家还在致力探讨的问题。我们从建构主义观点出发，寻找外部信息与学生个体生成的相互作用关系，即社会、教师、同学之间对学生个体解决数学应用问题的帮助和影响。

下面我们从个体、教师、同学、社会 4 个方面说明在应用问题教学中的几点认识：

（1）在数学应用问题的解决过程中应突出学生的主动性和主体地位，建构主义者主张，世界是客观存在的，但对于世界的理解和意义赋予都是由每个人自己决定的，学习总是涉及学习者原有的认知结构，学习者总是以其自身的经验，包括正规学习前非正规学习和科学概念学习前的日常概念来理解和建构新的知识或信息，数学应用问题建模、求解过程实际上是由学生以自己原有的知识经验为基础，通过对外部信息（应用题）的观察判断并吸纳外部信息，这种外部信息不是简单地输入学习者的头脑中，而是要与原有知识经验相互交流吸取双方有益的相关的部分（析模），重新组合、编码、构建对应用问题的数学化的理解或意义（数学模型），对数学模型的求解也是通过学习者根据自己已有的数学知识经验去求解（解模），验模过程则是要对刚刚建立的知识结构重新调整，从而使学习者对数学应用问题的解决提高到一个新的水平。

由此可见，数学建模的过程不是简单的外部知识和内部知识的叠加，而是一个反复交流、相互作用而重新组合的过程，是学习者自己建构知识经验的过程，因此从学习者个体经验知识建构看，应突出学习者的主动性和主体地位。

（2）在课堂教学中应注重同学间解决数学应用问题的经验、心得、方法的交流讨论，学习者的建构是多元化的，由于事物存在繁杂多样性，学习情感存在一定的特殊性以及个人的先前经验存在的独特性，每个学习者对事物意义的建构将是不同的，在学习共同体中这些差异本身便构成一种宝贵的学习资源。因此在学习应用问题建模过程中，应积极鼓励同学与同学进行交流，交流经验，互相学习对方之长，在交流过程中，学习者可以不断地调整、修正自己对应用问题的理解，必要时需要重新建构模型，同学之间交流也是突出学生的主动性和主体地位的必然要求。

（3）在课堂教学之外，间接的或直接的社会实践活动将有助于学生对数学应用问题的理解，促进他们更主动地解决问题，学习者应尽可能地吸取一切有益的社会文化知识，丰富、提高、调整自己对数学应用问题的理解，现代建构主义继承了维果斯基的观点，认为人的高级心理活动源于社会性相互作用，他们一方面重视合作、讨论在学习中的作用；另一方面重视人类现有的社会文化知识在个体学习中的作用，强调把社会文化知识内化为个体经验，数学应用问题的开放性、社会性使得学习者学习应用数学知识不能局限于课堂内自我构建、同学交流、教师引导，学习者应该在课堂之外接纳人类已有的知识成果，促进自己知识的丰富。

虽然社会文化知识有一定的可靠性，是可以被学习者个体接受的，但这不是简单的传递，而需要个体在已有经验的基础上与之相互作用，建构起对这些知识的理解，前面我们用建构主义的理论分析了在应用问题数学中如何突出学生的主动性和主体地位的具体做法，而在整个学习过程中，教师是教学的组织者，他应为课堂教学创设良好的问题情境，对学生解决问题活动的整个过程给予引导和调整，与学生一起针对某些问题进行探索，帮助学生从原有的知识经验中"生长"出新的知识经验，应用问题教学过程是师生互动的过程，通过教师积极的引导与支持把这一过程转化为知识生成的过程和共同探索形成经验的过程。

4. 数学应用问题教学中教师的作用

（1）教师应做好应用问题的选题工作。建构主义认为，经验在学生解决问题时起着很大的作用，学生学习中的建构是以个人原有的经验为背景的，因此切入并丰富学生的经验系统就很有必要，由于学生的工农业生产实践及经济生活经验都相当贫乏，因此选择给学生的应用问题不能太专业化，专业术语也要尽量少；但应用问题总是要涉及某方面的实际背景，因此适当给学生提供一些背景材料也是教师在选题时应考虑的。另外，用于教学使用的应用问题要考虑到学生已有的知识水平和能力水平，要他们解决的问题应是以现有知识为起点，经过学生的努力是可以完成的，为了提起学生研究问题的兴趣，应分不同水平层次呈现问题并与课本知识的学习同步进行。

（2）教师应重视学生解决问题的过程。数学教学是思维活动的教学，建构主义认为，教师不单是知识的呈现者，他应该重视学生自己对各种现象的理解，倾听他们现在的看法，洞察他们想法的由来，应重视学生解决问题的过程，观察他们的活动，参与他们的讨论，记录他们在整个解决问题过程中所遇到的困难，对学生的做法不能简单地肯定或否定，而是要从他们的经验背景出发来进行分析，对于有标新立异思想的解决办法要及时予以指导鼓励，培养学生良好的解决问题的数学意识，教学的中心应是通过学生自己创造性的活动对学生数学思维进行训练以及提高应用数学知识解决问题的能力，在此基础上丰富和发展学生已有的知识经验。

（3）教师应注意启迪学生的思维。当学生在自己的数学知识图谱中重新建构解决问题的策略时，有时知识的处理与转换发生障碍，这时思路受阻，教师应及时给予启迪引导，点拨问题解决策略，帮助学生排除障碍，继续思考。有时学生语义不明，没有找到解决问题的思路就没有信心继续做下去了，教师应及时给予鼓励，倾听他对问题的理解，帮助其检查原因，学生的思维受阻只是在某一个或几个环节卡壳了，一窍不通的情况是罕见的。通过启迪引导，可激发他们解决问题的热情和兴趣，并通过学生自己的探索从原有的知识经验中"生长"出新的知识经验。

（4）教师应帮助学生及时反思解决问题的过程。在学生解决问题的整个过程，教师应随时给予恰当的评价，促进学生的反思，对所建立的几何模型或文字模型进行反思，对解题方法进行反思，对解答结果进行反思，通过反思将使整个解决问题的活动得到升华，使学生的新的知识经验得到巩固和定格。通过帮助学生及时反思来调整学习活动中出现的偏差，通过演变与拓展使得问题的解决方法更加丰富多彩，为学生创造更多的活动机会，反思时要理解学生的思路，准确理解学生的意图，尊重学生的创造精神，反思是学生解决问题活动的重要而又容易忽视的环节，教师应给予足够的重视。

教师以上四个方面的作用是体现在学生解决问题的全过程的，从建构主义观点来看，应用问题的教学，是在教师的指导下学生自主解决问题的过程，是师生互动的过程。随着教学的深化，学生独立解决问题的能力逐渐提高，但自主解决问题不是自由解决问题，如果我们仅把问题呈现给学生，然后如"放羊"一般，让其自由行动，最后核对一下结果，那么长期的结果将是学生的知识支离破碎，学生的能力参差不齐。因此我们既要突出学生的主动性和主体地位，重视学生原有的知识经验，同时又要引导学生促使他们积极地思考，灵活选择已有的知识经验并在解决问题的过程中提高他们分析、综合、演绎的能力，丰富他们的知识经验，帮助他们掌握解决应用问题的规律。建构主义的学习观，从心理角度对学生学习的过程做了深刻的分析，这一理论的一系列基本观点已正在被越来越多的人所接受，以这一理论来指导我们的数学应用问题教学，必将更好地体现以学生发展为本，全面提高学生的数学素养。当然，怎样使我们的应用问题教学更能适应学生发展和时代变化的要求，还是一个值得深入探讨的课题。

三、数学建模能力的结构及培养举措

中学数学加强应用能力的培养已获得全社会的共识，作为解决实际应用问题的主要能力——数学建模能力也逐渐被教育工作者所重视，对建模能力的研究日渐深入，这里我们以"货币时间价值模型"的建立为例，对数学建模能力的结构设想及培养措施做一探讨。

1. 数学建模能力的结构设想

数学建模能力系指对问题做相应数学化，构建适当数学模型，并对该模型求解回到原问题中检验，最终将问题解决或做出解释的能力。

需要说明几点：问题可以是现实的应用问题，也可以是纯数学问题；可以是常规的，也可以是非常规的；可以是封闭的，也可以是开放的。荷兰著名数学家汉斯·弗洛登塔尔认为，公理化、形式化以及模型化等这些发展数学的过程统称为数学化，即数学化就是运用数学的思想和方法来分析和研究客观世界的种种现象，并加以整理和组织的过程；数学模型是现实世界当中某一类特别的运动变化过程及结构的一种模拟性的数学结构，是对现实模型的理想化，是一种科学的抽象过程。

2. 培养建模能力结构的举措

（1）既然数学建模能力的基础（初层）结构是由诸多能力因素构成的，那么日常教学中就要有意识地进行针对性的渗透培养，教学举措为：构建系列有相当针对性的现实应用问题供建模教学使用，当然问题一方面要体现建模过程的特点，即问题的数学化，抽象简化，建模求解，检验修改（循环迭代）的过程；另一方面要避免传统文字应用问题的通病——将数学化过程甚至建模过程完成，问题不含多余干扰信息，条件不多不少，目标指向清楚，只需设出未知数列等式或不等式就可得到问题解。

（2）应该承认数学建模能力中层结构的地位是决定性的，它既联系初层结构，又影响最高结构的完成，教学处理极为关键，历届高考应用问题考生所反映出来的难点，也印证了建模能力中层结构的关键性。笔者认为教学举措应为两方面：一是突破阅读理解关，现实应用问题的数学化和建模过程取决于学生能通过阅读理解将文字语言转化为数学符号语言，用数学式子表达数量关系并自觉将应用问题的数学化过程按理解的深度、广度结合主体的感觉、知觉、记忆、思维等特点，组成一个具有内部规律的整体——应用问题的认知结构时才能合理完成，这里阅读理解往往在很大程度上制约数学化的进程。美国阅读心理学家史密斯认为阅读心理有 4 个逐步深入的层次——字面的理解、解释，批判性阅读，创造性阅读，这实质也是数学建模能力结构培养的一个组成部分，教学中要培养学生具有较高的阅读想象、阅读联想、阅读思维、阅读情感素质。二是应加强学生的运算（特别是近似计算）能力的培养，构建模型带有更大的灵活性和实用性，需要较高的运算素养，教学中应力戒将问题的模型构建完毕就不屑一顾的做法，对学生而言有时候解模往往会力不从心。

（3）数学建模能力的终极是一种综合的问题解决能力，因而建模教学中要注重学生思维活动的发散性和创造性的培养，要促进学生在同化—顺应的整合过程中形成合理的新的建模结构，突出学生的多种思维指向作用，而不是一味地纳入教师思维框架中，避免抑制学生建模能力中创造因素的形成活动，由于建模能力形成的长周期和培养点的众多性，更需要教师注重创造能力的培养和主体意识的培养，以笔者看来相应的教学举措应为多角度、多渠道、多观点、多层次，寻求建模能力的解决点，以完成知识为载体、思维为核心、能力为体现的三者和谐统一。

第五节　高中数学研究型教学模式构建策略

一、研究型教学理念植入高中数学教学的基本框架

基于研究型教学理念的高中数学教学基本框架，主要分为以下四个层次：首先，提出问题。在提出问题阶段，数学教师要为学生创设产生问题的情境，提供提出问题的具体策略，激发学生参与问题解决的积极性，唤起学生主动思考的欲望。教师要结合学生的最近发展区，提出指向具体、层层递进、结构分明的问题，合理调控问题的难易程度，使其满足学生研究学习的需求。其次，解决问题。在解决问题阶段，数学教师要引导学生复习已学习的知识，为学生提供研究策略和研究方法，特别是针对难以理解的知识点，教师应给予适当指导。在教师的引导帮助下，学生巩固已学习的知识，将已学知识迁移到新问题的解决中，自主建构数学知识体系，通过合作、探究获取数学知识，解决数学难题。再次，知识内化。在知识内化阶段，数学教师要对概念或结论进行总结，帮助学生梳理研究过程，使学生掌握解决问题的思路。同时，教师还要安排变式训练，让学生扎实掌握解决同类问题的方法，使学生在把握问题本质的基础上具备举一反三、灵活变通的能力。最后，拓展问题。在拓展问题阶段，数学教师要引导学生对所学新知识进行反思，总结研究方法，系统梳理各个知识点之间的联系，找出新的认知冲突，并鼓励学生提出新问题。在此之后，教师给学生传授解决新问题的策略，引导学生利用课外时间探究新问题，扩大研究型学习的覆盖范围。

二、研究型教学理念植入高中数学教学的策略

1. 确定研究型教学目标。研究型教学是对传统数学教学模式的创新发展，教师必须重新定位教学目标，使其满足学生全面发展需求，达到知识、技能、情感态度目标相统一。研究型教学目标可细化为以下三个方面：一是求知目标。教师要通过研究型教学，使学生掌握数学基础知识，丰富数学活动经验，形成基本数学思想。二是启智目标。教师要通过研究型教学，使学生获取深层次的数学知识，掌握数学探究方法和数学思维方式，让学生能够自主提出问题、分析问题、解决问题，将数学知识运用到实际问题的解决中去。三是育人目标。教师要通过研究型教学，使学生具备良好的数学素养和理性精神，满足自身全面发展的需要，提高审美能力和可持续发展能力。

2. 组织研究型教学活动。在研究型教学中，数学教师可将小组合作、独立探究等教学组织形式作为开展研究型教学活动的载体，适当减少教师对学生学习活动的干预，为学生

提供更加充足的合作交流时间。教师要帮助学生解决学习中遇到的难题，教授学生解决问题的方法，使学生在教师的引导下开展创造性学习活动，而不是机械式地模仿教师的解决思路。在研究型教学活动的安排上，教师要根据学生的最近发展区确定研究问题、研究方式、研究内容、研究目的，避免研究型教学步入形式化的境地。

3. 拓展作业形式。作业在研究型教学中占有重要地位，教师应丰富数学作业内涵，拓展作业功能与形式，使作业发挥巩固已学知识、探究未知领域的作用。教师可将数学作业分为前置型作业与后置型作业两种。前置型作业可以围绕导学案进行布置，引导学生自主探究下节课的知识，通过小组合作、讨论交流的方式共同完成作业，提高学生探究能力。而后置型作业可以围绕研究型教学活动成果进行布置，要求学生对学习内容进行反思，提出新的问题，将其带到课外独立解决。

第六节　研究型教学模式在高中数学复习课中的实践

一、课堂教学要讲究重点，以便突显研究型学习的内容要点

课堂中开展研究型教学时，要注意研究的主题与教学方式开展的技巧，在课堂上我们要为学生找出良好的研究型学习内容，引导学生思考问题，进行相关的研究型探索与讨论。高中数学中的数形结合是数学知识的要点，我常常通过研究型学习，让学生更好地掌握数形结合的知识。例如，我在课堂上曾引例让学生通过探讨研究解决相关函数问题。例如，若方程 $lg(-x+3x-m)=lg(3-x)$ 在 $x \in (0, 3)$ 内有唯一解，求实数 m 的取值范围。[解：原方程变形为 $3-x>0-x+3x-m=3-x$，设曲线 $y=(x-2)$，$x \in (0, 3)$ 和直线 $y=1-m$，画出相应图像由图可知：①当 $1-m=0$ 时，有唯一解，$m=1$；②当 $1 \leq 1-m<4$ 时，有唯一解，即 -3，所以 $m=1$ 或 -3。]

学生在解决此类问题时，刚开始必然不知道从何下手。我将问题引出让学生自己讨论研究并得出相关结果，这样要比直接告诉学生如何按部就班地解题效果好得多。学生讨论后会得出将对数方程进行等价变形，转化为一元二次方程在某个范围内有实解的问题，再利用二次函数的图像进行解决，这一例题让学生在讨论的过程中了解各数形结合的有效运用，同时在解题的过程中也需要进行相关的数学讨论，有效锻炼了学生的数学思维与解题能力。[①]

① Danielson Charlotte,Marquez Elizabeth.Performance Tasks and Rubrics for High School Mathematics:Meeting Rigorous Standards and Assessments[M].Taylor and Francis:2016.03.02.

二、开展丰富的教学形式，为学生研究型的学习搭建平台

研究型教学就要打破以往的教学模式，让学生自己设计研究主题，开动脑筋主动思考，可以采取独立完成，也可以采取小组形式，帮助学生提供一个研究型的课堂，在这样的学习过程中可以引发学生学习的动力，让学生自主学习。在课上，我经常给出学生一些例题，让学生分析讨论，通过相关讨论得出结论。我认为，研究型教学究其根本是要学生对数学问题进行独立的思考，并有针对性地提出自己的建议，这种方式不是要学生达到如何高的学术水平，而是学会对所学知识运用于发挥，这对学生更高层次的探索学习都是有益的。

例如，在讲抛物线的几何性质时，我选择了这样一道例题：斜率为 1 的直线经过抛物线 $y^2=4x$ 的焦点 F，且与抛物线相交于 A、B 两点，求线段 AB 的长。让学生自行讨论，学生一般会得出两种方法，方法 1：将直线方程与抛物线方程联立，求出 A、B 两点坐标，再用两点间距离公式；方法 2：将直线方程与抛物线方程联立，求出 A、B 两点横坐标，再运用抛物线定义。通过学生的讨论所得到的方法，当然需要学生自行论证，下笔之后学生会发现，方法 1 更为简便，同时学生会对此进行思考总结，在日后的做题过程中就会有所帮助。

三、利用课后相关训练，促进学生研究型学习

在教学过程中，我们可以为学生留一些相关的习题，让学生在课后加以思考，独立解决问题，这样可以培养学生的数学思维能力。课堂的教学是必不可少的，但走出课堂，我们应当采取一些有效的手段帮助学生钻研问题，往往数学学习中的探索学习精神会成为一个学生学好数学的极大动力，而作为教师的任务则是有针对性、有重点地提出问题，引导学生探索性思维，为学生选择典型的研究问题，可以为学生把握学习的方向，以便学生更好地学习。

以上题为例，在课堂教学后，为学生布置课后习题启发学生思考本课时的相关问题。问题 1：在本题的基础上提出，以 AB 为直径的圆和准线有何关系？问题 2：过抛物线焦点 F 的直线交抛物线于 A、B 两点，通过点 A 和抛物线顶点的直线交抛物线于点 D，试判断直线 DB 与 x 轴的位置关系。学生在这些思考的过程中会发觉自己学习中的困惑。有针对性地拓展训练这类例题可以帮助学生培养良好的学习习惯，使其学会在课后思考研究课堂相关内容。

数学的教学需要教师引导学生，同时也需要学生在课堂上充分开发自己的大脑，认真思考，而研究式教学恰恰为学生提供了这样一个良好的教学平台，让学生通过自己的分析思考与合作解决数学问题。在这样一种教学方法下，学生掌握了相关知识的同时，开动脑筋思考解决实际数学问题，为学生日后的数学学习提供了很大的帮助。

四、研究型教学在高中数学复习课中的应用及思考

1.知识内容的框架应该是学生自己主动建构的

目前，复习课与探究式教学似乎很少结合在一起。复习课，千篇一律，先复习本章内容，即将基本知识一一呈现或采用机械记忆的方式先布置背诵然后检查，紧接着就是大量习题进行强化。这样的复习课容易使学生陷入茫茫题海而不能自拔，毫无学习数学的兴趣，解题能力也得不到有效的提高。而教师如能运用探究式教学，让学生在自我理解中实现巩固的目的，则会收到意想不到的效果。本节课中，教师让学生探究三角函数的几个性质之间的关联，不仅加强了三角函数性质的记忆，研究了三角函数最值、对称性等，甚至将其拓展到整个函数领域，最后将抽象函数的周期性与对称性用三角函数来进行具体化，在学生已有的认知基础上，实现了"特殊——一般——特殊"的数学思想方法的历程，起到了"牵一发而动全身"的效果，极大地提高了学生学习的兴趣，也加强了数学思维的训练。

2.练习题的核心价值在于提升学生的思维和创造性的欲望

传统的复习课练习巩固环节，教师的任务就是不断地出示自己选定的练习题让学生去解决，这种"给题—解题—给题"的教学方式学生的积极性和主动性被磨灭，更不用说创造性能力的培养了。本节课的教学中，教师不是按部就班地选择几道习题，而是通过一道例题的示范，让学生自己命题，自己解，充分利用了这一年龄段学生的心理特点：好奇心和创造欲望，为了给其他同学出"难题"，他们会主动地积极地思考：有哪些题型可以出，有哪些知识点可以相互联系，在平时的学习中碰到过哪些题……本节课不仅提高了学生学习数学的兴趣，还在轻松愉快的氛围中掌握了知识，真正做到了"将课堂还给学生"。

3.复习课中学生提出问题能力的培养比解决问题的能力的提升更重要

复习课中我们常只关注学生解决问题能力的提升，而对于学生提出问题能力的培养常因时间的原因而少有考虑。事实上，学生如果能够提出有价值的问题或者问题发展的方向，他对现有问题的理解肯定已经达到了较高的水平，而这正是创新能力的发端。本节课中，知识框架的确立是学生根据自己的已知背景进行的自主建构，每个知识点就像一粒粒的珍珠，通过"这些性质之间有什么联系"这个原始的问题串联起来，成为一串精美的项链；还可以想到"哪些形式与三角复合"，这个问题则荡起了学生思维的涟漪，由此引发了学生更多的想象，更多问题的提出。

第六章　促进学生思维能力发展的高中数学教学模式创新

第一节　数学思维的特征分析

教育的目的在于促进人的发展。数学价值观是数学课程学习的重要动力源，直接影响着高中生的数学观和数学学习观，数学思维的价值体现了数学的价值，数学价值观取决于对数学思维特征的理解和运用。数学的思维特征体现在数学的思维活动中。在数学思维活动中，其特征表现为视域的类化、数象的推衍、视域的融合、结构的重演、系统的架构、批判的反思、逻辑的推理、模型的应用。

数学的研究对象决定了数学学科的特点：结构完整、量化突出、概念性强、充满思辨性、数学问题解法多样，数学一直给予了人类征服自然的神奇力量。数学教育人们去进行抽象的推理，激励人们对理想和美的追求。数学经过了从经验数学向理性数学发展的历程，这些过程充分体现了人类的思维发展过程，充分地表达了人类的思维方式。数学思维所具有的六个特点，即广泛性、深刻性、组织性、批判性、灵活性、创造性。

而从数学思维的角度看，数学有如下特征：

一、视域的类化

视域，在汉语中指看得见的区域，这个区域包括从某个立足点出发所能看到的一切。哲学上的视域，是主体在有意向性的认识活动中的思维对象，是指人类在认识活动中思维的参照场。从这个意义上讲，人的感知、想象、感受、直观、判断等意义行为都具有它们的视域范围。视域具有选择性与确定性，这一特征体现了主体在认识活动中的主观能动性。数学的视域就是数学的理性认识的思维对象，是数学活动的载体。

视域的类化，在数学思维上首先表现为"此类"，此类就是把视域内研究对象的秩序、模式所表现出来的共同特征或者类似特征提取出来，形成某种数学判断，这就是"数学地提出问题"。例如，向量的产生背景就是将物理学中速度、位移、力等不同类的矢量及数学的有向线段的共同特征——"具有大小和方向的量"提取出来而形成的数学对象，在这里用"有向线段"来表示就是"对应"。从这个意义上讲，数学符号所表征的就是在特定数学视域下的数学对象。再如概率的各种模型与自然数的奇数、偶数、质数等就是视域的类化结果。

视域的类化在思维上总是寻求一种刻画对象的"尺度"，借以描述、把握、模拟视域内对象的秩序与模式。这种"尺度"就是数学思维的"象"，是数学思维的核心要素（关于象、象思维本文暂不详细讨论）。例如数学的"周期模型"就是最原始的数学之象，二进制就是白天、黑夜的周期变化的模拟，十进制就是扳手指数数的反复操作的周期变化的抽象。

所有数学概念，从本质上而言就是客观事物类化后的产物。

人们在数学实践活动中，选择不同的视角就会产生不同的数学问题，这就是数学的魅力所在。视域的类化的教育价值就是培养学生"数学地提出问题"。

二、数象的推衍

数学的思维不仅是逻辑推理，更重要的是数象的推衍，是数象的流动与转化，即数象思维。数学之象表征为符号之象，主要指数学概念、公式（含不等式与方程）、图像、图形、数、数学关系等，其作用是抽象概括宇宙自然事物所表现的秩序和模式，模拟、象征、推演客观事物的变化规律，包括一切数量、空间形式、秩序关系与模式。数学之象在这里简称为数象。

视域的类化在数学活动中的价值就是形成"数象"。应用数象去思考数学问题就是数学的象思维。数象思维是指运用带有直观、形象、感性的图像、符号、数字等数象工具来揭示认知世界的秩序、模式的本质规律，通过此类、对应等手段把握认知世界的数量关系与空间形式，从而构建统一的数学思维模式的思维方式，体现了人的主观能动性，人与自然、社会的合一。[1]

数象思维以物象为基础，从意象出发类推事物的数学规律，以"数象"为思维模型解说、推衍、模拟自然的存在形式、结构形态、运动变化规律，对客观世界做宏观到微观的、整合的、动态的研究，具有很大的普适性、包容性。这就是数学具有广泛应用性的原因。

数象不同于数学概念，同一数象在同一数学思维活动中不一定完全一致，相反，对数学概念而言，同一数学概念在同一数学思维活动中必须完全一致，数象的推衍就是数象的转化与流动，表现为象的同化与模拟。

一般来说，数学解题活动就是数象的此类、构造、同化及依象而推理的过程。数象的推衍，其数学教育价值就是数学模式的识别与转化。

① Charlotte Danielson,Elizabeth Marquez.Performance Tasks and Rubrics for High School Mathematics:Meeting Rigorous Standards and Assessments.Taylor and Francis:2016.

三、系统的构架

系统是由一些相互联系、相互制约的若干组成部分结合而成的、具有特定功能的一个有机整体（集合）。系统有大小之分。作为学术形态下的数学是一个庞大的知识系统。作为教育形态下的数学是由若干模块组成的学科教学体系，系统内的各个组成部分是根据人为的、预先编排好的顺序或计划好的方向运作，以实现或完成系统内各个部分的数学教育功能。

所谓系统的构架，就是借助公理化方法建构数学体系。公理化方法，就是指从尽可能少的原始概念和不加证明的原始命题（公理、公设）出发，按照逻辑规则推导出其他命题，建立起一个演绎系统的方法。公理化方法能系统地总结数学知识，清楚地揭示数学的理论基础，有利于比较各个数学分支的本质异同，促进新数学理论的建立和发展。

恩格斯曾说过：数学上的所谓公理，是数学需要用作自己出发点的少数思想上的规定。依据恩格斯这一观点，那么作为教育形态下的数学，系统的构架即公理化方法，其价值体现在系统思维的相容性、独立性、完备性要求中。数学公理化的目的是要把一门数学整理成为一个演绎系统，而这一系统的出发点就是一组基本概念和公理。

第二节　培养高中学生数学思维能力的目标

一、增加学生对数学学习的兴趣

托尔斯泰说过：成功的教学所需要的不是强制，而是激发学生的兴趣。学生的求知欲源于兴趣，有了兴趣才会有探索新知识的欲望。反之，学生若是对学习没有兴趣，那么他就很难进入学习状态。正如教育家乌申斯基所说："没有丝毫兴趣的强制学习将会扼杀学生探求真理的欲望。"可见，培养学生的学生兴趣是多么重要。在现实生活中，要想让学生对数学学科本身产生浓厚的兴趣，绝不是靠教师单方面灌输知识给学生所能办到的。那么在高中数学教学中，如何培养学生学习数学的兴趣呢？

营造良好的氛围。要想让学生喜欢数学，努力营造宽松良好的课堂教学环境是极其重要的。所谓宽松良好的课堂教学环境就是民主的、开放的，应鼓励学生自由思考、自主发现甚至敢于批评争论，让周围环境成为激起学生灵感的场所。有了宽松的创造空间，学生才能敢想敢说，敢于标新立异，创造潜能才能激发出来。

高效的教学质量，很大程度取决于浓厚的学习兴趣。而浓厚的学习兴趣又往往来自良好的教学方法。长期以来，在"应试教育"模式下的"满堂灌""题海战术"等，使学生产生厌倦情绪。因此，要培养学生的学习兴趣，必须改革教学方法，在课堂中发挥学生的主体作用，形成良好的课堂氛围。如何形成良好的课堂氛围发挥引言课的导入功能。导入新课是激发学生学习兴趣的一种手段，导语要抓住学生的心理，一开始就把学生牢牢地吸引住，使他们带着浓厚的兴趣去听讲、去探究。

热爱学生，重视师生情感的培养。培养兴趣的方法很多，但从根本上说，诸多方法都来自教师对学生的热爱和教育事业的责任心。要相信大多数学生都能学好数学。如果不能坚持这一信念，就会使一部分学生不能从教师的期待、信任、关怀中得到鼓励和勇气，造成师生间感情的疏远，甚至发展到厌恶数学，放弃学习，最终会形成恶性循环，直接影响学习效果。

另外，教师要接受现状，学生过去的学习，总会有一些不能令人满意的地方，从中吸取经验教训是必要的。而对过去的教师和学生的行为进行责怪，甚至嫌弃，则是有害无益的，它只会损伤学生的积极性，只有从现状出发，制订和实施切实有效的教学计划，才是唯一正确的出路。

当然，帮助学生树立学好数学的信心也是很重要的，教师应从多方面帮助学生树立学好数学的自信心。尤其是一些学习数学有困难的学生，如果不能树立自信心，必然会导致成绩差→学习数学没有兴趣→学习积极性低→成绩更差的恶性循环。数学学习固然有它困难的一面，但教师只要关心爱护自己的学生，帮助其解决一些学习困难，指导学生一些提高数学成绩有效的方法，学生学好数学是完全可能的。要引导学生人人都能从理念上认为：我是可以学好数学的！这样一定会在整个班集体中形成良好的学习数学风气。

要利用"数学美"感染学生。数学从表面上看好像比较枯燥，但实际上具有一种隐蔽的、深邃的美，一种理性的美。比如数学中含着对称、简洁、奇异和和谐等美学因素，我们可以在平时教学过程中通过创设情境等手段，使学生感受数学美，陶冶情操，激发学习兴趣。学数学应遵循一种良性的互动模式：数学美的熏陶—兴趣的产生和保持—优异的学习效果。数学是一门很美的艺术。每当遇到精辟的解法，一种数学的美感便会自然产生。而数学之美来源于数学思想与实际道理的有机结合，但它又高于生活。数学美包括有：简洁美、对称美、多样统一美、和谐美、奇异美、逻辑美、数学内容美等。所以，要取得事半功倍的效果，就有必要将数学美贯穿于整个教学过程中去。挖掘数学中的美育因素，使学生受到美育的熏陶，"爱美之心，人皆有之"，高中生尤为突出，美是数学的特点。因此，教师必须善于从教材中感受美，提炼美，将教材中美育因素融化在教案之中，创造出最佳的教学境界，使学生领略到数学中特有的美的风采，激发学生学习的无穷乐趣和欲望。

要引导学生动手操作。让学生动手操作不仅能使他们获得丰富的感性认识，而且能引出兴趣。因此，教学中要注意根据教学内容的特点创造条件，引导学生自制学具，自己获取知识，解决问题。在知识的运用过程中，学生的兴趣很浓，主动积极，能尝到探求知识的乐趣。在动手过程中，学生互相讨论，受到群体效应的激励，更能激发学习兴趣，调动积极性。

在数学教学中，通过恰当的质疑问题，引起学生的好奇心、注意力和求知欲，诱导学习兴趣，使学生处于积极思维状态，引导学生自己动手动脑，这对于提高数学教学质量将起着重要的作用。

兴趣并不是天生的，它是后天形成的，而且是可以培养的，可以转化的。要想提高学生的数学成绩就应该对它发生兴趣，钟情于它，进而转化为稳定的学习动机。学习兴趣在中学数学教学中有现实的积极意义，注重培养和激发学生学习的兴趣，改变数学课堂教学枯燥、乏味的现状，大面积提高数学教学质量，正是当代数学教学中的重要课题之一。

总而言之，只有培养学生浓厚的学习兴趣，激发学生强烈的学习欲望，才能让学生成为教学真正的主体，才能使教师教得轻松，学生学得快乐、主动，才能有效地提高课堂教学效率，提高教学质量。因此，教学中教师应相当设法激起学生的求知欲望，使他们积极主动地投入学习中。

部分学生进入高中阶段数学成绩开始下降，随着时间的推移，出现了两极分化的现象。这种现象的原因是多方面的，其中部分学生对数学失去兴趣是重要的一个原因。那么，高中数学教学中如何培养学生学习数学的兴趣？这是高中数学教师共同关心的话题。

兴趣是个体力求认识某种事物或从事某项活动的心理倾向，也是推动人们去寻求知识和从事活动的心理因素。同样，兴趣在学生的数学学习中也起动力作用。若学生对数学不感兴趣，对数学也就不能集中精力去学，因而数学成绩就会下降。培养学生对数学的兴趣，为学生的数学学习插上腾飞的翅膀，是需要探究的问题。

了解学情，有的放矢，激发学习数学兴趣。学习目的可以看成学习的诱因，在数学教学中经常引导学生认识到学好数学的必要性和迫切性，可以激发学生自觉学习数学的热情，学好和运用数学不仅可以解决生活、生产中的各种问题，而且也为学好其他课程打好基础。

生活中的许多问题，让学生思考：如自行车的轮子为何做成圆形的？导弹的弹头为何做成圆锥形的？音乐会上，报幕员为何总站在舞台的 2/3 处？至少登上多少层楼才能"欲穷千里目"？等等。这些问题只有用数学知识才能解决，以数学的广泛应用便能激发学生学习数学的热情。

我国古代对数学有过卓越贡献，成就辉煌，在历史上一直处于世界前列。如公元前 1120 年以前的商高定理"勾三、股四、弦五"，比毕达哥拉斯的发现还早 600 年；公元前 429 年至 500 年，祖冲之求得 π 在 3.1415926 与 3.1415927 之间，这个精确数值的求得比欧洲早 1100 年；早在公元 4 世纪成书的《孙子算经》中已概括出了"剩余定理"，比高斯的发现早 1500 年；等等。这些事例都可以激发学生的民族自豪感。要在教学中培养学生的爱国主义和民族自尊心，激励他们为赶超世界水平而努力学好数学。

改进传统教学方法，培养学习数学兴趣。富于情趣、幽默、诱导的教学方法是培养学生数学兴趣的有效途径。这就要求教师用启发式教学，将抽象的概念用生动风趣的实例行对照，这样学生自然会爱上数学课。幽默的数学教学使学生在笑声中受到启迪，培养了数学的兴趣。①

教育家孔子说，知之者不如好之者，好之者不如乐之者。兴趣是事业成功的前导，也是培养学生学习热情，产生内在动力的关键。当我们仔细研究学生的学习兴趣时，不难发现：凡是学生感兴趣的学科，往往也是他们学习成绩比较好的学科。这是因为兴趣是学习的动力，它促进了学生学习的兴趣，是学习成功的重要原因。兴趣对传授数学知识，提高数学能力，减负增效，提高学习质量具有十分重要的意义。那么在高中数学教学中如何培养学生学习数学的兴趣呢？明确学习数学的目的，激发学生学习数学的兴趣。爱因斯坦说：兴趣是最好的教师。求知欲和学习兴趣是一种内在的学习动机，培养学生学习兴趣，使学生了解高中数学的价值和用途。当学生能够意识到学习是他们达到某种重要目的的手段时，他们就会产生强烈的求知欲和兴趣。事实证明，在数学教学中，帮助学生明确学习数学的目的，是培养和激发学生学习数学兴趣的有效办法。

改进教学方法，培养学生学习数学的兴趣。高效的教学质量，很大程度取决于浓厚的学习兴趣，而浓厚的学习兴趣又往往来自良好的教学方法。恰当地运用多媒体，激发学生的学习兴趣，将数学中一些抽象的内容变为形象、生动、易懂的知识，从而大大地提高学生学习数学的浓厚兴趣。"寓教于乐"，根据学生特点和容易、乐于接受这一要求，对教学内容进行加工处理，并运用生动形象、具体鲜明、妙趣横生的语言表达出来，才能使学生在领会知识的同时，把学生学习数学的艺术美、科学美的感受的积极性和主动性调动起来。因此，教师在教学中运用恰当的教学方法是培养和激发学生学习数学兴趣的关键和重要手段。

重视师生情感的培养，内化学生学习数学的兴趣。学生在数学学科上学业落后，考试不及格，并不可怕，可怕的是他那冷漠的态度。如何改变学生这种对学习数学无动于衷，漠不关心的态度呢？法国著名教育家第斯多曾一针见血地指出过："我们认为教学艺术不在于传授的本领，而在于激励、唤醒、鼓舞。"

在课堂教学中，对要解决的问题进行分析后，让学生通过自己的思考，给出板书展示，教师再即时激励。如果能个别辅导，融情于教学中，学生的感触就会更加深刻。对数学的喜爱之情就更具有持久性、深入性和主动性，有时甚至达到入迷的程度，这就表明了情感教育的激励功能对数学教育有不可忽视的功效，师生情感的良好培养，内化了学生学习数学的兴趣，使学生学习数学的兴趣转化为学生学习的意志。培养学生的创造创新能力，培养其学习兴趣。

数学课堂教学应关注学生个性的发展，培养学生勇于冒险不怕失败的精神，鼓励学生独立思考、大胆发问、踊跃参与。教学上引导学生去发现、类比、猜想，激发他们的创造意识，激发强烈的创新动机，唤醒学生的创造性潜能。教师不时地用错误的陷阱、解题过

① 周国红. 高中数学课堂的自主探究性教学研究 [D]. 武汉：华中师范大学，2015.

程的繁简强烈反差等办法，使学生自觉地创新，同时还让学生明白学习不要满足于书本上的现成答案，更不要迷信教师，要敢于对教师的教学提出挑战，教师的解答只是一种借鉴、参考而已，更不是什么圣旨。每个学生要有自己的主见，要成为主宰自己思想的主人。

以数学特有的美激发学生的学习兴趣。许多高中学生对数学感兴趣并非对数学的重要性有多少认识，而是觉得数学很深奥、很美，几何证明很神，数学运算很有趣。每当解决一道难题，心中的喜悦便会油然而生。不言而喻，学数学应遵循一种良性的互动模式：数学美的熏陶—兴趣的产生和保持—优异的学习效果。数学是一门很美的艺术。每当遇到精辟的解法，一种数学的美感便会自然产生。而数学之美来源于数学思想与实际道理的有机结合，但它又高于生活。数学美包括有简洁美、对称美、多样统一美、和谐美、奇异美、逻辑美、数学内容美等。所以，要取得事半功倍的效果，就有必要将数学美贯穿于整个教学过程中去。挖掘数学中的美育因素，使学生受到美育的熏陶，"爱美之心，人皆有之"，高中生尤为突出，美是数学的特点。因此，教师必须善于从教材中感受美，提炼美，将教材中美育因素融化在教案之中，创造出最佳的教学境界，使学生领略其活力。成功是学生在学数学时心理求知的原动力，在数学教学中，要给每个学生创造出更多的表现机会，由浅显的问题入手，摸索学生心理底线，增加数学解析的条条通道，引导学生对习题做出正确的解答。学生经过对问题的独到见解或创造性的思维取得一次次的好成绩，并为获取的成功感到高兴和骄傲，即使学生偶尔回答还不够准确，解答还不完善，教师也不应有丝毫的责备，而应去发现他们的亮点，鼓励他们，让他们感受到成功的喜悦。最终让学生明白只要开启心智就有希望，就能成功。而以成就为动机的学生坚持学习的时间会更长些，即使遇到挫折，也往往会归结于自己不够努力，他们一心想获得成功，当失败时，会加倍努力，直到成功为止。因此，在学校里成就动机强的学生一般会取得较好的成绩。另外，没有体验过成功的学生往往会失去这方面的动机，把动机转向他们感兴趣的其他事情上去。总而言之，适当的成功或失败都可以增强后续学习的动机，但成功体验对动机的激发作用大于失败的体验。

总之，兴趣是学生最好的教师。学生只有对数学学科感兴趣，才能学好数学，因此，我们在数学教学中要千方百计调动学生的积极性，激发学生学习的兴趣，发展学生的思维，使学生在乐学中学会知识，达到高中数学教学的最佳效果。

二、提升自我创新能力

在高中数学教学中注重学生创新能力的培养，既是挖掘学生潜能、提高教学质量的需要，也是满足素质教育要求的需要。高中数学教学过程中培养学生的创新能力要通过多种途径来实现：

1.提高数学教师队伍素质是关键

教师的素质水平极大地影响着学生创新能力的培养。俗话说："师父领进门，修行在个人。"高中数学课程同样如此。但是，高中数学教师如果没有较高水平的创新意识和创新能力，就不能给学生以很好的引导，会给学生创新能力的培养带来很多制约因素。提高高中数学教师队伍素质，需要做好以下三方面的工作：首先，更新教学观念。高中数学教师要深入学习素质教育的有关知识，认识到培养学生创新能力的重要性，并且在实际教学中真正以学生创新能力为导向，在此基础上提高学生的数学学习成绩。其次，加强数学教师之间的交流。一般的普通高中都有数学教研组，这是加强数学教师之间交流的良好平台。数学教师之间要利用课余时间加强彼此的交流，就一些数学问题进行深入的探讨和研究，提高自身教学水平。教研组也可以定期进行经验交流会，帮助教师提高教学水平。最后，加强数学教师自身的学习。知识是永无止境的，高中数学教师更要认识到学生经常会就一些问题提出多角度的解决方法，其中有些方法是教师也没有想到的。因此，高中数学教师要通过不断的学习来提高自身的教学水平。

2. 提倡多样化的解题思路是重要手段

创新能力的培养，需要有发散性思维的充分运用，只有运用多角度的观察和实践，才能提出多样化的解题思路，才能有所突破、有所创新。数学教学最重要的一个作用就是培养学生"举一反三"的能力，学生在解决一道数学问题后，可以把所运用的解题思路和应用原理科学地运用到其他问题当中去，提高自我分析问题、自我解决问题的能力。数学问题具有综合性、多样性等特点，使得解题方法和解题思路也是灵活的、多样的。提倡多样化的解题思路要求在高中数学教学中做好以下两个方面的工作：第一，数学教师要鼓励学生提出不同的想法。高中数学教师在课堂上要鼓励学生勇于提出自己的不同见解，并对每一个学生提出的见解组织学生们进行深入的分析，找出哪些是合理的，哪些是不符合规律的，并对合理之处提出表扬，提高学生的积极性，对不符合规律的要及时提出意见和建议，帮助学生寻求找到正确的解题思路。第二，数学教师要层层设疑。在数学教学中，要多运用一些疑问，并鼓励学生大胆发言，提出不同的见解；在运用一种方法解决问题后，要征求广大学生的意见，看是否有其他不同的解决方法，注重培养学生多样化的解题思路。

3. 鼓励学生大胆创新是根本保障

只有勇于创新，才能不断发挥学生的潜能，提高学生的创新能力和学习成绩。高中数学课是一门综合化、多样化的课程，能够为学生发展创新能力提供巨大空间。首先，高中数学教师要鼓励学生勇于创新。其次，要鼓励学生运用独特的解题方法来解决数学问题，对于符合规律性的、更加简单便捷的解题方法要在课堂上深入分析和讲解，要提倡其他学生向其学习，并给予一定的精神表扬，这样，学生就能获得更大的创新动力，就会不断地创新，就会取得更好的学习成绩。最后，要正确引导学生的创新。高中学生由于所处的学习阶段的限制，其创新也必然会具有一定的局限性。部分学生在创新上存在着盲目、自大等问题，这就需要数学教育给以正确的引导，把学生的创新意识和创新能力引导到正确的轨道上来，让学生的创新意识和创新能力发挥到解决数学问题上来，而不是为了取得别人关注的目光而盲目创新。

4.注重课堂与实践的结合是动力源泉

数学课是一门比较单调的学科，尤其是纯理论部分很难能吸引所有学生的学习兴趣。我们知道，兴趣是最好的教师，学生的创新能力同样离不开兴趣。对数学问题感兴趣的学生更愿意发挥自己的主动性和积极性，更愿意花费更多的时间和精力去思考，更愿意寻求更好的解决方法，这有利于提高学生的创新能力，有利于提高其数学学习成绩。而对数学问题不感兴趣的学生经常会感到头疼，产生厌烦的情绪，不利于提高其创新能力和学习成绩。如何增强学生学习数学课的兴趣，最好的一个办法就是注重课堂学习与实践的结合。学生参加社会实践，从中发现数学问题，针对这些数学问题进行思考和研究，能够增强其学习兴趣。因此高中数学教师在教学中要注重课堂学习与实践的结合。首先，带领学生积极参加社会实践。选择一些与数学问题相关联的社会实践活动，带领学生参加这些社会实践活动，让学生在实践中仔细观察，并从中寻找出相应的数学问题，鼓励学生采取独立或者合作等方式解决这些问题。其次，在课堂教学中运用案例。高中数学教师可以在课堂教学中运用学生耳熟能详的现实生活中的案例，学生在认识这些案例的基础上，就容易产生解决问题的兴趣，更容易在深刻体会现实的基础上发挥主动性与积极性，发展自己的创新能力。

需要补充的是，高中数学教学培养学生的创新能力不能仅仅以学生的学习成绩为基准，如果只是以学习成绩为最终的标杆，很容易导致学生死记硬背、生搬硬套等现象的发生，违背了培养学生创新能力的宗旨。评价学生创新能力，高中数学教学要采用多样化的评价指标，要以培养学生创新能力为导向，在这个导向的基础上提高学生的学习成绩。

三、增加学生对数学学习的信心

21世纪是一个知识竞争的世纪，是一个能力竞争的世纪。当前，知识的掌握和能力的提高都离不开中学阶段的学习。在高中数学教学中，我们发现越来越多的高中生做作业时害怕难题；课堂上，稍加思考即可回答的问题不敢思考，更不敢回答；有的学生刚进入高中时数学学得很好，可随着时间的推移，他们的数学成绩日益下降，甚至有的学生到后来觉得数学没法学，以至于放弃数学，出现作业不做、上课睡觉等破罐子破摔的现象……这些都是高中生在数学学习中失去自信心的表现。在数学教学活动中树立高中生学习数学的自信心，可以促进中学生主动参与的意识，大胆探索的精神，增强学生学习数学的好奇心，激发他们的求知欲，促进学生活泼进取的良好个性的形成，使学生在原有的基础上进一步地发展。学生有了学习数学的自信心，可促使他们在其他学科的学习中增强自信。也能促进他们在以后的学习及生活中，不畏困难险阻，沉着冷静，寻找解决困难的办法，敢于面对生活中的各种挑战。那么怎样才能树立高中生学习数学的自信心呢？

数学作为衡量一个人能力的重要学科，从小学到高中，绝大部分同学在数学这一科投入了大量的时间和精力。然而并非人人都是成功者，有些学生数学成绩始终没有起色，甚至出现倒退，第一个就栽在数学上，这样导致了不少同学对数学的学习完全失去信心。于是，我对部分同学的数学学习状态进行了研究、调查、访问，造成其数学成绩不好，出现厌学心理有以下几个方面：

1. 被动学习

很多同学进入高中后依然像初中那样，有很强的依赖性，跟随教师的步调，没有掌握学习的主动权，学习不订计划，课前不预习，坐等上课，对老师讲的内容不了解，上课忙于做笔记，不主动积极思考，没听到"门道"，课后不巩固，不总结归纳。

2. 学不得法

教师上课一般都要讲清知识的来龙去脉，剖析概念的内涵，分析重点难点，突出思想方法。而一部分同学上课没能专心听课，对要点没听到或听不全，笔记记了一大本，问题也有一大堆，课后又不能及时巩固、总结、寻找知识间的联系，每天就只是赶做作业，学习一点目的性都没有，应付教师，乱套题型，对概念、法则、公式、定理一知半解，机械模仿，死记硬背，还有些同学晚上加班加点，白天无精打采，或是上课根本不听，自己另搞一套，结果是事倍功半，收效甚微。

3. 缺乏自主钻研

高中数学与初中数学相比，知识的深度、广度，能力要求都是一次飞跃。这就要求必须掌握基础知识与技能，为进一步学习做好准备。高中数学很多地方难度大、方法新、分析能力要求高。如二次函数值的求法，实根分布与参变量的讨论，三角公式的变形与灵活运用，空间概念的形成，排列组合应用题及实际应用问题等。有的内容还是初中教材都不讲的脱节内容，如不采取补救措施，查缺补漏，就必然会跟不上高中学习的要求。

因此，对学生数学学习心理辅导极为重要，能够为学生排除其对数学的恐惧，树立起学好数学的信心。具体做法如下：

注意对浓厚学习兴趣的培养。爱因斯坦曾说：兴趣和信心是最好的教师。有了兴趣才会满腔热情，全身心投入，聪明才干及悟性才会一起涌上心头，铺平成功之路。兴趣和情绪影响一个人的行为积极性，凡是从事自己感兴趣的工作和学习，就会觉得心情舒畅、愉快，激情高涨，效率也高，相反，如果从事自己不感兴趣的工作和学习，则心里感到很压抑，心不在焉，动力不够，缺乏热情，效率极低。

著名教育家皮亚杰说："所有智力方面的工作都要依赖兴趣。"教育的成功与否，在很大程度上取决于学生有无学习兴趣。兴趣并非生来就有的，而是在学习生活中逐渐培养起来的，是可塑的。因此，在数学教学中要培养学生的学习兴趣，充分调动学生学习的主动性和积极性，变"要我学"为"我要学"。

苏霍姆林斯基讲："教育技巧的全部奥秘，就在于如何爱护学生。"作为一名数学教师，由于学科的特点，常常给学生以古板、严厉的印象，若在教学中又总是板着面孔，课堂气氛就会显得很紧张，师生之间的心理距离也会很远。这样，学生在学习过程中便产生了不必要的心理负担。久而久之，会使学生产生逆反心理，从而对学习数学丧失兴趣。因此，在教育教学过程中，教师要倾注极大的热情，要多找学生谈心，了解学生的思想动态，有可能的话，经常与学生进行一些集体活动，产生亲和力，这样学生才能喜欢这位教师，进而喜欢数学这门课程。要爱护学生，尊重学生，尊重学生的劳动，多征求学生意见，尽量满足学生学习心理上的需求，使他们觉得自己是被重视的、被关心的，从而缩短师生间的心理距离。特别是一些后进生，教师更应该循循善诱，特别注意保护他们的自尊心。要经常运用表扬、奖励的手段鼓励学生，这样才能使他们从怕上数学课转变为爱上数学课，对数学这门课程产生浓厚的学习兴趣。爱护学生是进行数学教学的前提，是使学生对数学产生兴趣的关键。当教师的情感倾注在数学教学中，激发了学生的数学学习情感时，学生就能够更加积极主动地投入数学学习中。[①]

"兴趣是最好的教师。"在教育教学中，我们数学教师应当注意运用多种手段和方法，通过多种渠道培养和激发学生的学习兴趣，最大限度地调动学生的学习积极性和主动性。这样，才能使学生带着浓厚的兴趣学好数学，才能大面积提高教学质量。

"先学后教，有效达成"的教学理念要求："尊重主体，面向全体；教师的责任不在教，而在于教会学生学。"教师从片面注重知识的传授转变到注重学生学习能力的培养，教师不仅要关注学生学习的效果，更关键的是要关注学生的学习过程，引导学生进行小组探究学习，促使学生领会自主学习、合作学习的初衷，让学生亲历、感受和理解知识产生和发展的全过程。"先学后教，有效达成"的教学模式强调学生德、智、体的全面发展，师生互动，自主学习，培养学生终身学习的习惯。学生在教师引导下勤于学习，拓展思维，汲取知识，让学生经过猜疑、尝试、探索、努力，进而体会成功的喜悦，完善真正的学。

所谓"教学有法，但无定法"，教师要随着教学内容的多样性、教学对象的差异性、教学设施的局限性等，灵活采用不同的教学方法，做到每一节课都要有教学重、难点，并且整节课都应该围绕着教学重、难点逐步展开。

在还没实施"先学后教，有效达成"教学模式的理念前，绝大部分高中数学教师的教学观念都是"满堂灌""一言堂""填鸭式"，而课改后在一定程度上有明显的改进，但还是没有本质上的转变，没有完全脱离旧观念。教学观念没有得到本质的改变，教学方法的单一化问题就无法从根本上解决，直接导致很多学生对数学的印象是枯燥无味的，无兴趣可言，对数学失去了信心，成绩自然不尽如人意。

教师应清楚"先学后教，有效达成"教学模式的基本要求，对教学内容理解到位。数学学习的自信心是指学生在数学学习过程中对自己的数学能力、数学认知、数学实践等方面的信念，它影响着学生对数学学习任务的选择、接受和学习状态的准备，影响着对数学学习的坚持性和情绪调节。因此，数学学习自信心是数学学习中一个重要的情感因素，是促进学生学习的动力之一，是获得数学学习成功的关键。

---

① 白慧明. 高中数学教学中培养数学思维能力的实践研究［D］. 信阳：信阳师范学院，2015.

关爱、信任学生，构建和谐的师生关系。树立学生学习自信心的前提是教师要信任学生，对他们怀着期待，学生就会对教师产生好感和信任，同时树立自信心，产生进步的动力，从而实现教师期待的目标。

"爱就是教育，没有爱，就没有教育。"心理学研究证明，给学生以真诚的关爱，学生就会情绪高涨，思维敏捷，信心增加，乐于交往。我们要尊重学生、关心学生，尊重他们的人格，维护他们的个人尊严。要深入学生中去，多与学生交谈，了解学生的优缺点，洞察学生的心理变化，沟通情感，创设宽松、和谐的数学教学心理环境。使他们感受到教师的爱抚和尊重，使他们相信个人的价值，坚信"我能行"。新课程由"专制"走向"民主"，由封闭走向开放，课程不再是特定的知识载体，而是教师和学生共同探求新知的过程，教师和学生共同构成课程的有机组成部分。

激发学生学习的兴趣。学习兴趣是学生基于自己的学习需要而表现出来的一种认识倾向。"兴趣是最好的教师"，只有当学生对学习感到有兴趣、有信心时，他们才会为学习付出努力。影响学习兴趣的因素主要包括教学方法、师生关系、教学效果、教学策略、对学生的注意和了解程度、赏罚情况等。学生一旦对学习失去了兴趣，学习就会成为他们的负担，由此对学习产生抵触情绪和对抗情绪，焦虑、恐惧，甚至逃避，学业成绩就会急剧下降。可见，激发学生学习兴趣显得尤其重要。现行的数学教材中，蕴含着十分丰富的教学资源和情感因素，值得我们认真去挖掘。从一组数据、一幅美丽的图画等都可让学生从中受到感染和教育。教师在依托教材组织教学活动的同时，仍须对教材进行"编辑加工"——积极选择、有效重组与完善整合。创造性使用教材，结合生活实际，使学生在轻松愉悦的氛围中学数学、用数学。

利用一切可以利用的资源，创设环境与气氛。有人说：环境造就人，气氛熏陶人。对数学课堂教学来说，做到环境与气氛的和谐，将起到事半功倍的作用。

四、激发学生的各种潜力

至圣先师孔子曾说过这样一段话："吾十有五而志于学，三十而立，四十而不惑，五十而知天命，六十而耳顺，七十而从心所欲，不逾矩。"孔子这段话表述了他认识自我、发展自我到完善自我的全过程。

"认识自我"这句镌刻在古希腊德尔斐城那座神庙里唯一的碑铭，犹如一把千年不熄的火炬，表达了人类与生俱来的内在要求和至高无上的思考命题。尼采曾说："聪明的人只要能认识自己，便什么也不会失去。"事实上，每个人都有巨大的潜能，每个人都有自己独特的个性和长处，每个人都可以选择自己的目标，并通过不懈的努力去争取属于自己的成功。

认识自我，是我们每个人自信的基础与依据。即使你处境不利，遇事不顺，但只要你赖以自信的巨大潜能和独特个性及优势依然存在，你就可以坚信：我能行，我能成功。

　　高中阶段发展自我，完善自我的关键就在于如何培养良好的自我意识。它同时也是发掘自我潜能的关键所在。正确的自我意识是人们依据周围环境的发展而形成的有关自己的正确认识以及积极的情感和态度。正确的自我意识对青少年创新意识的培养具有良好的促进作用。青少年的自信心与他们对自己的认识和评价密切相关，正确的自我意识能够增强自信心。如果一个人形成了正确的自我意识，那么他必然是充满自信的；如果一个人对自己的看法比较消极，这个人必然是自卑的。要有正确的自我意识，才能充满信心地进行创造，发挥巨大的创造潜力。

　　健全人格。人格是指人的整体精神面貌。人格完整指人格构成诸要素——气质、能力、性格和理想、信念、人生观等方面平衡发展。人格健全的学生，所思、所做、所言协调一致，具有积极进取的人生观，并以此为中心把自己的需要、愿望、目标和行为统一起来。爱因斯坦说过："一个人智力上的成就很大程度上取决于人格的伟大，这一点往往超出人们通常的认识。"一位白发苍苍的诺贝尔奖获得者曾说过，他是在幼儿园学到了他认为最主要的东西，那就是"把自己的东西分一半给小伙伴……做错了事情要表示歉意要仔细观察大自然……"这实际上是说，对他走上科学道路产生深刻影响的是从小受到的全面的做人的教育。积极进取、奋发向上、百折不挠的人生态度，勇于实践、勤学好问、谦虚诚实的个性品质，远大的理想和脚踏实地的敬业精神都有助于创造潜能的开发。

　　培养创新的兴趣。兴趣是人的精神对特定对象或某种事物的喜爱和趋向，是人在探索、认识某种对象的活动中产生的一种乐趣。这种乐趣能够使人们得到极大的满足，从而促进人们注意力高度集中，达到忘我的程度。好多科学家从小肯用功，放弃了作为一个孩子乐于享受的游戏、玩乐，抓紧一切时间学习，正是因为他对科学有浓厚的兴趣，从科学研究本身感受到无穷的乐趣和愉快，这是他人所无法体会到的。达尔文说："我一生主要乐趣和唯一职务就是科学工作，对于科学工作的热心使我忘却或者赶走我的不适。"居里夫人说："科学的探讨研究，其本身就含有至美，其本身给人的愉快就是报酬，所以我在我的工作里面寻得了快乐。"巴甫洛夫说："感谢科学，它不仅使生活充满快乐与欢欣，并且给生活以支柱和自尊心。"假如一个人对科学创造毫无兴趣，必然视学习为畏途，不可能有如醉如痴、废寝忘食、战胜一切困难的精神和劲头。

　　多奖少惩，多点宽容、多点赞美，发展学生的积极心态。奖惩合理得当，能够有效地激发学生的内在潜力，这已经为现实教育教学实践所证明。奖励可以起到正面引导的作用，不仅使受奖励者本人有荣誉感，增强保持荣誉的内在动力，而且可以鼓舞学生你追我赶、学习先进的士气。惩罚可以起到制止、警告的作用，使不良行为得以收敛和消退，使受罚本人及别人不再发生类似的过失。当然奖励和惩罚不一定都能产生积极作用，如果奖励和惩罚不当，则会事与愿违。这里的关键是成绩与奖励，错误与惩罚不能相称。因此在实施这一做法过程中，必须克服奖励工作中的平均主义和奖励过重，奖励了一个伤了一片的做法，坚持以奖励为主，惩罚为辅，实行物质奖励与精神奖励相结合，坚持"奖励不加于无功，惩罚不加于无罪"，做到奖罚公平恰当，多奖少罚。

还必须辅以必要的思想政治工作，克服现实生活中的奖励惩罚手段代替思想政治工作的做法。只有把思想政治工作做细做实，我们的教育事业才能永远兴旺。对于行为有问题的学生和学习有困难的学生，要信任他们，多鼓励、少批评。信任他们，就是相信他们一定能进步，一定能克服自身的缺点或错误，对他们有十足的信心。这种信任，会使他们得到承认的慰藉，消除对教师的猜疑和对抗，促成双方心理相容，进而以积极的态度去接受精神雨露的浇灌。在对他们实施教育过程中，对于他们的缺点要批评，但不宜太多，要"多表扬、多鼓励"。如果经常批评和责备，无疑会把他们心中刚发芽向上的意志除掉，打消了他们上进的积极性，相反，如果采用多鼓励、多表扬的方法，会使他们知道教师很重视他们及他们的优点和长处，将会使他们心底蕴藏着一种自我肯定的强烈需要诱发出来，增强信心，拼命努力，表现出自己的优点来。班主任教师的一句话、一个手势、一个眼神，就会像高明的琴师一样也能在学生的心弦上弹拨出动人的乐章。

重视民主情怀。随着社会的进步，人们对民主的要求越来越高。构建和谐社会需要民主，建设良好的班组集体，也同样需要民主。作为班主任，应该善于贯彻公开化原则，尊重学生的民主权利，切实保障其主人翁地位，使他们有权参与班级事情的决策与建议，对班主任和班干部进行监督和质询，以维护其利益，激发其内在动力。作为人类灵魂的工程师，班主任尤其要善于感情投资，在学生的思想上、工作上和生活上予以关心，以实现师生之间的情感交融。彼此信任，相互尊重，提高班级集体的内聚力。班级有一名学习困难的学生申某，经过无数次的教育引导，直到期中考试时才从班级倒数第二前进到中游。我委托班委送去一张贺卡给正在勤奋学习的他。试想，这位学生该会以怎样的热情投入下一步的学习？整个班级都是如此积极热情的学生，集体能不积极向上？

学会授权，适当退让。高明的班主任应该学会授权与妥协。事必躬亲，一味追究，不算好的班主任。孙武曰："知胜有……将能而君不御者胜。"用到班主任工作这里就是说，只要学生特别是班干部有能力完成某项任务，能够"独立"行动，班主任就应该赋予他权力，对他的行动不干预，不牵制。人有一种权力欲望，当获得一定权力时，他会激发出无穷的做好事情的内在动力，这是人类的高级精神需求。班干部是班级集体的"现管"。班主任不可能时刻都与学生在一起，对学生的了解与同学之间相互了解的层面也各不相同。可以这样说："下放权力，是鼓舞班干部、激发才干的源泉。"因此，我们的班主任应该知人善任，为一切有才能的同学施展才华创造条件，并及时对他们的工作予以鼓励和支持。当然，在实施"将能君不御"的原则，要视能授权，而不能视人情授权。

"将能君不御"，并非说班主任撒手不管，授权并非卸责，而应能放能收，做到放得下收得回。同时，班主任要学会授权，而且要学会适当退让，妥善退让并不失面子。俗话说退是为了进。当班主任与学生发生矛盾甚至冲突时，不可鲁莽对待，而应该是视其"情境"适当妥协和让步，自己离开现场，分析发生矛盾的原因及解决的办法，等待对方发泄一阵，心态平衡以后再找其谈话。这种妥协让步，会引致对方对你的尊敬和爱戴，从而有利于化解矛盾，激发学生干部的潜力。退一步海阔天空。如果当场各持己见，互不相让，反而会使矛盾加深，不利于班级管理。

善于示范表率。教师是学生增长知识和思想进步的导师，教师的一言一行无不给学生留下深刻印象，有的甚至影响学生一辈子，因此教师一定要在政治思想上、道德品质上、学识学风上全面以身作则，自觉率先垂范，真正为人师表。示范是一种为人师表、影响学生的有效方式，它能通过榜样的参照效应，对人们的心理倾向发生影响，促使人们在思想感情和行为方面发生变化。因此，班主任应该善于通过自己的"人格"力量来影响、引导学生。班主任不仅要恪尽职守，甘当学生的知心朋友和助手，还要克己奉公，正确运用手中的"权力"，不搞歪门邪道，清正廉洁，不断提高自身的素养，增强自己对学生的吸引力。我要说，一位好的班主任，不需要是万能的，但要是一位品格高尚的人，因为后者往往更能让学生敬畏。

变革和创新是新时代人们生存和发展的主题曲。历史和现实都表明，人的潜能是无限的。如同"芝麻开门"的暗语能打开宝库一样，人的潜能必须通过挖掘、激活，才能变为现实的创造力。美国富尔顿学院心理系的报告中有这样一段话：编撰 20 世纪历史的时候，可以这样写：我们最大的悲剧不是恐怖的地震，不是连年战争，甚至不是原子弹投向广岛，而是千千万万人生活着然后死去，从来未意识到存在于他们身上的巨大潜能。

学生是国家明天之栋梁，充分挖掘学生的潜能，是班主任义不容辞的责任。班级管理是一项纷繁复杂而又妙趣横生的工作，它的成功与否直接影响着学生的品行、学业与前途，也直接影响着学校的地位、声誉和未来。所以，班主任在学校建设与发展中，肩负着举足轻重的神圣使命，这一使命要求班主任工作只能成功，不能失败。而要真正做到这一点，在班级管理中就不能不讲求一点儿工作策略与技巧。

第三节　信息技术支撑下培养高中学生数学思维的实验教学模式

一、数学实验型教学模式简述

信息技术下的数学实验型教学模式就是以信息技术为基础，实验者对所学的数学知识进行实践检验的探索研究活动。它的理论基础是建构主义，也就是说要让学生自己做数学实验，自己去体会，教师只是对学生存在的问题进行指导和纠正。

长期以来，人们对数学教学的认识就是概念、定理、公式和解题，认为数学学科是一种具有严谨系统的演绎科学，数学活动只是高度抽象的思维活动。但是，历史表明，数学不只是逻辑推理，还有实验。不过，传统的数学观仍然认为，即使数学需要实验也只不过是纸上谈兵，也只是进行所谓的思想上的实验；教学过程中，学生的数学活动只是"智力活动"，或更为直接地说是解题活动，数学家在纸上做数学，数学教师在黑板上讲数学，而学生则每天在课堂上听数学和在纸上做题目。这样，对多数学生而言，数学的发现探索活动没有能够真正开展起来。

数学实验教学模式，通常由教师（也可以由学生自己）提出明确的问题情境，让学生在计算机提供的数学技术的支持下做教学实验，利用小组合作学习或者组织全班讨论，开展研究性学习活动；实验过程中，依靠实验工具，让学生主动参与发现、探究、解决问题，从中获得数学研究、解决实际问题的过程体验、情感体验，产生成就感，进而开发学生的创新潜能。

利用计算机进行数学实验教学，不仅是开展数学研究性学习的一种有效方式，也为计算机教学的开展提升了层次。引进数学实验以后，数学教学可以创设一种"问题—实验—交流—猜想—验证"的新模式。数学教学采取何种模式，从某种程度上取决于数学教育的目的，而这又与教学的现状、社会对数学的需求密切相关。知识经济时代对创新人才的需求与数学教育中忽视学生创造性能力培养的矛盾日益凸显。在教学中倡导研究性学习，引进数学实验，以及由此引发的教学模式的变革，与当前社会对数学教育的需求是一致的。

二、数学实验教学模式的基本环节

数学实验教学模式的基本思路是：从问题情境（实际问题或数学问题）出发，学生在教师的指导下，设计研究步骤，在计算机（器）上进行探索性实验，发现规律，提出猜想，进行证明或验证。根据这个思想，教学模式一般主要包括以下五个环节：

1. 创设情境

创设情境是数学实验教学过程的前提和条件，其目的是为学生创设思维场景，激发学生的学习兴趣。问题情境的创设要精心设计，创设合适的问题情境有助于唤起学生的积极思维。

2. 活动与实验

活动与实验是数学实验教学模式的主体部分和核心环节。教师根据具体情况组织适当的活动和实验；数学活动形式可根据具体情况而定，最好是以 2～4 人为一组的小组形式进行，也可以是个人探索或全班进行。教师的主导作用仍然是必要的，教师给学生提出实验要求，学生按照教师的要求，在计算机（器）上完成相应的实验，搜集、整理研究问题的相关数据，进行分析、研究，对实验的结果做出清楚的描述。这个环节对创设情境和提出猜想两个环节起承上启下的作用。

3.讨论与交流

这是开展数学实验必不可少的环节，也是培养合作精神、进行数学交流的重要环节。让学生积极主动地参与到数学实验活动中去，对知识的掌握，思维能力的发展，学业成绩的提高以及学习兴趣、态度、意志品质的培养都具有积极的意义。在学生积极参与小组或全班的数学交流和讨论的过程中，通过发言、提问和总结等多种机会培养学生数学思维的条理性，鼓励学生把自己的数学思维活动进行整理，明确表达出来。这是培养学生逻辑思维能力和语言表达能力的一个重要途径。数学交流是现代数学教学中的一个新课题，把实验与交流结合起来凸现了数学知识的形成过程，提倡学生使用计算机（器）可以为学生学习数学提供便捷的实验环节，并且学生使用计算机（器）做数学实验的过程也是一条很好的数学交流途径。

4.归纳与猜想

归纳与猜想这个环节和活动与实验、讨论与交流密不可分，常常相互交融在一起，有时甚至是先提出猜想，再通过实验验证。提出猜想是数学实验过程中的重要环节，是实验的高潮阶段；根据实验观察到的现象进行数据分析，寻找规律，通过合情推理、直觉猜想，得到结论是数学实验的教学目标实现程度的体现，是实验能否成功的关键环节。

5.验证与数学化

提出猜想得出结论，并不代表实验结束，还需要验证，通常有实验法、演绎法和反例法。提出猜想是科学发现的一个重要步骤，目前开展研究性学习，培养学生的创新意识，开发学生的创新潜能，需要猜想。但数学不能仅靠猜想来行事，验证猜想是科学精神、思想以及方法不可或缺的关键程序，是对数学实验成功与否的"鉴定"。教师有必要引导学生证明猜想或举反例否定猜想，让学生明白，数学中只有经过理论证明而得出的结论才是可信的。

三、开展数学实验教学亟待解决的问题

从目前来看，广泛开展数学实验教学还存在着以下三个亟待解决的问题：

1.相对于传统教学，数学实验用时较多，而中学数学课程内容多，学时少，为完成教学计划及应付中考、高考，时间宝贵，有人甚至认为没有时间进行数学实验。

2.在中学常规的教学中，开展数学实验教师面临来自专业素质方面的挑战：一方面，对大多数中学教师来说，对计算机知识相对生疏。而利用计算机开展数学实验需要较多计算机知识，有时甚至要用到简单的程序设计知识。另一方面，开展数学实验，需要教师具有更强的数学知识和科研能力，这就对教师素质提出了更高的要求。

3.开展数学实验教学需要计算机硬件的支持，由于我国的经济发展不平衡，有些经济不发达地区的学校购买实验仪器设备还有一定的困难，这给推广数学实验造成了客观上的障碍和阻力。值得高兴的是，如今计算机及其网络技术发展迅猛，价格不断下降，对创建

数学实验室提供了便利条件。为适应信息技术教育的需要，应克服困难逐步建立数学（计算机）实验室，开展数学实验，让理论与实践接轨。

第四节　促进高中学生数学思维能力发展的情境教学模式

教学情境是教师围绕教学内容和教学目标，为学生更好地理解知识，体验知识而创造的一个基于现实体验的微观教学环境。通过情境的创设，促使学生结合现实、理解知识、融会贯通，并能主动将知识延伸到课外，融汇于生活实践中。情境教学来源于情境学习理论，它对信息技术教学有着积极的指导意义。

一、情境学习理论的指导意义

情境学习是美国人类学家莱夫提出的观点，他认为"学习是情境性活动，没有一种活动不是情境性的""学习是整体的、不可分的社会实践，是现实世界创造性社会实践活动中完整的一部分"，进而提出这种学习新观点的概念框架"学习是实践共同体中合法的边缘性参与"这一著名论断。情境学习强调：学习的设计要以学习者为主体，学习内容与活动的安排要与社会实践相联通，最好在真实的情境中，通过类似人类实践的方式来组织教学，同时把知识获得的过程与学习者的身心发展融合在一起。

信息技术是一门应用性比较强的学科，它最明显的特点，就是实践性。情境学习理论强调只有通过实践或将学生安排在真实的情境中，才能让学生真正掌握知识和技能。这为信息技术课堂中实施情境教学提供了强有力的理论依据，对教学中如何创设有效情境有着积极的指导意义。

二、信息技术教学中的情境创设

依据情境学习理论实施课堂教学，我们所要研究的重点主要集中在达到特定的学习目标和学习特定的内容上，即如何设计学习环境来支持学生学习。通过将一些真实的活动贯穿在学习环境之中，这种环境就是学生在校内或校外参与这些活动时出现的环境，利用情境的创设达到最佳教学效果。情境的创设需要精心地设计，它不仅要有灵活多变的形式，还应该具有真实有效的特性，同时情境创设应该贯穿在整个课堂教学当中，而不仅是在教学导入或教学的某一阶段，为了烘托课堂气氛而进行的情境创设。

（一）创设情境的方式

在教学这种特定环境中，只是由教师与学生的双边活动构成，师生之间相互影响，彼此依存，从不同侧面共同作用于教学过程。情境教学需要根据教学任务优选教学方案，结合学生特点及教师本人素质，选择创设情境的方式。情境创设的方式大致可归纳为以下四种：

1. 生活展现情境

即把学生带入社会，从生活中选取某一典型场景，作为学生观察的个体，并以教师语言的描绘，鲜明地展现在学生眼前。例如，在"认识信息资源管理"这一部分教学内容中，我们可以选取在图书城选购图书这一场景作为本课的典型事例，模拟或通过语言的描述，让学生结合真实的经验，体会如何有效利用分类信息对图书进行高效选购，进而认识信息资源管理的含义和作用。

2. 多媒体演示情境

多媒体为课堂提供了丰富的教学资源。多媒体包括文本、图形、动画、视频、图像、声音等形式，信息容量大，表现形式灵活，又有非线性和交互性的特点，给学生带来了一种全新的环境和认知方式，比较容易将学生带入特定的情境中。

3. 表演体会情境

情境教学中的表演有两种：一是进入角色，二是扮演角色。进入角色即"假如我在现实生活遇到什么问题"；扮演角色，则是根据活动内容的设计担任某一角色，如在"中学生上网利与弊辩论会"中，学生分组担任其中的"一辩""评委"等角色。由于学生自己进入、扮演角色，学生对活动中的角色必然产生亲切感，很自然地加深了内心体验，增进了对知识的理解和感悟。[①]

4. 语言描述情境

情境教学十分讲究直观手段与语言描绘的结合。在情境出现时，教师伴以语言描绘，这对学生的认知活动起着一定的导向性作用。语言描绘提高了感知的效应，情境会更加鲜明，并且带着感情色彩作用于学生的感官。学生因感官的兴奋，主观感受得到强化，从而激起情感，促使自己进入特定的情境之中。

以上几种情境创设方式并不是独立存在于某一堂课，情境的创设应贯穿于课堂教学的整个过程中。在教学的不同阶段根据需要可以采取不同的方式创设情境，为了达到特定的教学目标，可让学生感受不同的情境。当然，情境创设是为教学服务的，不管选择何种方式，都不能喧宾夺主，创设情境的过程不能过多占用教学时间，只要将学生带入情境，因势利导即可。

---

① 任利敏. 基于创新教育的高中数学教学模式研究 [D]. 信阳：信阳师范学院,2014.

（二）创设情境的有效性

创设情境是为教学服务，要想最大限度地发挥教学情境的教学功能，创设具有针对性和有效性的信息技术教学情境，除了通过以上几种方式，并在时间上能做到自然过渡，恰到好处以外，有效的教学情境应具有以下五项特性：

1. 情境的生活性

情境创设的生活性，就是要注重联系学生的现实生活，在学生鲜活的日常生活环境中发现、挖掘学习情境的资源，还要挖掘和利用学生的经验。联系学生的学习和生活经验包括两种可能：一是利用学生已有的学习和生活经验来教学。如在新学期开始阶段，可以创设一个让学生互相认识的情境，通过制作电子名片以及互发电子贺卡的形式，展开学习和实践，这样的情境来源于学生最基本的生活经验。另一种可能则是将信息技术应用于解决学生在学习和生活中的实际情境。

例如，临近假期的时候，创设一个让学生准备迎接假期旅游的快乐情境，让学生设计并制作一份旅游计划书。这样的情境设计比让学生去设计一份投标书更具生活性，为学生所熟悉和接受。创设学生学习和生活经验情境的实质，在于连接学生的已有经验，唤起学生的学习愿望，并以此作为出发点，更好地改造和拓展学生已有的经验，学习新的知识和技能。当我们根据需要有针对性地创设教学情境时，还应该从两个方面考虑：一是所创设的情境是学生所熟悉的现实中可能遇到的实际情境；二是这种情境创设的目的是围绕信息技术教学内容本身的学习。

2. 情境的学科性

学科性就是情境创设的目的要围绕信息技术教学内容本身的学习。教学情境应是能够体现学科知识发现的过程、应用的条件以及学科知识在生活中的意义与价值的一个事物或场景。只有这样的情境才能有效地阐明学科知识在实际生活中的价值，帮助学生准确理解学科知识的内涵，激发他们学习的动力和热情。例如，在设计并制作旅游计划书这样的活动中，教学重点是利用信息技术进行旅游信息的收集、整理和规划，如利用网络的搜索功能收集旅游信息，利用电子表格预算旅游费用，利用演示文稿展示自己的旅游方案，而不是把大量的时间花在讨论"旅游过程中应携带哪些东西"等与信息技术无关的问题上。强调学科性，还意味着要挖掘学科自身的魅力，利用学科自身的内容和特征来发生情境，信息技术学科就是要充分利用信息技术的实用性、操作性等特点来创设教学情境。

3. 情境的问题性

有价值的教学情境一定是内含问题的情境，它能有效地引发学生的思考，情境中的问题应该具备针对性和新颖性。例如，我们在分析信息的鉴别和评价这一教学内容时，通过向学生展示一个中奖的手机短信，引发学生思考和讨论。这样的情境在学生的实际生活中经常会遇到，然后针对这类案例提出问题：这样的信息可靠吗？为什么？学生在这个问题上的看法基本是一致的。那么再进一步提出问题：在生活中怎样鉴别信息的真伪？哪些信息是真实可靠的？通过情境的创设，随着问题的层层深入，引发学生有针对性地结合生活实际进行思考。问题不仅要围绕一定的教学目标提出来，而且难易程度要适合全班同学的实际水平。

4. 情境的开放性

开放性是指创建的情境要能激发学生的创造性思维，给学生广阔的思考空间，学生可以从不同的角度提出问题，用不同的方法来解决问题，而且，提出的问题以及解决问题的方案、答案不唯一。例如，在设计旅游计划这个案例中，学生可以用不同的方法收集信息资料，可以选择不同的旅游目的地，设计的旅游计划也可以遵照不同的模式。在这类开放性活动情境中，没有固定的模式和答案，学生的参与性很强，各种层次的学生都可以展开想象的翅膀，进行不同层次的探索，按照自己思考的设计原则，设计出极富个性的不同方案，并尽量使自己的方案具有可行性，从中体验成功的喜悦。正是这些具有挑战性、探索性的开放性活动情境开发了学生的潜能，激发学生进行创造性的思维，获得信息技术的有关知识、方法与技能，感受信息技术带来的乐趣，增强学生学好信息技术的信心。

5. 情境的竞争性和激励性

在学生学习知识的过程中，我们所创设的教学情境往往不是学生自己生活中自然出现的问题，学习的主题也不能完全由自己来决定，如何将我们所创设的情境主题引入学生生活中，必须以能挑战和吸引学生的方式，将学生引入问题的情境。在教学中适当创设竞争情境，引入竞争教学模式，为学生创造展示自我、表现自我的机会，促进所有学生比、学、赶、超，以激发学习兴趣。仍然是在设计旅游计划的教学案例中，由于情境的设计是开放性的，教师没有指定唯一正确的方案，学生设计出的方案就各具特色，他们在体验探索的过程中学习知识，掌握技能，得出的结论不尽相同。这时我们可以创设一个竞争性情境，提出明确的要求，即在活动的最后评选出设计最合理、最有实现价值的旅游计划。有了这样的要求和竞争意识，学生在制订旅游计划时，既有开放性，又不会漫无目的，同时也会积极地展示自己的经验和能力。

情境学习理论强调通过实际参与整个过程而获得技能。在学校教育环境下，能为教学服务才是有效的情境。作为一名信息技术教师，我们要充分利用学科特点，积极思考，尽可能创设接近学生生活、便于学生理解和喜欢的情境，去充分调动学生的学习主动性，让学生在有效的教学情境中学习知识，掌握技能，并能用于生活实践中。

第五节　促进高中学生数学思维能力发展的互动教学模式

我国新课标中明确指出，在高中数学教学中应该着重培养学生形成良好的数学性思维，让学生能够强化数学学习意识，并能够使学生今后在生活中、工作中有效应用数学知识，培养学生能够积极地进行数学实践和探究。如此就要求在高中数学教学中采用高效的创新教学模式，互动交流教学模式就是与以上教学目标契合的有效教学模式之一。

一、互动交流教学模式应用意义

互动教学是在传统的高中数学教学模式中衍生出来的，在传统教学中，教师一般会忽视学生的主体地位，无法让学生真正地参与到数学学习活动中，从而无法深层次了解和掌握知识内容。而通过互动交流教学模式，可以充分发挥学生的主体作用，并通过教师与学生、学生与学生之间的交流和互动，从而让"教"与"学"融于一体，进而实现与传统模式相反的教师和学生的角色位置，并同时形成了和谐、平等的师生地位和良好的教学环境。在高中数学教学中应用互动交流教学模式，不仅能帮助学生掌握相关的理论知识，还能让学生提高对知识的运用能力。与此同时，通过多种模式的互动交流过程，能让学生形成良好的合作意识和团队精神，从而培养学生形成优秀的数学综合素质。

二、高中数学互动交流教学模式探究

1.情境创设互动，培养学生探究兴趣

高中数学知识非常抽象且复杂，同时传统高中数学教学课堂还十分枯燥和乏味，从而无法让学生对其产生学习兴趣。因此，在高中数学教学中运用互动交流教育模式，就能有效地培养学生数学学习兴趣和持久关注度，其主要是通过突出学生的课堂主体作用，继而培养了学生进行自主探究学习的兴趣，其中运用互动交流教育模式十分有效。而这种教学模式包含的手段和方法很多，情境创设互动就是其中具有代表性的手段。例如，在进行"几何体的三视图和直观图"讲解过程中，教师可以利用多媒体将其用三维动画的形式进行展示，从而让学生在这个情境中总结出相关的判定方法，从而通过如此互动的环境，提升学生对相关知识的学习兴趣。

2.分组合作互动，提升教学效率

在实际应用互动交流教学模式的过程中，教师可以通过对学生实际情况和差异的了解情况，将学生分成若干小组，进行分组合作互动教学，从而促使学生能够参与到教学活动中，

激发学生在分组合作互动中提升自己的表达能力和分析能力,同时鼓励学生能够勇于表达自己的观点和意见,让小组内同学能够共同进步。

例如,在进行《直线与平面垂直》教学过程中,其主要是直线与平面在立体空间的垂直关系,学生要学会其中的构成条件、判断依据和方法,而该课程的教学难点也是重点,就是让学生与平面几何中的类似知识区分开来。因此,教师就可以以此为话题,让小组讨论"直线与平面垂直"在平面几何与立体几何中各自的特征。通过这样分组讨论互动交流的教学模式,能有效地提升学生发现、分析、解决问题的能力,并且提升高中数学教学效率。

3.活动实践互动,提升学习能力

在传统高中数学教学中,由于我国应试教育的影响,以及"高考改变一生"的重大压力,教师一般采用"填鸭式""灌输式"的数学教学,学生要进行机械的死记硬背,同时,还要通过完成海量的练习题来提高自身的数学成绩。但数学本身是培养学生数学应用能力的教学科目,但在传统教学中无法体现。而如果在高中数学实际教学过程中应用互动交流教学模式,就能有效地改革传统教学模式的弊端,教师可以通过引导学生来解决生活中的实际问题。

例如,在讲解《概率》相关内容中,教师可以引导学生在社会中进行调查,调查课题可以让学生自己设定。在调查过程中,学生可以与教师进行讨论和请教,也可以邀请家长加入调查的行列中配合学生进行调查,也可以与学生组成调查小组,如此就能利用互动交流教学模式引导学生进行更深层次、更全面的学习,进而有效地利用多元化教学资源,让学生在实际实践应用过程中了解和掌握概率相关的知识点,并能有效地提升学生的数学应用能力和学习能力。

总之,高中数学是一门应用性极强的基础学科,虽然我国高中教学仍然处在高考的应试教育压力下进行教学,但是教师仍然要根据我国新课改的要求,重点培养学生的数学应用能力和学生的数学素养和意识,让学生能够在实际生活中灵活运用已有的数学知识。在高中数学教学中应用互动交流教学模式,是一种创新性的教学模式,其有效地改善了传统教学模式的弊端,让学生能够积极参与到数学教学活动中,培养学生的学习兴趣,进而能在实际教学中,明显地提升学生的学习成绩和学习能力,以及知识的运用能力,并有效提升教学效果和课堂氛围。因此,在高中数学教学中,教师要提高对互动交流教学模式的重视和应用,以提高学生的数学学习水平,促进学生长远发展。

结　语

　　数学在培养和提高人的思维能力方面有着其他学科不可替代的独特作用，高考数学坚持能力立意很好地体现了这一点。在整个高中数学，加上学生已有的对数学的一些认识，涉及的概念、定理是不计其数的，不在理解的基础上加以灵活应用，学生学的只是一些"死"的知识。有些学生只是记住一些题目，想想教师以前似乎这么讲过，这些都不能很好地学好数学。只有注重数学思维能力的培养，才能树立良好的学习态度，培养对数学浓厚的兴趣，这才是学好数学的有效途径。

　　进入 21 世纪，以多媒体和网络技术为核心的现代信息技术迅速渗透到社会的各个领域，自然教育领域也由此进行了广泛而深刻的变革，世界各国都在进行信息技术与课程整合的研究。随着教育观念和信息技术的更新发展，人们越来越重视信息技术与课程的整合，普遍认为信息技术不仅是教具，更是学具。时代要求学生具有创新能力，信息技术与课程整合能够很好地培养学生的创新能力，促使他们成为全面发展的新时代青年人。因此，对信息技术与高中数学课程整合的研究显得尤为重要，能够促进学生高中数学知识的积累和学习，提升自身成绩。

参考文献

[1] 王雨清，吴立宝，郭衍．新世纪以来信息技术与高中数学融合的进展与趋势［J］．天津师范大学学报（基础教育版），2020,21(03):13-18.

[2] 金小军．高中数学教学中如何培养学生的创造性思维［J］．科学咨询（教育科研），2020(06):258.

[3] 夏昆飞．数学问题的情境教学［D］．上海：上海师范大学，2020.

[4] 刘丽丽．信息技术支持下的高中解析几何探究式教学模式研究［D］．大连：辽宁师范大学，2020.

[5] 艾金枝．移动学习环境下有效反馈教学模式设计与实施[D].济南：山东师范大学，2020.

[6] 王丽君．问题探究活跃课堂——论高中数学探究式教学模式［J］．科技资讯，2020, 18(12):125-126.

[7] 祁玲娟．合作学习模式在高中数学教学中的应用[J].科技资讯，2020,18(11):106+108.

[8] 胡紧根．高中数学课堂中创新思维的培养［J］．科学咨询（教育科研），2020(04):193.

[9] 贾晓雪．高中数学"一本三有"实验下课堂教学模式的研究［D］．济南：山东师范大学，2020.

[10] 田杨惠子．高中数学课堂自主学习的教学研究［D］．大连：辽宁师范大学，2020.

[11] 陈京华．高中数学高效课堂教学模式构建策略研究［J］．中国农村教育，2020(03):88+90.

[12] 卢珍丽．建构主义理论下的高中数学合作学习模式探讨［J］．科教文汇（中旬刊），2019(12):143-144.

[13] 卢海英．高中数学合作探究式学习模式教学探讨［J］．才智，2019(32):159.

[14] 王奋志．高中数学教学中学生创造性思维能力的培养［J］．西部素质教育，2019, 5(20):69.

[15] 张明．新课标下关于提高高中数学教学有效性的探索［J］．中外企业家，2019(24):181.

[16] 陈高峰．浅谈高中数学教学中培养学生的核心素养［J］．中国包装，2019,39(08):84-86.

[17] 骆素丽. 高中数学教学中培养学生创新思维分析 [J]. 新时代教育, 2019, 1(1).

[18] 刘革清, 戴礼奎. 解析高中数学教学中学生创新思维的培养 [J]. 新时代教育, 2019, 1(1).

[19] 张开松. 基于学生深度学习提升的高中数学教学模式探究 [D]. 济南: 济南大学, 2019.

[20] 杜蕾. 基于数学实验室的高中数学探究教学模式的研究 [D]. 芜湖: 安徽师范大学, 2019.

[21] 马茹. 信息化环境下的高中数学翻转课堂研究与实践 [D]. 昆明: 云南大学, 2019.

[22] 黄淑敏. 高中数学自主探究教学模式的应用研究 [J]. 创新创业理论研究与实践, 2019, 2(10): 123-124.

[23] 简利康. 高中数学教学中学生创新思维培养的调查研究 [D]. 信阳: 信阳师范学院, 2019.

[24] 陕振沛, 宁宝权, 郭亚丹. "情境—问题" 教学模式在高中数学教学中的推广及应用 [J]. 教育教学论坛, 2019(12): 199-200.

[25] 贺应梅. 创造性思维能力在高中数学教学中的培养研究 [J]. 科学咨询（教育科研）, 2019(03): 109.

[26] 王春梅, 刘兰之. 用创新思想提升高中数学课堂教学的效率 [J]. 华夏教师, 2019(07): 30-31.

[27] 宋真达. 高中数学教学中培养学生创新思维的路径探索 [J]. 才智, 2019(04): 45.

[28] 刘大治. 高中数学教学中培养学生创新思维的措施 [J]. 中国农村教育, 2018(20): 96-97.

[29] 严佳佳. 新时代背景下高中数学教学中小组合作教学模式探究 [J]. 科学咨询（教育科研）, 2018(10): 95-96.

[30] 冯庆鹏. 高中数学分层教学模式探究 [J]. 中外企业家, 2018(21): 134.

[31] 王开民. 高中数学课堂中 "问题导学" 的实施现状及改善对策 [J]. 中国新通信, 2018, 20(11): 190.

[32] 黄龙江. 高中数学教学中预习自主学习模式的构建与实践 [J]. 文化创新比较研究, 2018, 2(07): 102-103.

[33] 陈林丹. 新课程背景下高中数学教学模式分析 [J]. 才智, 2017(22): 37.

[34] 潘威威. 高中数学教学中的师生角色互换策略探究 [J]. 西部素质教育, 2017, 3(11): 296.

[35] 邓慧, 夏峰. 关于高中数学教学中 "研究性学习" 的现状和实践分析 [J]. 华夏教师, 2017(02): 22.

[36] G. Donald Allen, Amanda Ross. Pedagogy and Content in Middle and High School Mathematics [M]. Brill Sense: 2017.01.01.

[37] 李旭东.高中数学自主学习模式的应用体会[J].智能城市,2016,2(12):155.

[38] 杨军凤.高中数学合作实践型作业模式研究与反思[J].教育现代化,2016,3(38):383-384+398.

[39] 陈堆章.新课程背景下高中数学教学模式分析[J].亚太教育,2016(28):52.

[40] 龚卫东,平光宇.利用信息技术开展高中数学研究性学习的教学模式行动研究[J].数学通报,2016,55(09):53-57.

[41] Charlotte Danielson,Elizabeth Marquez.Performance Tasks and Rubrics for High School Mathematics[M].Taylor and Francis:2016.03.28.

[42] 林国夫.高中生数学思维能力提升的实践研究[D].杭州师范大学,2016.

[43] Danielson Charlotte,Marquez Elizabeth.Performance Tasks and Rubrics for High School Mathematics:Meeting Rigorous Standards and Assessments[M].Taylor and Francis:2016.03.02.

[44] Charlotte Danielson,Elizabeth Marquez.Performance Tasks and Rubrics for High School Mathematics:Meeting Rigorous Standards and Assessments[M].Taylor and Francis:2016.03.02.

[45] 周国红.高中数学课堂的自主探究性教学研究[D].武汉:华中师范大学,2015.

[46] 白慧明.高中数学教学中培养数学思维能力的实践研究[D].信阳:信阳师范学院,2015.

[47] 任利敏.基于创新教育的高中数学教学模式研究[D].信阳:信阳师范学院,2014.